Geist und Müll

Guillaume Paoli

GEIST UND MÜLL

Von Denkweisen in postnormalen Zeiten

Matthes & Seitz Berlin

Inhalt

Vorspann	9
I. Nach der Ruhe vor dem Sturm	11
II. Endzeit auf Raten	45
III. Rückkehr nach Einst	79
IV. Die Versteppung der Kritik	119
V. Rudologie des Geistes	149
VI. Die Erde ist ein unbewohnter Planet	183
VII. Die Entfremdung schlägt zurück	207
VIII. Gegen die Anpassung	233
Anmerkungen	255

Hellsichtigkeit ist die der Sonne
am nächsten gelegene Wunde.

René Char

Kamera läuft. Ein Paar küsst sich. Ein Jogger joggt. Eine alte Dame sitzt auf der Bank. Auf dem Parkplatz unterhält sich eine Gruppe. Meinetwegen über Tagespolitik. Oder Fußball. Und plötzlich platzt etwas auf dem Asphalt. Und noch einmal. Und mehrmals. Wie ein dicker Sommerregen bricht es herein. Vögel. Vögel fallen tot vom Himmel. Hitchcock-Trash. Angewidertes Geschrei. Reflexhafte Zuckungen. Igitt, was ist denn los? Ein Anschlag? Ein Protest? Vom Himmel fallen Vögel, tot. Erschöpft und abgemagert. Zu Hunderten. Zu Tausenden. Bald ist der Boden mit verendeten Piepmätzen übersät. Großes Fragezeichen. Ursache unbekannt. Keine rationalen Erklärungen vorhanden. Unwillkürlich hüllt sich die Panik in metaphysische Schuld. Oder urwüchsige Wut. Fallen vom Himmel tote Vögel. Wie ungehörig. Bisher hatten sie den Takt, außer Sichtweite auszusterben. Wie wildgeworden schreit eine: Vogelfrei, wir sind jetzt vogelfrei! Was können wir denn dafür? Haben sich Drossel, Spatz und Amsel jemals um uns gekümmert? Zwitschern sie nicht weiter, als auf Schlachtfeldern Menschenleichen verwesten? Vorsicht beim Weglaufen, junger Mann, nicht auf die Viecher treten. Nicht, dass sie uns infizieren. Das hätte noch gefehlt. Wo bleibt das Ordnungsamt? Die Straßenreinigung? Wozu zahlen wir denn Steuern? Die Blicke steigen auf zum leeren Himmel. Was die Götter im Sinn haben, lässt sich nicht erschließen.

Die Auspizien sind außer Betrieb. Die Flugbahn der Zugvögel kann nicht mehr in Vorhersagen und Anweisungen übersetzt werden. Was sagen die Auguren, wenn Vögel tot vom Himmel fallen?[1]

I. NACH DER RUHE VOR DEM STURM

> Wer das Richtige zu spät tut, tut doch das Falsche.
> Es ist die grausame Ironie dieser Übergangszeit,
> dass es so lange weniger schlimm kommt als angekündigt,
> bis es schlimmer kommt als befürchtet.
>
> *Peter Sloterdijk*

1 *Das postnormale Wissen*[2] – Gelegentlich kommt es vor, dass ein Autor von seinem Gegenstand überholt wird. Das kann mir insofern nicht passieren, als mein Gegenstand die Überholung selbst ist. Nur überstürzen sich die Dinge in einem derart atemraubenden Tempo, dass ich die Vergeblichkeit meines Unterfangens nicht ganz ausschließen kann. Möglicherweise findet dieses Buch, wenn gedruckt, gar keine Leser, nicht unbedingt aufgrund seiner Mangelhaftigkeit, sondern weil zum Zeitpunkt des Erscheinens alle mit Lebensmittelsuche, Aufräumarbeiten, Schutz vor Hitze oder Atomstrahlung derart beschäftigt sind, dass sie keine Zeit für Bücher übrig haben, die ohnehin wegen der Papierknappheit und Hyperinflation unerschwinglich geworden sind. Dass ich trotz dieser Eventualität an meinem Projekt festhalte, sei als Zeichen des Optimismus verstanden – oder der Sturheit. Über zwei Jahre sind verstrichen, seitdem ich mit Notizen anfing, ursprünglich in der Absicht, etwas Unruhe in der trügerischen Stille deutscher Publizistik zu stiften. Gerade war Greta Thunbergs Aufruf »I want you to panic!« mit Sarkasmen und scheinheiligen Umarmungen erstickt worden. Noch bereiteten sich die Grünen vor, am Regierungslenkrad zu sitzen und die »Klimakurve« adrett hinzubekommen. Audi und VW entwarfen klimafreundliche Stadtgeländewagen. Ich erlebte nette Talkrunden über die Klimafrage und wie sie mit der sozialen Frage zu verknüp-

fen sei. Von Beunruhigung keine Spur. Noch wähnten sich die meisten Deutschen in einer Welt, die in Wirklichkeit nicht mehr existierte. Eine stabile, zuverlässige Welt mit vier Jahreszeiten, vollen Supermarktregalen, Urlaubsbuchungen, Karriereplänen und für alle Pannen technische Lösungen. Mich wunderte diese Unaufgeregtheit umso mehr, als in meinem Herkunftsland Frankreich die Vorstellung eines bevorstehenden, nicht genauer dargelegten *effondrement** allgegenwärtig war und »Kollapsologie«-Bücher sich wie geschnitten Brot verkauften. Diese Diskrepanz wollte ich untersuchen. Doch kaum hatte ich mich an die Arbeit gemacht, ging es mit der Kalamitätenkaskade los. Pandemie. Lockdown. Überschwemmungen. Trockene Flüsse. Hitzewellen. Stürme. Waldbrände. Schneefreie Berge. Logistische Ausfälle. Missernte. Halbleitermangel. Insektenschwund. Energieknappheit. Krieg. Bald machten Nachrichten nur noch schlecht gelaunt und Natursendungen melancholisch. Selbst für professionelle Gute-Laune-Spender wurde es sehr schwer, die Evidenz weiterhin wegzureden: Nein, keine Katastrophe steht bevor, wir stecken bereits mittendrin. Düstere Zukunftsszenarien sind überflüssig geworden, die düstere Gegenwart reicht schon. Schnell wechselte die allgemeine Stimmung von Zwangsoptimismus zur Schockstarre, in einem potenziell giftigen Mix aus Resignation und Verwirrung. Unter all den Drohungen ist dies die unmittelbarste: Der Verstand hinkt der Wirklichkeit hinterher, und in den Zwischenraum drängen Ängste und Ersatzhandlungen. Dementsprechend weicht also das vorliegende Buch von meinem ursprünglichen Vorhaben ab. Sätze, von denen ich damals fürchtete, sie schienen

* Zusammenbruch.

vielleicht übertrieben, muss ich jetzt als Untertreibungen streichen. Bei jedem neuen Extremphänomen stellte sich die Frage, ob ich alles neu schreiben oder zumindest neu anordnen sollte. Aber das wäre doch zwecklos. Ohnehin werden sich bis zur Veröffentlichung weitere Katastrophen ereignen, darauf kommt es eh nicht an. Lieber das Ganze als ein Nebeneinander chronologisch ungeordneter Gedanken belassen. Das Chaos will doch chaotisch dargestellt werden. Für eine lineare Erzählung fehlt mir, fehlt jedem der Überblick. Ohnehin sind die Tatsachen bekannt. Sie zu wiederholen, bringt keinen Erkenntnisgewinn. Als die Corona-Pandemie anfing, schien manchen die Unterscheidung wichtig, ob jemand »an« oder »mit« dem Virus gestorben sei. Ähnlich schreibe ich nicht *über*, sondern *mit* Corona, Klima, Krieg und Krise. Der Geist wird heute vor unerhörte Arbeitsbedingungen gestellt. Es ist unmöglich, über die neue Realität nachzudenken, ohne zugleich auf die Frage einzugehen, wie die neue Realität auf das Denken einwirkt. So verschieden die Gefahren sind, die uns begegnen, eine Gemeinsamkeit haben sie zumindest: Sie sind menschengemacht, obgleich nicht gewollt. Auch das eklatante Versagen des Denkens muss also mitgedacht werden. Zugleich ist Vorsicht gegenüber Theorien geboten, die damit prahlen, radikal mit allen Denkkategorien der Vergangenheit zu brechen. Gerade weil Zukünftigkeit lichtdicht wie noch nie ist, ist ein Rückblick erforderlich, um den Irrweg zu rekonstruieren, der uns zu diesem aussichtslosen Punkt gebracht hat, und Seitenpfade wiederzufinden, die vielleicht auf eine Lichtung führen.

2 *Entwöhnungsbedürftiges* – Die Offenbarung war schon. Wann sie genau eintrat, ist von Mensch zu Mensch unterschiedlich. Allerdings war sie definitiv angekommen, als 2017 eine Initiative, obwohl außerordentlich, nicht die geringste Überraschung auslöste. Über fünfzehntausend Wissenschaftler aus der ganzen Welt und aus verschiedenen Disziplinen hatten sich zusammengetan, um einen dringenden Aufruf zu unterschreiben: Es bleibe der Menschheit nur noch sehr wenig Zeit, um den alarmierenden Entwicklungen begegnen zu können, die ihren Fortbestand gefährden. Wohlgemerkt: Gemeint war nicht nur die Erwärmung des Weltklimas, sondern auch die Extinktion der Arten, die dramatische Abnahme des Frischwassers, die wachsenden Todeszonen im Ozean, die fortschreitende Abholzung, und, und, und. Der Appell stellte sich als »zweite Warnung an die Menschheit« dar. In der Tat war eine erste bereits veröffentlicht worden, von der Mehrheit der lebenden Wissenschaftsnobelpreisträger unterschrieben, und zwar ein Vierteljahrhundert zuvor. Inzwischen hatte sich nicht nur nichts getan, in allen Bereichen hatte sich die Lage rasant verschlechtert. Dieses Mal hofften die Unterzeichner, mehr Aufmerksamkeit zu bekommen. Vergeblich, wie wir heute wissen. Dieses systematische Scheitern ruft gleich mehrere Überlegungen hervor. Mit Sicherheit hätte vor hundert Jahren eine einzige Hiobsbotschaft prominenter Wissenschaftler gereicht, um die ganze Welt in tiefste Unruhe zu versetzen, wahrscheinlich sogar in Panik. Die Warnung wäre jedenfalls nicht ohne praktische Konsequenzen geblieben. Heute ist sie nur eine Kurznachricht wert. Was ist passiert? Wie in der berühmten Parabel des gekochten Frosches scheinen die allermeisten Menschen durch die graduelle Erwärmung im Kochtopf sowie die wiederholten Mess-

berichte davon wie betäubt zu sein. Informiert sind alle, wirklich betroffen fühlt sich niemand. Nur noch wenig Zeit, jaja, wissen wir schon. Eine andere Zukunftserzählung kennen die jüngeren Generationen nicht einmal, sie sind in die Endzeit hineingeboren. Zur fatalen Gewöhnung trägt auch der Status solcher Informationen bei. Die Kunde des fortschreitenden Untergangs wird zwischen tagespolitische Meldungen und Realityshows platziert. Nicht, dass ihnen zu wenig Platz eingeräumt würde, zum Thema gibt es Tagesschwerpunkte und Sondersendungen, zumal Klimaaktivisten dafür sorgen, dass ihre Sorgen nicht untergehen. Vermutlich wäre dies betreffend ein Nachrichtenüberschuss sogar kontraproduktiv. Nein, unfassbar ist vielmehr, dass aus dieser einen allgegenwärtigen Bedrohung ein gesondertes »Thema« gemacht werden kann. Fünf Minuten Apokalypse, und nun zum Sport. Als ob die transzendente Hypothek nicht alle Affekte, Gedanken, Träume und Pläne belasten würde. Die Trennung zwischen Unheil und Alltag wird künstlich aufrechterhalten. Dadurch, und so bin ich meinem Sujet näher, wird nicht nur das Unheil entwirklicht, sondern auch und vor allem der Alltag.

3 *Unsternstunden der Menschheit* – Ich muss mich zunächst für eine Bezeichnung entscheiden, die meine Absicht am geeignetsten ausdrückt. Worte sind wichtig. Entschieden zurückgewiesen werden zunächst einmal Krise und Katastrophe. Da beide Begriffe aus dem Theater kommen, sind sie dem aristotelischen Prinzip der drei Einheiten unterworfen: Wie auf der Bühne müssen Zeit, Raum und Handlung klar eingegrenzt sein.

Eine Ölkrise oder eine Finanzkrise sind aber bloß akute Manifestationen von strukturellen Widersprüchen (der Erdölabhängigkeit, der Bewegung des fiktiven Kapitals), worüber sie jedoch wenig Auskunft geben. So kann getan werden, als ob Krisen bloß behebbare Störungen eines sonst funktionierenden Systems seien. Bei Katastrophen verhält es sich ebenso. Eine Überschwemmung oder ein Waldbrand sind Katastrophen. Wenn sie eintreten, gibt es für Ursachenforschung keine Zeit, Rettungsmaßnahmen kommen vor – doch sobald die Schäden behoben worden sind, kehrt der Alltag wie gehabt zurück. Von Krisen oder Katastrophen in Bezug auf globale, langfristige Prozesse zu sprechen ist also bereits eine Verharmlosung nach dem wohlbekannten Prinzip: Krieg den Symptomen, Friede den Ursachen! Obwohl weniger beruhigend, sind Vokabeln wie Kollaps oder Untergang wiederum allzu deterministisch. In ihnen ist der Schluss der Geschichte bereits vorweggenommen, für alternative Pfade gibt es keinen Platz. Nur: Wenn das Schicksal besiegelt ist, fragt sich schon, wieso noch darüber nachdenken und schreiben, geschweige denn etwas dagegen tun? Andersherum nähren Begriffe wie das Anthropozän oder das »neue klimatische Regime« die Illusion eines Wandels zu einer festen, absturzsicheren Neuzeit. So viel Optimismus ist wiederum wirklich fehl am Platz. Alles in allem ist also keine dieser gängigen Charakterisierungen der gegenwärtigen Situation wirklich brauchbar. Viel eher geben sie Auskunft über den subjektiven Zustand ihrer Benutzer. Ich für meinen Teil suche einen Begriff, der drei Affekte nicht ausschließt: das Entsetzen über das gigantische Scheitern einer ganzen Zivilisation, den Zorn angesichts der verheerenden Konsequenzen sowie die Bockigkeit, sich nicht damit abzufinden. Es fehlt in der deutschen

Sprache ein genaues Äquivalent für das englische *predicament*, eine gefährliche, dauerhafte Lage, der man nur mit großen Schwierigkeiten entkommen kann. Nach reiflicher Überlegung werde ich vorläufig »das Desaster« schreiben. Nicht dass das Wort eindeutiger wäre (Des-aster bedeutet Unstern). Ganz im Gegenteil: Es ist für mein Anliegen unspezifisch genug. Zu oft wird nämlich das Desaster auf die Klimaerwärmung reduziert, als ob diese die Krankheit sei und nicht das Fieber, das auf die Krankheit hinweist. Gewiss verursacht das Fieber selbst furchtbare Schäden, die *causa prima* ist es jedoch nicht. Ebenso wenig das einzige Symptom. Glaubt man vielen Forschern, ist die Extinktion der Arten noch bedrohlicher als der Klimawandel. Nur kommt sie in den Nachrichten seltener vor, weil sie weniger wahrnehmbar ist, zumindest für Stadtbewohner, deren einzig verbliebener Bezug zur Natur das Wetter ist. Überdies lässt sich mit der Rettung bedrohter Tiere und Pflanzen im Gegensatz zur »Energiewende« kein Geld verdienen. Von einer selektiven Wahrnehmung des Desasters kann hier nicht die Rede sein: Die selektive Wahrnehmung *ist Teil des Desasters*. Darum ist mir die Ungenauigkeit des Wortes lieb. Es beschränkt sich nicht auf erkannte, lösbare Probleme, sondern schließt das Unfassbare ein. Das Effizienzdenken hat immer nur deshalb funktioniert, weil sämtliche Parameter ignoriert wurden, die ihm im Weg standen. Was scheren einen die »Nichtzielorganismen«, wenn Pestizide den Ertrag von Nutzpflanzen steigern? In der ökosozialen Szene wird gern die Redewendung bemüht, der kommende Wandel werde *by design or by disaster* geschehen. Übersehen wird dabei, dass das Desaster längst eingetreten ist und das Design dazugehört.

4 *Mit dem Denken in nur zwei Wochen aufhören* – Zweifelsohne ist der Grund für die Dauerstarre eine maßlose Überforderung. Vor dem Desaster versagt nicht nur die Vorstellungskraft, die Dimensionen sind einfach *too big to grasp*. Hallo Kontrollturm, wir haben ein Skalierungsproblem! Der Planet, die Menschheit, das Leben – wie können, bezogen auf die individuelle Existenz, solche Begriffe nicht hoffnungslos abstrakt sein? Wenn Wissenschaftler sich »an die Menschheit« wenden, kommt selbstverständlich ihr Schreiben mit dem Vermerk zurück: »unbekannt/verzogen«. Deswegen war ich auch ständig versucht, die vorliegenden Gedankenzüge aufs Abstellgleis zu stellen. Aus Furcht vor Vergeblichkeit und, schlimmer noch, vor Peinlichkeit. Es ist nämlich unmöglich, über disproportionale Dinge ohne disproportionale Worte zu sprechen. Es fragt sich also, ob der alte, ironisch gemeinte Ratschlag »Werde endlich Nichtdenker!« nicht doch ernst zu nehmen wäre. Natürlich nicht ganz. Aber wäre es nicht zumindest weise, über Themen nicht mehr zu grübeln, gegenüber denen man sowieso machtlos ist? Selig sind die Vorstellungsarmen. Was soll die Selbstqual? Besser sich greifbaren Vorhaben widmen, die immerhin kleine Verbesserungen ermöglichen. Lieber sich an Sonnenschein und Vogelsang erfreuen, als an Extremtemperatur und Vogelsterben zu verzweifeln. Beneidenswert unsere Vorfahren, die in aller Ruhe und ohne Gewissensbisse ihre Umwelt kaputtmachen durften. Die Wahl zwischen unwissend und unglücklich ist ein alter literarischer Topos, nur: Diese Wahl ist uns nicht vergönnt. Alle wissen bereits Bescheid. Steht einmal die Erkenntnis im Raum, heißt die einzig mögliche Alternative zum Denken: verdrängen. Nur wie wir aus der Psychoanalyse wissen, sind verdrängte Tatsachen nicht verschwunden. Sie agieren

unbewusst weiter. Und sie gebären Monster. Angesichts der faden Produktionen der Unterhaltungsindustrie, der leidenschaftslosen Talkrunden, der inhaltsleeren Aggressivität in antisozialen Netzwerken, dem bipolaren Wechselbad von übertriebenem Enthusiasmus und depressiven Anfällen kann man sich des Eindrucks nicht erwehren, dass die Verdrängung der fundamentalen Unruhe nicht ganz geglückt sei. Der unterdrückte Gegenstand ist als Phantom allgegenwärtig. Gewiss kann Nicht-Verdrängen ebenfalls eine zwanghafte Form annehmen, eine noch schädlichere sogar. Geholfen ist mit apokalyptischer Besessenheit und Vernichtungsängsten niemandem. Aber selbst wenn sich schließlich herausstellen würde, dass das bewusste Ignorieren des Desasters von Vorteil sei, kann das nur das Ergebnis eines Denkprozesses sein, kontrollierte Verdrängung also und keine blinde, vergebliche Flucht nach vorn.

5 *Von der einfachen und der sekundären Verdrängung* – Die erstbeste Art, Realität auszuweichen, ist die schlichte Verneinung. Es gebe keine menschengemachte Klimaerwärmung, es gebe keine Pandemie, es gebe gar kein Problem, das Leben gehe wie gehabt weiter. Die Leugnung hat einen Vorteil: Sie ist mit jener ökonomischen Denkart konsistent, in der Endlichkeit jeder Art, das Versiegen von Rohstoffen etwa, prinzipiell ausgeschlossen wird. Nur hat sie auch eine Schattenseite. Es muss nämlich erklärbar gemacht werden, wieso das Geleugnete von Forschungsergebnissen wie vom Common Sense bestätigt wird. Da muss eine Verschwörungserzählung her, so in etwa: Eine unheilige Allianz von profilierungssüchtigen

Wissenschaftlern und apokalyptischen Revoluzzern hat die Meinungshoheit erobert, um die Grundpfeiler der Zivilisation zu unterminieren. Die Story muss nicht ganz überzeugend sein, sie versucht nicht einmal, hegemonial zu werden. Es reicht, wenn damit ein Verdachtsmoment gesät wird. Dann steht Erzählung gegen Erzählung, Meinung gegen Meinung, und keine endgültige Entscheidung wird getroffen. Bekanntermaßen wurde auf diese Weise die Leugnung der anthropogenen Erderwärmung jahrzehntelang von der Erdölindustrie finanziert und von gewissenlosen Publizisten propagiert. Verneiner wollen nur Zeit gewinnen, Reaktionen so lange verschieben, bis es für andere Lösungen zu spät ist als die, die sie parat haben. Zum Beispiel werden die geplanten, irreversiblen Eingriffe des Geo-Engineerings in die Erdatmosphäre nur als letzte Chance zugelassen. Also muss die Realität der Klimaerhitzung so lange geleugnet werden, bis nur noch die eine Notlösung bleibt. Wie man sieht, sind die Mechanismen der Verneinung ziemlich grob; es sind, könnte man sagen, aufrichtige Lügen. Raffinierter ist jene sekundäre Form der Verdrängung, die der Philosoph Günther Anders »Verniedlichung des Entsetzlichen« nannte. Hier wird das Desaster keineswegs geleugnet, es wird sogar dramatisch überhöht, nach dem Motto: »Es bleiben nur noch zehn Jahre, um die Welt zu retten!« Indes wird das Ausmaß des Desasters sukzessiv verkleinert, zunächst wie schon angesprochen auf die Klimakrise, dann quantitativ auf die CO_2-Emissionen, dann auf die Energiewende, bis schließlich die Weltrettung an einem Wahlzettel und dem Kauf eines Elektrorollers hängt. Die sekundäre Verdrängung besteht also darin, das Desaster in einem ersten Schritt anzuerkennen, um es dann in sein Gegenteil umzudeuten. Zwischen Verneinern und

Bagatellisierern werden nur Scheingefechte geliefert. In
Wahrheit sind beide Optionen komplementär. Sie nähren
sich jeweils aus den Widersprüchen der anderen, zwingen
alle, sich entweder für die eine oder die andere zu erklären, und verhindern damit jede genuin kritische Position.
Gewiss wird es zunehmend schwierig, Tatsachen ganz zu
leugnen, die immer offensichtlicher sind. Gleichwohl wird
das Versprechen eines sanften, kontrollierten Wandels
immer unglaubwürdiger. Dennoch ist die Verknappung
der herkömmlichen Verdrängungsmittel nicht unbedingt
eine gute Nachricht. Dadurch mögen sich auch gröbere,
aggressivere Verdrängungsvarianten entwickeln.

6 *Das neue deutsche Wunder* – In den frühen 1980er-Jah-
ren war die BRD von einem Grundgefühl geprägt,
das sich in andere Sprachen nur schwer übersetzen lässt:
Endzeitstimmung. Das ist lange her, hat aber einen negativen Vorbehalt hinterlassen. In Umkehrung zu damals
dominiert heute in Deutschland die Angst vor *German
Angst*. Mit landestypischer Gründlichkeit wird am sach-
lich-coolen Erscheinungsbild gearbeitet. Vergessen der
Kulturpessimismus, vergessen die Fundis, und vor lauter
Schmunzeln über die »Waldsterben-Hysterie« von einst
sieht keiner, dass der Wald heute tatsächlich stirbt. Gefeiert wird stattdessen die Versöhnung von Industrie und
gutem Gewissen, die Fortsetzung des Modernisierungs-
projekts mit saubereren Mitteln. Der Feind ist identifiziert:
fossile Konservative, die an fossilen Energien hängen. Mit
der Verheißung der marktkonformen Kehrtwende werden progressive Menschen von der traurigen Vorstellung
erlöst, an ihrer Lebensweise müsse sich etwas Substan-

zielles ändern. Der Weg zur Tugend ist mit Klimakochen, virtuellen Konferenzen und Emissionszertifikaten gepflastert. Dank des Umstiegs auf Elektro bleibt Deutschland führende Autonation und rettet obendrein die Welt. Da dieser Modus der Verdrängung auf allen Kanälen propagiert wird, sei hier kurz dargestellt, was dabei unter den Teppich gefegt wird. Zunächst ist die Behauptung leichtsinnig, die Einhaltung einer bestimmten Emissionsgrenze würde reichen, um ein heterogenes Problembündel mit unvorhersehbaren Rückkopplungen ganz aus der Welt zu schaffen. Ohnehin ist das stolze Ziel einer 1,5-Grad-Erwärmungsgrenze bereits verfehlt. Ferner ist der Begriff Energiewende irreführend. Die Geschichte zeigt, dass es keinen »Übergang« von Holz zu Kohle und von Kohle zu Erdöl gab, sondern eine Beimengung. Niemals hat eine Energiequelle die andere ersetzt, sie kam zu ihr hinzu. Selbst wenn der Verbrennungsmotor Geschichte würde, wird immer mehr Plastik hergestellt und zu diesem Zweck mehr Erdöl gefördert. Wind und Sonne werden nicht reichen, um den explodierenden Strombedarf zu decken, den ein genereller Umstieg auf Elektro verursachen würde. Doch selbst wenn eine solche Transition vollbracht werden sollte: Es gibt auch dann noch keine saubere Energie. Um erneuerbare Energie zu gewinnen, zu speichern und zu verteilen, sind Abermillionen Tonnen Kupfer, Blei, Zink, Aluminium, Silber, Lithium, Kobalt und weitere seltene Rohstoffe erforderlich. Pech für den globalen Süden, wo sich all diese Vorkommen befinden. Dort hieße der Green New Deal: mehr gigantische Bergwerke, gerodete Wälder, toxische Abfallhalden und vergiftetes Grundwasser. Kapitalismus 2.0. ist nicht grün.[3] Ganz wie der alte, fossile Kapitalismus ist er ein Chamäleon, das opportunistisch die Farbe wechselt. Fortgesetzt werden so genau die Entwicklungen, die zur jetzigen Lage geführt haben, Neokolonialismus und Massenflucht eingeschlossen. Und schließlich bleibt, selbst wenn technische Lösungen *theoretisch* machbar sind, die Frage ihrer politischen Durchsetzung. Die Zeit wird knapp. Doch beim üblichen Tempo der Verhandlungen und Kompromissfindungen würde die Erzielung eines guten Ergebnisses wohl einige Jahrhunderte benötigen. Hinzu kommt das Kräfteverhältnis. Welche Regierung würde sich mit Wirtschaftslobbys und mächtigen Kapitaleigentümern anlegen? Es ist verständlich, dass solche Einwände lieber überhört werden. Wer in einem abstürzenden Flugzeug sitzt, will hoffen, dass der Pilot gefasst bleibt und alle Hebel und Geräte bedient, um die Notlandung zu versuchen. Nur hinkt der Vergleich. Hier kämpft man nicht mit defekter Technik, sondern mit schädlichen sozialen Verhältnissen.

7 *Falsche Fußstapfen* – Die Überforderung versucht mehr oder minder jeder, mit kleinen umweltschonenden Gesten und Verzichten einigermaßen wettzumachen. So ehrenwert die Sorge um die eigene Ökobilanz ist, überwiegt dabei der Eindruck, einen Flächenbrand mit einem Teelöffel löschen zu wollen. Trotz allem will man hoffen, dass ein Mensch plus ein Mensch plus ein Mensch in der Gesamtwirkung ihrer Einzelinitiativen das Schlimmste verhindern können. Die Vorstellung ergibt sich aus der Metapher des ökologischen Fußabdrucks, wodurch einem unsichtbaren Prozess die anschauliche Gestalt eines Menschenkörpers verliehen wird. Leider kommen diesbezügliche Untersuchungen zu anderen Ergebnissen.[4] Selbst wenn die Weltbevölkerung ausschließlich aus öko-

logischen Helden bestünde (sprich Menschen, die gar kein Fleisch essen, nur Lokalprodukte und Gebrauchtwaren kaufen, wenig heizen, niemals fliegen, entweder mit dem Rad oder mit Carsharing fahren würden usw.), ergäbe sich daraus im Endeffekt eine Emissionssenkung von lediglich fünfundzwanzig Prozent; zu wenig also, um die vorgegebenen »Klimaziele« zu erreichen. Und natürlich werden sich niemals alle Erdbewohner gleich heroisch auf ökologischen Zehenspitzen fortbewegen wollen oder können. Die Erklärung für diesen auf den ersten Blick deprimierenden Befund ist, dass Hauptverursacher für das Desaster nicht so sehr das Individuum oder die Summe der Individuen ist, geschweige denn »die Menschheit«. Verursacher sind vielmehr die Infrastrukturen, Systeme, institutionelle wie räumliche Konfigurationen, die zwar »menschlichen Ursprungs« sind, doch unabhängig davon funktionieren, ob ich sie sparsam in Anspruch nehme oder nicht. Obwohl das Bild des Fußabdrucks hier nur im sehr übertragenen Sinne gilt, müsste das Augenmerk anstatt auf Einzelmenschen auf die glatt hundert Konzerne gerichtet werden, die für drei Viertel aller Treibhausgasemissionen der Welt verantwortlich sind. Dieser Perspektivenwechsel würde übrigens auch die bequemen Selbsttäuschungen offenbaren, durch die zum Beispiel der Flugverkehr (zu Recht) verdammt, dafür der Online-Verkehr reingewaschen wird, obwohl Letzterer der klimaschädlichere ist. Die Abwesenheit von sichtbarem Schmutz wird für Sauberkeit gehalten, und die sichtbaren Fußspuren müssen für den eigentlichen Verschmutzungsgrund einstehen.

8 *Die Wirsager* – Zu Beginn des 21. Jahrhunderts lebte in Deutschland ein heute vergessener, zu seinen Lebzeiten jedoch erfolgreicher Meinungshändler namens Ingar-Armin Blech. Ganz locker und imagebewusst saß der langhaarige Blech in allen möglichen Talkshows, um, so seine Gastgeber, »provokante Thesen« zu äußern. Entsprechend zugeschnittert waren die Bestseller, die er jedes halbe Jahr auf den Büchermarkt warf: Kurze Sätze, keine komplizierte Vokabel, allgemeinverständliche Gedanken, die entweder dem gesunden Menschenverstand entstammten oder komplexe Ideen anderer Denker extrem vereinfachten. Doch war sein Erfolgsrezept ein anderes. Ohne dass seine Leser und Zuhörer es wahrnahmen, kreisten all seine Aussagen um einen Fixpunkt, nämlich das Personalpronomen Wir. Ganz gleich, was das Thema war, es wirte furchtbar bei Blech. Wir haben. Wir sind. Wir sollen. Wir müssen. Wir werden. Welche Menschenansammlung genau gemeint war? Die ganze Menschheit? Die Deutschen? Das Bildungsbürgertum? Seine Zuschauer und Buchkäufer? Es blieb unausgesprochen. Ein schmeichelhafter Trick. So konnte sich jeder mitgenommen fühlen, ja sich ohne große Anstrengung einbilden, er gehöre einer aufgeklärten Geistesgemeinde an. Unbemerkt blieb indes, dass gerade die postulierte Existenz eines Kollektivsubjekts die zentrale Botschaft war. Egal, worum es augenscheinlich ging, Hauptsache, es konnte gesagt werden: Wir packen es gemeinsam an. Da der Kniff so gut funktionierte, wurde er bald von unzähligen Blech-Klonen nachgeahmt. Mittlerweile heißen über die Hälfte aller Sachbücher »Wie wir …« – wahlweise dann: denken, lieben, hassen, das Richtige tun, ein besseres Deutschland schaffen. Wie wir unsere Wirtschaft oder unseren Planeten oder uns vor dem Kapitalismus retten. Wie wir die Welt

verändern, die Kontrolle verlieren, den Kollaps überleben, uns auf das Sterben einstellen. Ganz gleich, wie originell oder platt die Inhalte solcher Ratgeber sind, durch den übermäßigen Gebrauch der unbestimmten ersten Person Plural werden sie automatisch verfälscht und entleert. Das Einzige, was uns verbindet, ist gerade das Unvermögen, ein handlungsfähiges, souveränes Kollektivsubjekt zu sein. Ehrbar ist die Sehnsucht nach dem Wir, edel der Versuch, es zu verwirklichen (solange es nicht gegen ein essenzialistisches Feindbild des »anderen« konstruiert wird). Ein erster, notwendiger Schritt in diese Richtung ist allerdings die Einsicht, dass kein Wir vorhanden ist, es sei denn als Projekt. Bereits ein Liebespaar weiß, wie schwierig es ist, ohne zu lügen mit einer Stimme zu sprechen. Und da soll ein planetarisches Wir die Wirtschaft, das Klima und die Welt retten? Ach, wenn nur alle sich die Hand reichen würden. *Imagine all the people.* Alle Menschen werden Brüder. Nie wieder Krieg. Das Lied ist so alt wie die Frage, die sich daraus ergibt: Warum geschieht das denn nie und niemals? Oder anders gefragt: Warum sind Menschen, wenn man sie einzeln trifft, in der Regel einfühlsamer und gescheiter als das Menschenkollektiv? Eigentlich wurde die Soziologie begründet, um genau diese Frage zu beantworten (und nicht, von der »Singularisierung des Sozialen« zu faseln). Eine Gesellschaft ergibt sich eben nicht aus der Summe ihrer Mitglieder. Sie besteht aus Institutionen und Systemen, die gewisse Dinge ermöglichen, andere verhindern, Individuen einer bestimmten Funktion zuweisen, die ihre Handlungen bestimmt – und sie ausstoßen, sobald sie sich über ihre Funktion hinwegsetzen. Zur Lösung des Rätsels, was das Ganze zusammenhält, sind seit Étienne de La Boéties Abhandlung über die freiwillige Knechtschaft wenig Fortschritte gemacht worden.

9 *Kapitalozän* – Sind auch meine linken Freunde in einem Verdrängungsprozess gefangen? Von ihnen wird das Desaster zumindest weder geleugnet noch kleingeredet. Sie sind darauf bedacht, Ursachen und Verursacher möglichst genau zu benennen, anstatt die Schuld einem abstrakten Menschengeschlecht zuzuschieben. Lassen nicht soziale Ungleichheiten hinter einem »Wir« verschwinden. Dennoch passiert etwas Sonderbares. Wir sind bei einem Treffen mit der Überschrift »Kapitalozän« – kein besonders glückliches Wort, immerhin ein brauchbarer Kampfbegriff der pseudoneutralen Bezeichnung Anthropozän gegenüber. Gekonnt referiert der US-amerikanische Historiker Jason W. Moore über die Genealogie des Desasters in ihrer ökologisch-wirtschaftlich-sozialen Verwobenheit. Alle sind sich darüber einig, dass das Ziel, hieße es auch Sozialismus, Feminismus oder Anarchismus, durch das Präfix Öko- aufgefrischt werden muss. Die linksemanzipatorische Perspektive wird also auf die Biosphäre erweitert, dabei wird die ökologische Herausforderung zugleich als Bestätigung wahrgenommen, dass die besagte Perspektive schon immer die richtige war. An diesem Punkt aber verzweigen sich die denkbaren Wege, die über den kapitalistischen Horizont führen sollen. Also wird einmal wieder über die richtige Strategie gestritten. Partei oder Bewegung? Soziale Bündnisse oder Klassenstandpunkt? Zivilungehorsam oder Gewalt? Die Argumente sind einem vertraut, im Grunde haben sie sich in den letzten hundert Jahren kaum verändert. Und genau das ist das Merkwürdige: Die Diskussion wäre nicht anders gelaufen, hätte es kein ökologisches Desaster gegeben. Das radikal Neue entschwindet hinter den Grundsatzdebatten, Flügelkämpfen und Spaltungen, die das linke Wesen seit jeher ausmachen. Angesichts der Dring-

lichkeit des Augenblicks muten solche Auseinandersetzungen an wie ein Ritual aus anderen Zeiten. Das Projekt der Linken – zumindest der Besten unter ihnen – war schon immer, die Geschichte in die eigene Hand zu nehmen. Aber »Kapitalozän« bedeutet doch, dass die Geschichte zur Naturgewalt mutiert ist. Außergeschichtliche Prozesse gewinnen die Oberhand, die sich nicht steuern lassen, irreversibel sind und keinen geduldigen Aufbau zulassen. Das ist für Linke eine schwer zu überwindende Kränkung: Nicht nur ist wie bisher angenommen das kapitalistische System auf eine unüberschreitbare Frist terminiert, auch für alternative Gesellschaftsentwürfe gibt es ein unbestimmtes Enddatum. Das mag eine Erklärung sein für die schwindende Aufmerksamkeit, die mitten im Desaster linke Positionen bekommen.

10 *Es lebe die Gegeninvolution!* – In Anbetracht der radikalen Maßnahmen, die laut Fachmenschen erforderlich sind, um das Desaster zumindest in Grenzen zu halten; in Anbetracht der Macht der Konzerne und Lobbys, die zu allem bereit sind, um solche Maßnahmen zu blockieren; in Anbetracht der Regierungen und politischen Instanzen, die zumindest in ihrer jetzigen Zusammensetzung weder willig noch fähig sind, besagten Konzernen und Lobbys die Stirn zu bieten; in Anbetracht der Leitmedien wie der fragmentierten Öffentlichkeit, die den erforderlichen Druck auf Konzerne, Lobbys, Regierungen und politische Instanzen hemmen; in Anbetracht des Gesinnungswandels, der für die Überwindung oben erwähnter Hindernisse erfolgen muss; in Anbetracht der Dringlichkeit, die keinen geduldigen, allmählichen Über-

gang zulässt, in Anbetracht all dessen wäre die einzige denkbare Lösung – scheuen wir das Wort nicht: eine Revolution. Und kaum ausgesprochen, wird die Lösung zum Problem. Selbst Linke trauen sich heute nicht mehr, das R-Wort laut auszusprechen. Damit sind Scheußlichkeiten verbunden, Polizeiterror, Parteidiktatur, inkompetente Bürokratie, die freilich mit der ursprünglichen Idee nichts gemein hatten, sie jedoch für sich beanspruchen konnten. Darum übt man sich in salonfähigen Euphemismen wie »Paradigmenwechsel«, »Kehrtwende« oder »radikaler Wandel«. Jeder kennt die alte Leier: Wer mit zwanzig nicht revolutionär war, hat kein Herz, wer es mit vierzig noch ist, hat keinen Verstand. Dazwischen führe der lange Marsch vom Lustprinzip zum Realitätsprinzip. Von den Jusos zum Kanzleramt. Zum langwierigen langweiligen Bohren dicker Bretter. Zum Sich-Abfinden mit dem kleineren Übel. Vielen Zeitgenossen ist es nicht bewusst, aber die lange Gegenwart, die vor etwa einem halben Jahrhundert einsetzte, ist die erste Epoche seit Ende des Mittelalters, die mit keinem großen revolutionären Begehren schwanger geht.[5] In der Regel wird das als Fortschritt gefeiert. Nur Pech, dass gerade in derselben Zeitspanne das, was bisher für Fortschritt gehalten worden war, sich als Wettrennen in den Abgrund entpuppte. Kaum stand die Hausordnung unumstritten fest, begann die ganze Bude zu zerbröckeln. Wie in Andersens Märchen brauchte es ein skandinavisches Schulkind, um laut zu sagen, was die Erwachsenen so rational und unaufgeregt verdrängten: »Ihr sprecht nur darüber, mit denselben schlechten Ideen weiterzumachen, die uns in dieses Chaos gebracht haben, wobei das einzig Vernünftige wäre, die Notbremse zu ziehen!« Vermutlich war Greta Thunberg nicht bewusst, dass der Griff nach der Notbremse

Walter Benjamins Allegorie der Revolution war. Selbstverständlich hat heute kein Mensch den leisesten Schimmer, wie die Umwälzung auszusehen hätte, welche Kräfte sich dafür bündeln müssten, und vor allem wie eine blutige Niederlage abgewendet werden könnte. Zum Glück hat niemand einen Plan, muss dazugesagt werden, denn entsprechende Pläne sind stets gescheitert. Der Hauptgrund, weshalb kein Mensch an eine Revolution wirklich glaubt, ist die Gewissheit, dass niemand an eine Revolution wirklich glaubt. Gegen diese subjektive Schranke stößt jedoch die objektive Notwendigkeit, Maßnahmen zu ergreifen, die eine völlige Umwandlung der Weltgesellschaft voraussetzen. Wir stehen also vor dem paradoxen Umstand, dass eine Revolution sowohl unmöglich als auch unabdinglich ist. Das ist die Tragödie der Gegenwart. Sie lässt sich auch andersherum formulieren. Immer lautete das konservative Prinzip: Man kann die Dinge nicht ändern, es sei denn zum Schlechteren. Was aber wird aus diesem Prinzip, wenn die Dinge sich selbst zum Schlechteren ändern? Im Unterschied zu früheren Epochen, sagte bereits Albert Camus 1957 in seiner Nobelpreisrede, kann unsere Aufgabe nicht mehr sein, die Welt neu zu erbauen; »sie besteht darin, den Zerfall der Welt zu verhindern«. Eine Selbstzerstörungsmaschine von ihrem Zweck abzuhalten, setzt aber einen kompletten Umbau der Maschine voraus. Ein – zumindest gedanklicher – Ausweg aus der Zwickmühle wäre vielleicht, auf eine positive Definition von Revolution zu verzichten, um stattdessen zu fragen: Wie heißt heute die Alternative? Nicht mehr Reform, und auch nicht Reaktion. Die Erhaltung des Status quo erst recht nicht. Die Alternative zur Revolution ist die Involution. Nicht zufällig kommt das Schlagwort in seiner aktuellen Bedeutung aus China (*neijuan* heißt es dort), um ein weit verbreitetes Gefühl zu beschreiben: Alle stecken in einem Hamsterrad fest, in einem immer weiter auszehrenden Wettbewerb ohne Gewinner.[6] Involution ist Wachstum ohne Fortschritt, Nullsummenspiel mit eliminatorischem Ausgang, Zerreibung der Gesellschaft und Zermürbung der Individuen. In diesem Sinne kann ein Ausweg nur im Bündnis aller gegeninvolutionären Kräfte gefunden werden.

11 *Live-Übertragung* – Ich war bereits mit dem vorliegenden Themenkomplex beschäftigt, als die Covid-Pandemie ausbrach, die sowohl die praktischen Bedingungen als auch den Inhalt meines Vorhabens veränderte. Zweifellos gehört die sogenannte Corona-Krise zu dem allgemeinen Desaster in dem Sinne, wie ich es zu umreißen versuche. Nicht minder als für die Klimaerwärmung ist die Ursache eine menschengemachte. Ein Virus gehört zur Natur, eine Pandemie nicht. Mit der Verdrängung wilder Habitate (plus Massentierhaltung plus »Gain-of-function«-Laborexperimente) wächst die Wahrscheinlichkeit infektiöser Übertragungen. Wie die Grenze von Tier zu Mensch übersprungen wird, so auch die Grenze zwischen Lokalem und Globalem. Die allgemeine Vernetzung und die Beschleunigung des Verkehrs schaffen die idealen Voraussetzungen für eine planetare Verseuchung. Der wichtigste Punkt ist jedoch ein anderer. Eine Pandemie, das hat uns diese Erfahrung gelehrt, lässt sich nicht auf den hygienischen Aspekt reduzieren. Sie entpuppt sich als »totale soziale Tatsache« in dem von Marcel Mauss definierten Sinne: In ihr sind medizinische wie massenpsychologische, wirtschaftliche

und politische Aspekte ineinander verwoben. Das Pandemie-Management hat einen fundamentalen Widerspruch zutage gelegt, der die Weltgesellschaft noch lange beschäftigen wird. Wenn nämlich Menschen wie Schafe behandelt werden könnten, dann wäre das Eindämmungsverfahren ganz einfach: Entweder wird auf die Immunität der Herde gesetzt, oder jedes Einzelne wird in seinem Stall eingesperrt, bis die Gefahr gebannt ist. Freilich muss es auch gefüttert werden, weshalb zur »Zero-Covid«-Strategie die linke Forderung eines staatlich finanzierten Einkommens erhoben wurde. Die Überlegung war: Lieber ein kurzer, kompletter Stillstand als ein sich ewig dahinschleppendes Elend. Nur unterscheidet sich der Mensch vom Schaf dadurch, dass er mehr oder weniger mit Willensfreiheit ausgestattet ist. Das heißt, dass er zum harten Shutdown entweder überredet oder gezwungen werden muss. Zero-Covid hätte von einer massiven Propagandakampagne plus polizeilichen Überwachungs- und Repressionsmaßnahmen gegen Aufsässige begleitet werden müssen, zumal Letztere nicht nur sich selbst gefährdeten, sie hätten auch andere anstecken können. So hätte sich das merkwürdige Triptychon etabliert: Solidarität, Sicherheit, Diktatur (zumindest temporär, obschon zu jedem epidemischen Geschehen wieder abrufbar). Doch ebenso bizarr war die Orwell'sche Gegenparole US-amerikanischer Reaktionäre: *Social distancing is communism!* Selbstredend kristallisierte sich die Gegenseite um die Forderung nach »Freiheit«, wobei alle Ambivalenzen miteinbezogen wurden, die der Begriff aufweisen kann: bürgerliche Freiheit gegen staatliche Eingriffe, Wirtschaftsfreiheit gegen Notstandsregeln, egoistische Freiheit gegen das Gemeinwohl, schließlich die Freiheit, gegen die »Gesundheitsdiktatur« den Massentod in Kauf zu nehmen. Selbstverständlich war keine von beiden Optionen praktikabel. Je nach Infektions- und Meinungslage schoben die Regierenden die Regler zwischen beiden Polen ratlos hin und her, zum Verdruss beider Seiten. Selten schien die Kluft so deutlich zu sein zwischen Freiheit und Sicherheit, Liberalismus und Staatlichkeit. Nur ging es auf der einen Seite um ein abstraktes Verständnis bürgerlicher Freiheit, das die Realität der Pandemie wegredete oder leugnete, auf der anderen Seite um eine Vorstellung von Solidarität, die den begleitenden Autoritarismus übersah oder rechtfertigte. Für die Aufhebung des Gegensatzes wäre ein Element nötig gewesen, dessen Fehlen manifest war: Die Fähigkeit zum selbstbestimmten, selbstständigen kollektiven Handeln. In Zonen der Welt, wo Menschen mit keiner Hilfe der Regierung rechnen können und es gewohnt sind, sich nur auf sich selbst zu verlassen, stellten sich solche Fragen nicht. Aus freien Stücken definierten brasilianische Favela-Bewohner oder Zapatisten aus dem Chiapas-Dschungel eigene Abstandsregeln und Quarantänen, Masken wurden gemeinsam hergestellt und verteilt, zugleich wurde die Grundversorgung solidarisch organisiert. Um den Zugang zu Impfstoffen musste gekämpft werden. Da blieb für die Luxusprobleme des wohlhabenden Nordens keine Zeit. Generell könnte die Lehre aus dieser Episode sein: Ja, sowohl die Angst vor dem permanenten Ausnahmezustand als auch die Furcht vor der sozialen Zersetzung haben einen legitimen Grund, doch sollte dieser in einer Abwesenheit gesucht werden. Es hätte viele Gründe für Protest und Selbstorganisierung gegeben, von den willkürlichen, zum Teil widersprüchlichen Maßnahmen offenbar überforderter Ämter über die gravierenden Probleme, die wegen der Fokussierung auf Infektionszahlen außer Acht blieben, bis hin zur Forderung eines radikalen Wandels in der Gesundheitspolitik. Doch obgleich auf der Mikroebene solidarische Gesten nicht fehlten, war das Gesamtbild von Schockstarre und Depression geprägt. Nicht nur die kollektive Praxis fehlte, sondern die schiere Idee ihrer Notwendigkeit. Stattdessen machten sich Wahnbilder und Verwirrung breit.

12 *Agnotologie* – Daran besteht kein Zweifel: Die Unvernunft ist auf dem Vormarsch. Tagein, tagaus kommt eine neue Bestätigung dafür, dennoch wird diese verstörende Tatsache nicht begriffen, solange dafür allein nebensächliche Gründe angeführt werden. Die Rechtspopulisten. Die sozialen Netzwerke. Bill Gates. Russland. Als ob ein im Kern vernünftiges System von außen her angegriffen wäre. Nein, die methodische Vernichtung der Instrumente, die (so unvollkommen sie auch immer waren) zur Bildung eines eigenen Urteils unerlässlich sind, ist das Ergebnis einer inneren Zersetzung, die vor ungefähr hundert Jahren begann. Den Anfang kann man symbolisch mit *Crystallizing Public Opinion* ausmachen, dem bahnbrechenden Buch (1923) von Sigmund Freuds Neffen Edward Bernays. Als Erster verstand es Bernays, die neuen Erkenntnisse der Psychologie und der Soziologie auf politische Propaganda und kommerzielle Werbung anzuwenden, zugunsten von Josef Goebbels und Lucky Strike. Es ging schlicht und einfach darum, Reflexion durch Triebmanipulation auszuschalten. Durch unbewusste Motive lassen sich Menschen leichter beeinflussen als mit rationalen Argumenten, zumal das Kitzeln ihrer Libido ihnen eine unmittelbare, mühelose Befriedigung verschafft. Unter Euphemismen wie Wer-

bung oder PR verbirgt sich eine Dynamik, die längst die ganze Gesellschaft ergriffen hat. Verdeckt ist sie nicht; das klassische Enthüllungsbuch zum Thema, Vance Packards *Die Geheimen Verführer*, erschien bereits im Steinzeitjahr 1958. Bloß reicht das Bewusstsein nicht, um dem Griff nach dem Unbewussten auszuweichen. Es gibt heute noch Menschen, die die Ankunft eines hyperfaschistischen Ausnahmezustandes herbeifantasieren und dabei nicht einmal merken, dass der Normalzustand durch und durch von der soften Tyrannei des Kommerz bestimmt wird. Sie befürchten, dass ihnen von Big Brother etwas genommen wird, wovon Big Tech längst Besitz ergriffen hat: ihre Privatsphäre, ihre innersten Wünsche und Präferenzen, das Gedächtnis ihrer Bewegungen und Begegnungen. Dafür war die Anwendung von Folter nicht nötig, sie haben einfach den AGBs zugestimmt. Zweck dieser Machtergreifung war nicht die Weltherrschaft, sondern Werbung. Es ist für den Verstand keine leichte Aufgabe, den Totalitarismusbegriff mit der banalen Tatsache zu verknüpfen, dass uns permanent irgendjemand irgendetwas verkaufen will. Anders als von Verschwörungsfantasten geglaubt, ist für die Verschmutzung des Geistes kein koordinierter Masterplan nötig. Wie Abgas aus jedem Auspuffrohr entweicht sie aus alltäglicher Geschäftspraxis. In dem Maße, wie alle Sektoren der Gesellschaft, Gesundheit wie Bildung, Information wie Politik, der Marktlogik unterzogen werden, schreitet die Zerstörung der Vernunft fort. Ein neuer Forschungszweig hat blendende Aussichten: Im Gegensatz zur Epistemologie, die die Voraussetzungen für das Wissen erarbeitet, untersucht die Agnotologie, wie Unwissen fabriziert und gesichert wird. Unwissen ist voll im Kommen. Das bedeutet nicht, dass Lug und Trug das gesellschaftliche Betriebssystem vollständig infiziert hätten. Bloß sind Lug und Trug in der erforderlichen Menge an allen Stellen zerstreut, um einen allgemeinen Verdacht zu nähren. Man kann sich über nichts mehr sicher sein. Das ist aber nur die halbe Erzählung. Denn nicht nur mit unpersönlichen Verkaufsködern müssen sich Agnotologen befassen, sondern vor allem mit käuflichen Personen. Anders als in seinen Büchern hatte Bernays in seiner tatsächlichen PR-Praxis nicht so sehr auf die Verführung des Unbewussten als vielmehr auf die überaus bewusste Bestechlichkeit »unabhängiger« Experten gesetzt. Der Trieb, der das Ganze ins Rollen bringt, heißt ganz banal Geldsucht. Das hat Schule gemacht. Jahrzehntelang haben korrupte Wissenschaftler Berichte über die Schädlichkeit von Tabak, Zucker, Asbest, Atomstrahlung, Abgasen, Pestiziden, Mikroplastik, Nanopartikeln u. a. gefälscht oder unterdrückt. Um nur ein jüngeres Beispiel aus der Medizin zu erwähnen: Gekaufte Experten, Gesundheitsbehörden und Ärzte sind an der Verabreichung von als Schmerzmittel getarnten Opiaten schuld, die allein in den USA weit über eine halbe Million Tote zu verantworten haben. Wie kann man sich dann wundern, dass niemand mehr Experten, Politikern und Journalisten glaubt? Selbstverständlich ist das kein Grund, um »die Wissenschaft« oder »die Medizin« oder »die Medien« für deren Missbrauch verantwortlich zu machen. Sicherlich sind nicht »alle korrupt«, wie es Rechte behaupten. Aber die Korrupten werden von den anderen geduldet, wohl wissend, dass ohne Fälschungen und Bestechungen das ganze System wie ein Kartenhaus einstürzen würde. Und das Misstrauen reicht nicht, um die Kurve des Unwissens umzukehren. Die Corona-Zeit hat das agnotologische Hauptproblem offenbart: Der Vertrauensverlust in Autoritäten und Institutionen geht keineswegs mit Selbstermächtigung und Stärkung des eigenen Urteils einher. Ganz im Gegenteil. Sowohl Misstrauen als auch Hilflosigkeit sind Auswirkungen davon, dass die Vernunft ins künstliche Koma versetzt wurde.

13 *Vom Sinn des Unsinns* – Parallel zur Covid-Pandemie verbreitete sich eine geistige Epidemie, die eine bedenkliche Immunschwäche des kritischen Vermögens offenbart hat. Zweifellos war die tatsächliche Pandemie bloß die Gelegenheit und nicht der Auslöser. Weitere Anlässe werden folgen, daher sind jetzt Vorsorgemaßnahmen erforderlich. Nicht alle Menschen waren befallen, aber doch genug, um jede Diskussion zu vergiften und Freundeskreise wie Familien tief zu spalten. Entgegen dem Klischee bestand die Risikogruppe nicht nur aus Rechten und sogenannten Bildungsfernen. Der Riss lief quer durch politische Milieus und soziale Schichten. Ein prominenter linker Philosoph blamierte sich mit seinen Statements, die Pandemie sei eine »Erfindung« mit dem verborgenen Ziel, den Ausnahmezustand zu verhängen, und die Impfung das todbringende Sakrament einer neuen Religion. Seitdem wird er nur noch Gagamben genannt.[7] Sich selbst sehen die geistig Infizierten als Skeptiker gegenüber »offiziellen Wahrheiten«. Skeptizismus ist der Anfang aller Philosophie, aber eben nur der Anfang. Es ist gut und richtig, Autoritätsargumente anzuzweifeln. Dann aber fängt erst die eigentliche Arbeit an, nämlich die Gegenüberstellung und die Prüfung der Quellen und der Schlussfolgerungen. Im Zustand der permanenten Ungewissheit kann niemand leben. Wie Sigmund Freud hübsch sagte: »Wenn man sich für einen Skeptiker hält, tut man gut daran, gelegentlich

auch an seiner Skepsis zu zweifeln.« Dahinter versteckt sich meistens das Gegenteil davon, nämlich ein blindes Vertrauen in alternative Erzählungen. Die Haltung ist eine dogmatische und keine skeptische, sie geht davon aus, dass das Gegenteil immer der Fall ist, was auf Epimenides' Lügner-Paradox zurückführt: Wenn Presse und Politiker immer lügen, dann sagen sie immer die Wahrheit, nur in umgekehrter Form. Sagt der Wetterdienst einen sonnigen Tag vorher, nehme ich meinen Regenschirm mit. »Man wird wohl doch Fragen stellen dürfen«, sagt der Pseudo-Skeptiker. Klar kann das jeder. Nur fängt die Reflexion erst an, wenn die Frage selbst infrage gestellt wird. Eine wissenschaftliche Aussage unterscheidet sich von einem Glaubenssatz nämlich darin, dass sie nachweislich widerlegt werden kann. Die Schwierigkeit, mit Menschen zu diskutieren, die zu paranoiden Deutungen neigen, liegt nicht an deren Unlogik, sondern umgekehrt an deren Verabsolutierung der Logik. Sie nutzen die Frage »Cui bono?« als unfehlbaren Kompass, wobei das ganz offenkundige Phänomen des Opportunismus aus ihrem Blickwinkel gerät. An jedem Erdbeben bereichern sich skrupellose Aasgeier, doch heißt das nicht, dass sie das Erdbeben selbst ausgelöst hätten. Die Existenz von Zufällen lassen selbsternannte »Querdenker« nicht gelten, jede Ungereimtheit wird als Zeichen einer verborgenen Machenschaft interpretiert.[8] Dass es Verschwörungen tatsächlich gibt, ist freilich unleugbar. Nur zeugt der zunehmend erratische Zustand der Welt nicht gerade von erfolgreich durchgesetzten Strategien. Am helllichten Tag sind nur widersprüchliche, improvisierte Halbmaßnahmen und Fehlleistungen zu sehen, darum glauben Verschwörungsfantasten, dass die eigentlichen Entscheidungen im Dunkel der Nacht abgesprochen würden. Ihnen ist der Gedanke des Chaos noch unerträglicher als der einer feindlich gesinnten Ordnung. Auf diese Weise schlägt die Erklärung für die eigene Ohnmacht in Allmachtsfantasie um. Wie der Geisterfahrer zweifelt der Querdenker nicht daran, dass sich alle außer ihm in die falsche Richtung bewegen. Damit kommen wir zum wichtigen Punkt. Es reicht nämlich nicht, gegen Fehlschlüsse, falsche Deutungen und Glaubenssätze logisch zu argumentieren. Auch die psychologische Komponente des Phänomens muss angesprochen werden. Anders als für den Philosophen hat für den Psychotherapeuten selbst die inkohärenteste Rede einen Sinn. Ohne Zweifel basiert die geistige Epidemie auf realen Grundgefühlen wie Angst, Ohnmacht und Misstrauen. Fragwürdig wäre doch eher, angesichts der heutigen Weltlage weder Angst noch Ohnmacht und Misstrauen zu empfinden. Das heißt, dass die Aufgabe des Denkens nicht bloß darin besteht, korrekte Analysen zu liefern. Zugleich müsste ein Pharmakon entwickelt werden, das gegen angstbasierte Verwirrung wirksam wäre.

14 *Rückspiegelungen* – Aufgrund der pandemiebedingten Kontaktbeschränkung hatte ich eine ganze Weile mehr Umgang mit Toten als mit Lebenden. Der Friedhof meiner Bücherregale ist gut bevölkert. Nun hatte ich die Muße, illustre Verstorbene zurate zu ziehen. Vielen von ihnen war die außerordentliche Herausforderung der Gegenwart fremd; damit wollten sie in ewiger Ruhe gelassen werden. Für neue Gedanken hatten sie zu ihren Lebzeiten genug getan, jetzt möge bitte der Nachwuchs übernehmen. Manche beschränkten sich darauf, die Weisheiten und Ansichten zu wiederholen, die sie für

zeitlos und allgemeingültig hielten. Mögen sie mich früher beeindruckt haben, jetzt war klar, dass sie eher Teil des Problems als der Lösung waren. Der Friedhofsruhe wollte ich widerstehen; nicht das innere Exil suchte ich, sondern das Weite. Erhellend war an diesem Punkt die Wiederbegegnung mit Paul Valéry.[9] Verblüffend ist, wie der französische Lyriker und Philosoph die chaotischen Zustände und die Verwirrung der jetzigen Zeit vorwegnehmen konnte. Ein Beispiel: In seiner »Bilanz der Intelligenz« (1935) stellt Valéry fest, dass die moderne Welt »völlig mit der immer wirksameren, immer gründlicheren Ausbeutung der natürlichen Energien beschäftigt« ist. Aufgrund ihrer permanenten, unbegrenzten Verfügbarkeit verlangen die Energieflüsse nicht nur verbraucht, sondern verschwendet zu werden. Folglich sieht alles so aus, so Valéry weiter, »als würde man erst eine bestimmte Substanz entwickeln, um danach eine deren Eigenschaften entsprechende Krankheit zu erfinden, zu deren Heilung sie eingesetzt werden, einen Durst, den sie stillen, einen Schmerz, den sie abstellen kann«. In derselben Bilanz warnt der Dichter vor »Wachstum ohne Grenzen«, bemängelt die »Abschaffung der Güter, die niemandem gehörten«, bedauert, dass die freien Räume zusammen mit der freien Zeit verschwunden sind. All diese Phänomene werden nicht auf ihre politische oder wirtschaftliche Dimension verkleinert. Vielmehr geht es ihm »um den Zustand, in den sie die Dinge des Geistes versetzen«. Seine Bilanz bringt Valéry auf den ernüchternden Punkt zusammen: »Alles, was wir wissen – und das bedeutet auch: alles, was wir können –, hat sich am Ende gegen das gestellt, was wir sind.« Was ihn zu der fundamentalen Frage führt, die in gewisser Weise auch durch das vorliegende Buch hindurch mitlaufen wird:

»Kann der Geist uns aus der Lage herausführen, in die er uns gebracht hat?« Natürlich hütete sich der feine Lyriker davor, die Frage mit einer Antwort zu versauen. Er war darum besorgt, dass seine Besorgnis als Verzweiflung missverstanden werden könnte. Mir ist dennoch sein wohltemperierter Pessimismus kein Trost. Schließlich ist Paul Valéry auf dem schönen Friedhof am Meer seiner Heimatstadt Sète just in dem Jahr beigesetzt worden, als die *great acceleration* einsetzte, die potenzierte Vermüllung der Welt. Da ertönt aus einem benachbarten Sarg in meinem Regal unvermittelt die Stimme Baudelaires: »Die Welt wird untergehen. Der einzige Grund für ihre Fortdauer wäre, dass sie nun mal existiert. Doch ist das nur ein schwacher Grund im Vergleich zu denen, die vom Gegenteil künden.« Take that, Positivdenkende! Und nun bemüht euch mal, einen stärkeren Grund zu finden.

15 *Sapere aude, verdammt nochmal!* – »Wir, die heute am Leben sind, besitzen das schwindelerregende Privileg, an die Spitze der moralischen Verantwortung gelangt zu sein. Die Generationen vor uns wussten nicht, was sie taten. Die Nachkommen werden wahrscheinlich gegen die Folgen unserer Handlungen nichts mehr tun können. Wir allein wissen und können zugleich. Oder zumindest wissen wir, dass wir können sollten.« Fast erröte ich vor Scham, wenn ich diese Zeilen wiederlese, die ich 2006 in der *Frankfurter Allgemeinen* veröffentlichte.[10] Das hochtrabende Pathos! Der erhobene Zeigefinger! Das pastorale Wir! Bereits zwei Tage später musste ich meine Sätze bereuen, als sie im Bundestag ein Abgeordneter unter Beifall zitierte. Klar, dort gehörte sie hin, die Sonntagssülze.

Was war mir widerfahren? Ich weiß noch: Es war eine Verzweiflungstat. Wie man eine Petition unterschreibt, wohl wissend, dass sie im Papierkorb landen wird. Wie die oben erwähnten Wissenschaftler ihren Appell »an die Menschheit« verfassten. Ich für meinen Teil schrieb nur an die bürgerliche Leserschaft der *F.A.Z.* Versuchte, um sie zu erreichen, Stil und Ton anzupassen. (Oder vielleicht war der eigentliche Adressat meine kürzlich geborene Tochter, damit ich ihr etwas vorzuweisen hätte, wenn eines Tages die anklagende Frage käme: »Und was hast du damals dagegen getan?«) Von der peinlichen Rhetorik abgesehen war das Argument nichts anderes als Hans Jonas' Prinzip Verantwortung in komprimierter Form. Doch gerade das lässt den Text nach all den seitdem vergeudeten Jahren hohl erscheinen. Es ist nicht mehr die Zeit für ethische Appelle. »Wissen, dass wir können sollten« hat nicht weitergeholfen. Auf eine solche Feierlichkeit wird also im Folgenden verzichtet. Mir geht es heute bescheidener darum, mitten in Turbulenzen das geistige Gleichgewicht zu behalten. Vor dem grassierenden Desaster zumindest das Denkvermögen zu retten. Und das Lachen Franz Kafkas dazu. Folglich liegt hier kein x-beliebiger Wie-wir-jetzt-umdenken-müssen-Ratgeber vor. Bloß der Bericht eines Selbstversuchs. Obwohl, wie sich herausstellen wird, der Titel dieses Buches anders gemeint ist, dürfen ihn Leserin und Leser gern als Einladung deuten, hieraus selbst den Geist vom Müll zu sortieren.

II. ENDZEIT AUF RATEN

> Nur noch ein Wunder kann uns retten,
> unter der Bedingung, wir verlassen uns nicht darauf.
>
> *Jean-Pierre Dupuy*

16 *Negativtest* – Die häufig anzutreffende Eingenommenheit gegen negative Gedanken, reflexartig als »Schwarzmalerei« oder »Alarmismus« verworfen, ist mit jener Impffeindlichkeit vergleichbar, die aller gelungenen Seuchenbekämpfung zum Trotz erstaunlich virulent bleibt. In beiden Fällen wird der Gedanke für suspekt gehalten, der beste Schutz gegen das Übel sei die freiwillige, gut dosierte Inokulation eines Teilchens jenes Übels. Dahinter wird eine böswillige Absicht vermutet, ein Fremdeingriff gegen die persönliche Integrität. Angsteinflößend sind dennoch viel eher jene Falschmünzer der Hoffnung, die den Glauben propagieren, eine bejahende psychische Einstellung würde reichen, um den Körper zu schützen. Oder Coaches und Influencer, die ähnlich missionarisch Karriere, Sexualität oder Lebensführung positiv einstimmen wollen. Kommt das voraussehbare Fiasko in Form von Erkrankung, Bankrott oder Scheidung, wird die betroffene Person selbst für schuldig erklärt. Sie hätte sich gegen den bösen Geist halt unzureichend immunisiert. Wenn nur dank dieser Haltung einer die Seelenruhe finden würde! Aber nein, offensichtlich macht das positive Denken verkrampft, besorgt und begierig. Zusammen mit dem Bewusstsein des Todes wurde dem Menschen das Lachen geschenkt. Wird das eine verdrängt, entschwindet das andere. Zwangsoptimismus tötet den Humor, welcher ja am elegantesten ist,

wenn er Schwarz trägt. Um gegen präsente und kommende Übel geistige Antikörper zu entwickeln, ist es also ratsam, sich Bazillen der Negativität einzuimpfen. *Hope for the best, prepare for the worst*, wie der Amerikaner sagt. Oder um an ein strapaziertes Gramsci-Zitat anzuknüpfen: Ohne Pessimismus des Verstands ist der Optimismus des Willens nur selbstverlogener Quark.

17 *Mehr Apokalypse wagen* – Extremsituationen zeichnen sich unter anderem dadurch aus, dass einem plötzlich die Worte fehlen, um sie zu benennen. Die eine Vokabel ist durch übertriebene Verwendung in ruhigeren Zeiten abgestumpft, jene andere mit jeder Wiederholung entwertet worden. Zur letzten Kategorie gehört das von Medienmenschen gern verwendete »Jahrhundert« in Komposita wie Jahrhunderttemperaturrekord oder Jahrhundertflut, die dem statistischen Nebenton zum Dank unaufgeregt professionell klingen. Leider überstürzen sich die Jahrhundertereignisse mittlerweile so sehr, dass stattdessen von Jahresbrand oder Monatsorkan die Rede sein sollte, wenn nicht das Wort die Regelmäßigkeit eines Monsuns andeuten würde, die in diesen chaotischen Zeiten eben fehlt. Auch das Attribut »extrem« nutzt sich schnell ab, wenn Extremereignisse den Durchschnitt ersetzen. So bleibt Berichterstattern nichts übrig, als weniger unaufgeregt von »apokalyptisch anmutenden Szenen« zu reden. Was soll man sonst sagen? Um nur von einem Aspekt des Desasters zu sprechen: In Australien, Kalifornien oder Griechenland erreichen Brände eine solch unerhörte Intensität, dass die Fachmenschen den Neubegriff »Gigafeuer« schöpfen mussten. Das mag technisch rele-

vant sein, reicht jedoch nicht aus, um zu bezeichnen, wie es sich vor Ort anfühlt, wenn der Tag zur Nacht wird, der Boden unter den Füßen brennt, der Atem schmerzt, Strände die letzte Zuflucht bieten und das Löschwasser verdampft, ehe es die Flammen erreicht. Berühmt wurde das Schild, das ein Buchhändler in einem vom Feuer verwüsteten Dorf in New South Wales auf seinem Schaufenster angebracht hatte: »Postapokalyptische Belletristik steht jetzt unter ›Aktuelles Zeitgeschehen‹«. Indes verrät der apokalyptische Bezug mehr als das unmittelbare, blanke Entsetzen. Zeugen und Opfern ist wohl bewusst, dass das Ereignis kein punktueller Einzelfall ist, sondern mit einem globalen katastrophalen Prozess zusammenhängt, der an anderen Weltflecken andere Verwüstungen verursacht. Außerdem ahnen alle, dass das historisch Beispiellose sich zugleich als Vorbote schlimmeren Unheils ankündigt. Da helfen nur noch Bilder von vergangenen Untergangsvisionen.

18 *Reden wir nicht um den heißen Brei herum* – So viel steht außer Zweifel: Kommt die Sechs-Grad-Klimaerwärmung, ist Sense für alle. Und unerheblich ist die Wahrscheinlichkeit nicht, dass diese Schwelle in absehbarer Zukunft erreicht wird. Wohlgemerkt: Nicht unerheblich bedeutet ungewiss, aber möglich; absehbar sagt nichts über die genaue Frist, es können meinetwegen auch 200 Jahre sein, ohne dass es etwas Wesentliches an der Sache ändert. Die Gleichung hat eben zwei Unbekannte. Das ist nicht Meinung. Das ist nicht Glauben. Das ist Wissenschaft. *Follow the science*. Oder wer sich damit schwertut: *Follow* der Philosophie. Zu seiner prä-

wissenschaftlichen Zeit hatte der der Apokalyptik unverdächtige Lukrez bereits beschworen: »Möge uns mehr die Vernunft als das eigne Erlebnis belehren, dass auch die Welt zugrunde kann gehn in klirrendem Einsturz.« Nun entdecken Klimaforscher, dass sie dem *endgame scenario* bislang zu wenig Aufmerksamkeit geschenkt hatten.[11] Aus Angst, als Alarmisten verschrien zu werden, konzentrierten sie ihre Forschung auf die untere Grenze der Risikoskala. So hofften sie, die Regierenden und Industriellen der Welt dazu bringen zu können, die Emissionsgrenzen einzuhalten. Falsch gedacht. Allen Abkommen zum Trotz sind die Emissionswerte schneller angestiegen als vorgesehen. Menschen neigen dazu, geringe Wahrscheinlichkeit mit Unmöglichkeit zu verwechseln und dementsprechend Risiken zu vernachlässigen, die extrem gefährlich und sehr ungewiss sind. Nur werden heute Feedback-Effekte, nichtlineare Prozesse und Kipppunkte immer genauer verstanden, ohne deswegen prognostiziert werden zu können. Und leider sind die bösen Überraschungen wahrscheinlicher als die guten.[12] Allmählich wird bekannt, dass die Temperaturkurve der Erde ein trügerisches Bild der Gefahrenlage wiedergibt. Das Desaster kann nämlich mit keiner Einzelfigur dargestellt werden, es ist niemals im Singular, sondern besteht aus einer Kaskade heterogener Ereignisse, die sich gegenseitig verstärken. Hitzezeit bedeutet nicht bloß Hitzezeit, sondern potenziell auch Dürre, Wasser- und Lebensmittelknappheit, Seuchen, Unterbrechungen der Versorgungsketten, Hyperinflation, Verteilungskonflikte, Krieg, Flucht, Vertreibung und noch einiges. Nicht nur verschlimmert der Klimawandel vorhandene Probleme, vorhandene Probleme verschlimmern die Auswirkungen des Klimawandels. Ein Schock wird umso verheerender, je geschwächter und anfälliger das Terrain bereits war, über das er hereinbricht; und er wird noch einmal durch falsche oder verspätete Reaktionen verstärkt. Da das Gerüst des heutigen Weltsystems alles andere als stabil ist, dürften Risikomultiplikatoren nicht fehlen. Mit jeder Disruption vertieft sich die ohnehin gravierende soziale und geografische Ungleichheit, was zu gewalttätigen Konflikten, Gewalt und Repression führt. Hinzu kommt die Unfähigkeit der Institutionen, rechtzeitig und angemessen zu reagieren. Schließlich lauert das »epistemische Risiko«, sprich: die Verbreitung von Falschinformationen, abstrusen Gerüchten und toxischen Theorien, die eine reale Auseinandersetzung unmöglich macht. In einem Wort: Ein unwahrscheinliches Worst-Case-Szenario ist das globale, simultane Überschreiten einer bestimmten Temperaturgrenze. Wahrscheinlicher ist ein regionaler Totalausfall, der sich qua Dominoeffekt ausbreitet und verzweigt, im schlimmsten Fall bis zum globalen Zusammenbruch. So sind die Forscher des International Panel on Climate Change (IPCC) zu dem Schluss gekommen, dass der Fokus auf das Klima nicht reicht, um das mögliche Endspiel zu verstehen und ihm adäquat zu begegnen. In Betracht gezogen werden müsste praktisch die ganze Welt in ihren sozialen, wirtschaftlichen, politischen und informationellen Dimensionen. Freilich übersteigt eine solche Aufgabe die zaghafte, politikpragmatische Kleinteilung der Probleme. Ein Grund mehr für Nichtspezialisten, sich die Herausforderung bewusst zu machen.

19 *Vanitas* – Wenn die Botschaft nicht mehr bestritten werden kann, wird der Bote angegangen. Es zeuge von bösen Absichten, das Allgemeinbekannte mit Nachdruck auszusprechen. »Unnötige Ängste« würden geschürt – welche sind denn die nötigen? Von selbstzufriedenen Machermachos werden »Hysterie« und »Kassandra-Rufe« verlacht. Hysterie, eine längst widerlegte frauenfeindliche Diagnose, ist der Herkunft nach der Name einer wandernden, einsamen Gebärmutter. Ehe sie sich am Gehirn festbeiße, müsse sie mit reichlich Spermien übergossen und befruchtet werden, darum spritzen die Elon Musks dieser Welt bis in ferne Planeten ab. Bei Kassandra wird immer wieder vergessen, dass sie schließlich mit ihren Rufen recht behielt. Das von ihr angekündigte Unheil ist doch eingetreten, und zwar gerade weil ihr keiner geglaubt hatte. Unschön und ungut, aber was macht man mit der ausgepackten Erkenntnis? Erstarren wie das Karnickel vor heranrasenden Autoscheinwerfern ist keine gute Alternative zum Kopf-in-den-Sand-Stecken. Die Frage beruht auf einem Missverständnis. Erkenntnis wird nicht vom Paketdienst zugestellt. Die Erkenntnis ist eine Reise, ein Prozess mit sukzessiven Stationen, die einen fakultativ, die anderen nicht. Zum Beispiel ist Skeptizismus eine verbindliche Haltestelle, die dennoch keinen permanenten Aufenthalt bietet. Mit dem Gedanken der Endzeit ist es ähnlich. Keine Endstation, sondern Ausgangspunkt für die Umkehr der Perspektive. Keine Energie wird mit der Erkundung vermeintlicher letzter Dinge verschwendet. Es geht darum, die Dinge *vom Ende her* zu denken. Man kann es auch negative Teleologie nennen: Eine Universalgeschichte der Menschheit (die es an sich nicht gibt) kann einzig und allein von einem gemeinsamen Endpunkt (nicht Ziel, nur Resultat) hergeleitet werden,

den es abzuwenden gilt. Die Story wird erzählt, damit sie falsifiziert wird. Heuristik der Furcht nannte Hans Jonas seinen weisen Ratschlag: Behalte stets das Worst-Case-Szenario vor Augen, damit du das zu schätzen und aufzubewahren lernst, was wirklich lebenswert ist. Denn »wir wissen erst, was auf dem Spiele steht, wenn wir wissen, dass es auf dem Spiele steht«.[13] Ästhetisch ist diese Haltung apokalyptischen Schreckensbildern diametral entgegengesetzt. Viel eher ist sie mit der barocken Zelebrierung der Vergehens verwandt, mit der Vanitas-Malerei, der verewigten Prallheit verderblicher Naturfrüchte, dem Widerschein menschlicher Eitelkeiten im Spiegel, und – immer im Hintergrund – der eindringlichen Gegenwart von Totenschädel und Sanduhr.[14]

20 *Ein Ende findet nicht statt* – Ganz allgemein, das heißt von Fragen der Ursachen und der Frist abgesehen, stoßen Endzeitgedanken auf eine prinzipielle Aporie. Ohne Zweifel wird mit dem Zwischenspiel Mensch auf Erde irgendwann Schluss sein, und sei es nur in fünf Milliarden Jahren, wenn der Erdball von der Sonne verschluckt wird. Die Erkenntnis hat weder mit Heilserwartung noch mit Verzweiflung zu tun. Es gibt überhaupt keinen Grund anzunehmen, dass die Natur, die Biosphäre, die Vorsehung oder was auch immer, mit der Menschenart großmütiger sein würde als mit den Myriaden von Tierarten, die im Laufe der Erdgeschichte ausgelöscht worden sind. Weniger Gründe sogar, da die Menschenart ihr Mögliches tut, um den Schluss zu beschleunigen. Doch jetzt kommt die Aporie: Fest steht ebenso, dass von dem Endpunkt, wann auch immer er ein-

tritt, niemand *erfahren* wird, und zwar aus dem einfachen Grund, dass jeder für sich allein stirbt. Der letzte Mensch wird ebenso wenig wie letztens das letzte Sumatra-Nashorn wissen können, dass er tatsächlich der letzte gewesen sein wird. Nehmen wir an, dass am Tag Z nur noch ein Paar übrigbleibt. Sie sagt: »Mit uns stirbt die Menschheit.« Er (besserwisserisch wie immer): »Für deine Aussage gibt es keinen wissenschaftlichen Beleg.« Und beide werden – kleiner Trost – recht haben. Die Auslöschung einer Art wird nur a posteriori festgestellt. Irgendwann merken forsche Froschforscher, dass seit geraumer Zeit kein einziger *Aplastodiscus flumineus* gesichtet worden ist, und tragen ihn folglich ins Sterberegister ein. Nur wird niemand da sein, um Homo sapiens im Verzeichnis der ausgestorbenen Arten zu registrieren. Vielleicht hat er sich deswegen einen transzendentalen Naturforscher ausgedacht, sozusagen als himmlisches Hilfsmittel, um die Tatsache vor- und darstellbar zu machen. Denn hier liegt der springende Punkt: Da das Ende der Menschheit sowohl absolut gewiss als auch absolut unerfahrbar ist, kann es nur Vor-Stellung sein, imaginäres Gleichnis, Realfiktion.

21 *Armagedöns* – Der Haken mit der biblischen Endzeiterzählung ist bekanntlich, dass Apokalypse wortwörtlich »Offenbarung« heißt. Wie in einer beliebigen *Tatort*-Folge soll im letzten Augenblick die ganze Wahrheit ans Licht kommen. Und da die Vollendung (in ihrer schönen Doppelbedeutung von Abschluss und Erfüllung) bereits angekündigt worden ist, bliebe nur noch abzuwarten. Freilich glaubt in unserer postreligiösen Zeit niemand wirklich daran. Ebenso wenig wird damit

gerechnet, am Sterbebett der Mutter oder des Vaters die letzten Geheimnisse übermittelt zu bekommen. Dank des medizinischen Fortschritts sind sie zu diesem Zeitpunkt entweder senil oder mit Opiaten zugedröhnt. Die Illusion des Last-minute-Wahrheitsgeflüsters ist dahin, von der die Apokalypse vermutlich bloß eine Übertragung auf die Gattungsgeschichte war. Um es mit Jean-Luc Nancy zu sagen: Wenn eine Offenbarung offenbart, dass es nichts zu offenbaren gibt, verhüllt sie sich wieder. Und sowieso, was gäbe es noch zu enthüllen? Wir wissen jetzt, dass der Fortbestand des Menschen durch seine eigene Aktivität auf der Kippe steht. Die Offenbarung ist ein Offenbarungseid. Mehr wird nicht kommen. In diesem Sinne ist diese Zeit tatsächlich post-apokalyptisch. Damit endet gleich der biblische Bezug, denn selbstverständlich geht es niemandem um die angstfröhliche Erwartung des endgültigen Schlusspunktes, sondern darum, die Konsequenzen eines Prozesses, der bereits eingesetzt hat, möglichst zu verringern und verschieben. Es ist eine üble Nachrede, Menschen Apokalyptiker zu nennen, die auf das Desaster hinweisen. Sie verkünden keine Prophezeiung, im Gegenteil, sie sagen die Unmöglichkeit von Vorhersagen vorher.

22 *Verstimmte Posaunen* – Zur Kunde der Endzeit gehörte auch – hauptsächlich sogar – die verspätete Ankunft der universellen Gerechtigkeit. Wie sich heute die Figur des Jüngsten Gerichts säkularisiert hat, zeigen zur Genüge die Anklagen gegen »Klimasünder«, die versprochene Erlösung von der fossilen Vergangenheit wie die Verheißung des erneuerbaren, nachhaltigen Erdenreiches. Die Gerichtsuntersuchung ist längst ab-

geschlossen, die historische Schuld geklärt, die Beweislage erdrückend. Bekanntlich waren es wenige europäische Nationen, später die US-amerikanische dazu, die den übrigen Völkern der Welt durch Gewalt und Verführung eine zerstörerische Arbeits- und Lebensweise aufdrängten. Und innerhalb jener Nationen eine ganz winzige Minderheit der Entscheidungsträger und Profiteure. Auf synchroner Ebene ist die Last der Verantwortlichkeiten nicht weniger belegt. Heute verursacht die dünne Oberschicht die meisten Emissionen und Verheerungen, von denen die kaum beteiligte, überwiegende Mehrheit am schlimmsten getroffen wird. Nun kommt die tragische Dimension, die sich der überlieferten Apokalyptik in den Weg stellt: Der vernichtenden Anklagerede kann kein gerechter Urteilsspruch folgen. Was die Bewohnbarkeit der Erde angeht, spielt nämlich keine Rolle, bei wem die kumulierte Schuld liegt. Zwar mögen die Reichen wohl oder übel auf Golfplätze und Privatjets verzichten müssen, deswegen werden jedoch die Armen nicht über Klimaanlagen und Solarpanels verfügen können. Für einen egalitären Zugang der acht Milliarden Erdbewohner zu dem Ressourcenverbrauch, den Räumen und Waren, die dem westlichen Lebensstil entsprechen, wären nicht eine oder zwei, sondern gleich vier Erden vonnöten. Die Parole »Wohlstand für alle« hat sich als Anstiftung zum kollektiven Selbstmord entpuppt. Natürlich lassen sich die Reichen ungern dazu aufrufen, auf ihren Reichtum zu verzichten. Noch schlechter kommt jedoch bei den Armen der Aufruf an, sie sollen bitte auf den Ausweg aus der Armut verzichten. Warum sollte der globale Süden die Zeche seiner einstigen Kolonialherren zahlen? Sollten die doch mit gutem Beispiel vorangehen. Theoretisch sind die Antworten zu diesem Dilemma naheliegend, und ich teile sie auch.

Überfluss ist nicht gleich Warenüberfluss. Wohlstand für alle war von Kropotkin anders gemeint als von Ludwig Erhard. Was jetzt angestrebt werden muss, ist eine andere Lebensweise, nachhaltiger, gesünder, egalitärer. Freiheit und Gleichheit müssen neu gedacht werden, und zwar entkoppelt von dem Streben nach unbegrenztem Ressourcenverbrauch. Nur haben diese hypothetischen Antworten einen Makel: Auch sie kommen zumeist aus dem reichen Norden.[15] Die Wahrscheinlichkeit ist groß, dass sie in den Slums dieser Welt als Luxusvorstellungen gut genährter Kinder aufgenommen werden. Die Hunderte Millionen Chinesen, die dank massiver Umweltverschlechterung deutliche materielle Verbesserungen erreicht haben, werden sich nicht so leicht überreden lassen. Vor allem in armutsgeprägten Regionen ist der Zugang zu westlichen Standards eine Überlebensfrage, nicht etwa, weil diese die einzigen oder besseren seien, sondern weil die Zeit für Alternativen schlicht fehlt.[16] Noch nie war der Widerspruch zwischen Gerechtigkeit und Gleichheit (im Sinne von gleichzeitiger Reaktion zu einer gemeinsamen Bedrohung) so eklatant.

23 *Mit Ungeborenen leben* – In seinem *Fragebogen* stellt Max Frisch die hervorragende Denkaufgabe: »Sind Sie sicher, dass Sie die Erhaltung des Menschengeschlechts, wenn Sie und alle Ihre Bekannten nicht mehr sind, wirklich interessiert? Warum? Stichworte genügen.« Eigentlich steckt die Antwort bereits in der Frage, zumindest wenn man sie umgekehrt stellt. Es würde doch von einem merkwürdigen Verständnis von Empathie zeugen, sich für Zeitgenossen aus Fleisch und Blut auf dieselbe

Art zu »interessieren« wie für hypothetische, künftige Wesen. Mich konnten jene Ethiker nie überzeugen, die an »unsere Verantwortung gegenüber den Noch-nicht-Geborenen« appellieren. Was scheren uns die Noch-nicht-Geborenen? Es ist schon schwierig genug, seiner Verantwortung Geborenen gegenüber gerecht zu werden. Wäre diese gemeingesellschaftlich gewährleistet, hätte sich die gestellte Frage ohnehin erledigt. In der wirklichen Welt werden die künftigen Generationen allein deswegen abgerufen, damit auf sie der ganze Mist abgewälzt werden kann. Sie werden die Dinge reparieren müssen, die wir kaputtmachen, unsere Schulden zahlen, unseren Müll entsorgen. Wäre es nicht in ihrem Interesse besser, sie ganz zu vergessen? Lasst doch die Noch-Nichts in Ruhe! Indes lässt sich Frischens Frage auch auf eine andere Weise umstellen, nämlich: War überhaupt jemals jemand an der Erhaltung des Menschengeschlechts »wirklich interessiert«? Zweifellos gibt es fürs Kindermachen allerlei Motive, von der Rettung des Paares zum Duplikationsdrang der Gene, von unbezwinglichem Liebeszeugnis zu altersvorsorglichem Kalkül. Der narzisstische Wunsch, sich selbst zu überleben, mag auch eine Rolle spielen. Aber die Erhaltung des Menschengeschlechts? Das wirkt so erotisch wie ein Besamungsprogramm in der Pferdezuchtanlage. Umgekehrt lässt sich aus dem derzeit propagierten »Gebärstreik für das Klima« nicht unbedingt auf einen Vernichtungswillen schließen. Als imaginierte Einzelperson steht doch das Ungeborene mit seinen künftigen Schmerzen in direkter Verbindung zur Gefühlswelt der Zeugungs- und Gebärstreikenden. Ohnehin ist in dieser Angelegenheit mehr noch als im Konsumverhalten das Verhältnis von individueller Wahl und Gattungsimperativ metaphysisch verzahnt. Im Grunde sollte jeder und jede aus Sorge um die künftige Menschheit mit der Fortpflanzung sofort aufhören. Im Hinblick auf Überbevölkerung und Ressourcenversiegen meinte ja der Gründer der ökologischen Ökonomie Nicholas Georgescu-Roegen: »Jedes heute geborene Baby bedeutet ein menschliches Leben weniger in der Zukunft.« Da gibt es einiges zu grübeln.

24 *Durchhalteparolen* – Selbstverständlich hat Luther den ihm zugeschriebenen Satz niemals gesagt: »Wenn ich wüsste, dass morgen die Welt unterginge, würde ich heute noch ein Apfelbäumchen pflanzen« (allein das »Apfelbäumchen« hätte einen aufhorchen lassen müssen). Luther freute sich doch auf den Weltuntergang! Dreimal rechnete er zu seinen Lebzeiten mit ihm, und wenn er dem Papst den Kampf ansagte, jener Inkarnation des Antichristen, dann um die Vollendung der Zeit zu beschleunigen. Näher als die weichgespülte EKD stehen heute dem originellen Luther jene Evangelikalen, die jeden Krieg im Nahen Osten als Aufwärmübung für Armageddon begrüßen und in Australien oder Brasilien Wälder in der fröhlichen Überzeugung verbrennen lassen, jedes verkohlte Apfelbäumchen bringe uns der Erlösung einen Schritt näher. Wann und von wem das pseudoluthersche Zitat erfunden wurde, ist nicht bekannt; popularisiert wurde es allerdings im Zweiten Weltkrieg als Durchhalteparole für Trümmerfrauen, sozusagen das theologische Pendant von Zarah Leanders »Ich weiß, es wird einmal ein Wunder geschehen«. Wunder nimmt es daher nicht, dass der Satz heute bei den Grünen wieder populär ist. Da stellt sich eine prinzipielle Frage: Ist es moralisch verantwortbar, Durchhalteparolen zu zerstören?

Die Antwort ist deswegen schwierig, weil sie zwei antagonistische Aspekte beinhaltet, einen psychologischen und einen politischen. Selbstverständlich wäre es kriminell, einer verzweifelten Person die letzte Hoffnungskrücke zu nehmen. Soll sie doch ihr Bäumchen pflanzen, wenn es ihr hilft. Andererseits wird am Beispiel der Trümmerfrauen deutlich, wie Durchhalteparolen zur Aufrechterhaltung einer menschenfeindlichen Ordnung und zur Verschiebung ihrer notwendigen Überwindung beitragen. Es ist geradezu obszön, wenn mitten in einer Weltlage, die Millionen Menschen zur Verzweiflung bringt, ein Leitartikler getreu der guten alten Coué-Methode frohlockt: »Es ging der Menschheit noch nie so gut wie heute, und die Aussichten für die nächsten Jahrzehnte sind noch besser.« Tröstliche Worte erwartet man von einem Freund, nicht von einem Staat oder einem Nachrichtenmagazin.

25 *Rettungsrhetorik* – In seinem kontroversen Essay *Wann hören wir auf, uns etwas vorzumachen?* wendet der Schriftsteller Jonathan Franzen den Spieß geschickt um, der habituell gegen angebliche Öko-Apokalyptiker gerichtet wird. An religiöse Eiferer erinnern ihn nicht diejenigen, schreibt Franzen, die den Kampf gegen die Klimakatastrophe für verloren erklären, sondern viel eher Menschen, die die *Rettung* des Klimas beschwören. Sie befürchten nämlich, »dass ohne das Versprechen der ewigen Erlösung, die Menschen sich schlecht benehmen würden«.[17] Alte theologische Frage: Muss man mit einer Belohnung im Himmel rechnen, um Gutes zu tun? Muss man sich als Klimaretter wähnen, um vom Kauf eines blöden SUV abzusehen? Hinter dem beschwichtigenden

Gerede um die »Klimawende« steckt die Meinung der Eingeweihten, nur sie könnten die Wahrheit mit Klarsicht ertragen. Ohne fromme Lüge werde das gemeine Volk in Verzweiflung und Unruhe versetzt, und das sei gefährlich, insbesondere für die besagten Eingeweihten. Das erinnert an die Ansicht Voltaires, dieses archetypischen Bourgeois, über die Religion: »Mein Prokurist, Schneider, Kammerdiener, selbst meine Frau, sollen an Gott glauben; ich glaube dann nämlich weniger beraubt und betrogen zu werden.« Ob sich heutige Influencer mit der Rettungsrhetorik selbst infiziert haben, mit der sie ein Elektroauto, eine nachhaltige Geldanlage oder eine grüne Partei verkaufen, sei dahingestellt. Die Frage war immer umstritten, ob die Mehrheit auf Erlösungsversprechen verzichten kann, ohne deswegen in Resignation und Gewalt zu versinken. Heute ist aber die Halbwertzeit der Verheißung knapp; und ihr Gebrauchswert nimmt in dem Maße ihrer Wiederholung ab. Wo das Rettende nicht auftaucht, wächst die Gefahr auch.

26 *Die Erfindung der Zukunft* – Wenn Wissenschaft als irrationaler Glauben diffamiert wird, dann nimmt es nicht wunder, dass Positionen als apokalyptisch gelten, die das genaue Gegenteil verkünden, oder dass Gegenwartskritikern vorgeworfen wird, sie seien im Mittelalter gefangen, einer Epoche, von der Mitschwimmer des Zeitgeistes sowieso keine Ahnung haben. Das Ende der Geschichte, das war doch die offizielle Doktrin des christlichen Abendlands. Das augustinische Zeitbild kannte keine Zukunft, nur noch eine Frist. Nach des Messias Himmelfahrt blieb den Sterblichen nichts wei-

ter übrig, als auf das Jüngste Gericht zu warten und bis dahin die Zeit totzuschlagen. Auf Erden würde nichts mehr passieren. Proteste wie Neuerungen hatten null Perspektive. Jede schlechte Nachricht war eine Kunde des naherückenden Weltenendes. Bis am Pfingsttag 1185 Joachim von Fiore eine Erleuchtung hatte, wohlgemerkt nicht in Form eines übernatürlichen Blitzschlages, sondern einer logischen Schlussfolgerung: Wenn (wie es die Schriften lehren) die Weltgeschichte nichts anderes als die Entfaltung der Dreifaltigkeit ist, wenn das Alttestament das Zeitalter des Vaters war und das Neutestament jenes des Sohnes ist, dann musste logischerweise ein drittes Zeitalter folgen, das Zeitalter des Geistes. Heureka! Die Idee war so einleuchtend, dass sie Gott wohl nicht hätte entgehen können! Zwangsläufig würde die neue, unvermittelte Gemeinschaft des Geistes alle heute unumgänglichen Vermittlungen und Institutionen überflüssig machen. Entschwinden sollten Kirche und Schloss sowie Knechtschaft und Arbeit. Und das Beste kommt noch: Sollte sich wie angenommen das christliche Zeitalter genauso wie das alttestamentarische auf 42 Generationen erstrecken, dann stünde die große Zeitenwende unmittelbar bevor! Zwischen Gegenwart und Endpunkt hatte also Joachim einen neuen Zeitraum eingeschoben und somit die Apokalypse vertagt. Der kalabresische Abt war weder Prophet noch Unruhestifter, er ahnte nicht, dass seine Vorhersage fünf Jahrhunderte millenaristischer Aufstände befeuern würde, angefangen mit den Brüdern und Schwestern des freien Geistes über die Münsteraner Täufer, Thomas Müntzer und den Bauernkrieg bis hin zu den Levellers und Ranters der englischen Revolution. Damals bereits stellte sich die Frage, wie mit der angekündigten Neuzeit zu verfahren sei. Sollte man geduldig auf sie warten oder sich zur Hebamme machen, um ihrer Geburt notfalls mit der Zange zu verhelfen? Musste sich die spirituelle Avantgarde in Klöster oder neugegründete Städte zurückziehen, oder war nicht eher der bewaffnete Kampf gegen jene konservativen Kräfte angesagt, die den Zugang zum irdischen Paradies versperrten? (Nach einer weiteren Interpretation müssten zunächst einmal alle Völker der Welt freiwillig oder zwangsweise bekehrt werden, für Juden und Nichteuropäer keine gute Nachricht.) Es ist sonderbar, wie unterschätzt dieser Meilenstein der europäischen Kulturgeschichte ist. Anstatt auf das Jenseits projiziert zu werden, richteten sich nunmehr die Erwartungen auf die Neugestaltung der irdischen Welt. Was war antiapokalyptischer, als auf die Vervollkommnung des Menschengeschlechts zu setzen? Weil das Reich nicht nach, sondern vor dem Weltuntergang kommen sollte, verlor dieser an Bedeutung. Die Dreizeitenlehre war der Türöffner zur Säkularisierung. Hegel war der philosophische Wiedergänger Joachims. Erneuerer in Kunst, Wissenschaft und Politik wähnten sich als Vorboten der *reformatio mundi*. Bruchlos fand der Übergang von millenaristischen zu kommunistischen Aufständen statt. Und die irdischen Mächte begannen, sich nach der verlorenen Apokalypse zu sehnen.

27 *Das Jahr der Wiederversiegelung* – »Wir dürfen die Menschen nicht glauben lassen, dass es auf Erden ein besseres Leben geben kann als dieses.« Den definitiven Satz sprach der Kardinal und künftige Papst Ratzinger anlässlich der feierlichen Umbettung der Gebeine des Joachim von Fiore im Jahr 1989.[18] Ein geschichtsträch-

tiges Jahr: Der Ost-West-Systemstreit ging zu Ende und mithin die Hoffnung, abseits davon einen dritten Weg bahnen zu können. Lautstark wurde das Ende der Geschichte umherposaunt. Zusammen mit den globalisierten Märkten würden sich bald weltweit Demokratie und Menschenrechte verwirklichen (schnell verpuffte dieser letzte Hauch von Teleologie). Es war der passende Augenblick also, um acht Jahrhunderte nach Verkündung seiner Erleuchtung Joachim ein zweites Mal zu Grabe zu tragen. Ein besseres Leben auf Erden, wer konnte noch daran glauben? Wie hatten intelligente Menschen überhaupt daran glauben können? Desillusionierung wurde in Realismus umgemünzt. Man wähnte sich von einem Irrtum befreit. Begrub die Idee des Fortschritts und hielt das für einen Fortschritt. Übersehen wurde dabei, dass es bezogen auf Zukunftsvorstellungen wenig Sinn hat, Wahrheit von Illusion trennen zu wollen. Eigentlich sind die Menschen einfach in das duale augustinische Zeitmodell zurückgerutscht. In eine fortdauernde Gegenwart, wo sich nur noch chaotische, zusammenhangslose Episoden abzuspielen scheinen, über deren Sinn keine Einigkeit gewonnen wird. Geschichte war mal. Zugleich wird jedes Zeichen von Negativität unterdrückt und mithin die Möglichkeit, über die Jetztzeit hinauszudenken. Gewiss brechen noch Revolten aus, immer häufiger sogar. Was ihnen fehlt, ist die glaubhafte Öffnung in eine glücklichere Ära. Mittelalter? Da sind wir gerade. Wird einmal der Zeitraum der Verheißung versiegelt, ist die Endzeit wieder da.

28 *It's a mad MAD world* – Wie der Flirt mit der Apokalypse in der modernen, säkularen Welt neu anfing, ist gut belegt. Kalt berechnende Weltpolitiker und Militärstrategen waren es, die im Kalten Krieg die Doktrin mit dem zutreffenden Akronym MAD (für *Mutual Assured Destruction*) ausarbeiteten. Mit der jederzeit abrufbaren, sofortigen Totalvernichtung sollten sich die beiden Großmächte gegenseitig von dem nuklearen Erstschlag abhalten. Mit der russischen Ukraine-Invasion ist er wiedergekehrt, der Schauder, der eigentlich seit Hiroshima keinen Grund zu verschwinden hatte. Seither weiß wohl jeder, dass jeder Augenblick nicht nur für die eigene Existenz der letzte sein könnte, sondern für das irdische Leben überhaupt. Dafür reicht ein Knopfdruck, und gerade diese extreme Machtkonzentration auf einer einzelnen Fingerspitze hinterlässt den Eindruck, das Dasein sei nunmehr einem launigen, fehlerhaften Gott überlassen. Die Spieltheorie hat die Eschatologie ersetzt. Das Theologisch-Spekulative ist Real-Mögliches geworden. Mit dem atomaren Endzeitszenario ist die Weltordnung nach dem Orwell'schen Prinzip umorganisiert worden: Terror ist Sicherheit. Die Drohung mit der Vernichtung ist die Bedingung der Vernunft. Dabei war das Kalkül hinter dem Gleichgewicht des Schreckens äußerst paradox. Es kann nämlich nur funktionieren, wenn jede Seite auf die minimale Rationalität des Gegners setzt, nach dem Motto: Die Roten sind zwar böse, aber nicht so verrückt, die Selbstvernichtung zu riskieren. Diese Mindestvernunft wird selbst Putin (vorerst) zuerkannt, wogegen niemand mit atomgerüsteten Islamfanatikern die Wette eingehen würde. Wenn aber das jeweilige Lager einerseits den Erstschlag nicht riskieren will, andererseits aber auch nicht wirklich glaubt, dass der

Gegner seine Drohung wahr machen wird, dann hat sich vom Gleichgewicht der Schrecken verabschiedet und die Strategie selbst widerlegt. Das ganze Spiel wäre umsonst! Um effektiv zu sein, muss die MAD-Strategie also nicht ganz perfekt, ja lückenhaft sein. Damit der Gegner nicht allzu selbstsicher wird, ist es für den Befehlshaber ratsam, gelegentlich den eigenen Wahnsinn zu simulieren. Mit der Andeutung von Unzurechnungsfähigkeit bleibt die Möglichkeit einer Eskalation aufrechterhalten. Fürs Restrisiko reicht ohnehin die schiere Existenz des Nukleararsenals. Nicht die ungeheure Macht des Systems, seine Verletzbarkeit ist der Garant für den Status quo. Das hat bisher doch gut geklappt, mögen manche meinen. Das russische Roulette haben wir überlebt – wenn auch knapp, wie sich später herausstellte. Wegen Pannen in automatisierten Frühwarnsystemen entgingen wir mehrmals der endgültigen Katastrophe nur haarscharf. Allerdings hat das Ende des Kalten Kriegs die Gefahr nicht aus der Welt geschafft, ganz im Gegenteil. Mit der Vermehrung mittlerer Nuklearmächte hat sich das bipolare Gleichgewicht des Schreckens überlebt. Heute ist das Projekt der Abrüstung ganz weg vom Tisch. Der Besitz eines Atomarsenals ist nicht nur Abwehrmittel für den hypothetischen Ernstfall, sondern aktuelle Befugnis, Länder zu überfallen. Vor allem ist der nukleare Tabubruch mit der Entwicklung »kleinerer«, taktischer Kernwaffen viel wahrscheinlicher geworden. Eine beschränkte Apokalypse also, die nichtsdestoweniger globale Auswirkungen auf Klima und Nahrungssicherheit hätte.[19]

29 *Heute nicht, Schatz, ich habe Krieg* – Vielleicht sollte die angemessene Haltung zur postnormalen Epoche »metarealistisch« heißen. Der vertrauten, »realistischen« Auffassung menschlicher Angelegenheiten, seien sie sozialer, wirtschaftlicher oder politischer Natur, wird die metarealistische durchaus gerecht, doch wird sie stets ins Verhältnis zu der übergeordneten, »apokalyptischen« Realität gesetzt – ich will hoffen, dass jedes Missverständnis über diesen Ausdruck nun ausgeräumt ist. Nehmen wir den Krieg um die Ukraine. Es ist wohl klar, dass die Nöte und Leiden des Konflikts zum allgemeinen Desaster gehören, und sei es nur, weil die Erpressung mit Gas, Erdöl und Getreide als entscheidende Waffe gegen Zivilbevölkerungen eingesetzt wird. Da jede militärische Handlung, ob offensiv oder defensiv, zu weiterer Destabilisierung der Lebensgrundlagen beiträgt, reicht eine realpolitische Einschätzung von dem, was auf dem Spiel steht, nicht mehr. Nach metarealistischem Standpunkt wäre selbst ein Weltkrieg mit Aussicht auf nuklearen Showdown letztlich bloß eine weitere Ablenkung vom globalen Umweltkollaps. Alle Mittel, die in Rüstung und Streitkräfte fließen, fehlen, um einer weitaus verheerenderen Zerstörung zu begegnen. Es ist schon verblüffend, wie alle Regierungen auf einmal die Entschlossenheit und die Ressourcen finden, die ihnen immer fehlten, als es darum ging, der sozial-ökologischen Frage gegenüberzutreten. Den neuartigen Katastrophen sind sie nicht gewachsen, aber Krieg können sie. Dies vorausgeschickt darf die metarealistische Haltung nicht mit bedingungslosem Pazifismus verwechselt werden. Wie es George Orwell sarkastisch auf den Punkt brachte: Der schnellste Weg, einen Krieg zu beenden, ist, ihn zu verlieren.[20] Und anders als die politischen Hemiplegiker glauben, die die USA als alleinige

Inkarnation des Bösen sehen, würde die Welt mit einem Sieg oder Teilsieg des russischen Imperialismus noch viel kaputter und hoffnungsloser aussehen. Nur: Die Frage ist nicht bloß, wogegen gekämpft wird, sondern auch und vorerst, wofür. Wenn der Realist auf das größte Übel zeigt, weist der Metarealist darauf hin, dass das kleinere Übel auch ein Übel ist. Und es nimmt zunehmend zu. Es ist schon verblüffend, wie schnell die liberale Öffentlichkeit auf giftigen Nationalismus und primitive Propaganda umschalten kann. In Zeiten, die ein planetarisches, solidarisches Bewusstsein mehr denn je erfordern, kann sich das anachronistische, schmutzige Spiel namens Geopolitik niemand leisten. Solange das Selbstverständnis von Imperien herrscht, die um Einflusszonen, Rohstoffquellen und Absatzmärkte wetteifern, wird sich das Desaster unvermindert fortsetzen. Und niemand wird ernsthaft bestreiten, dass ein solches Selbstverständnis auch in der sogenannten freien Welt vorherrscht. Gewiss versichern uns die Verfechter der Realpolitik, dass die Rettung der Welt auf die spätere Friedenszeit aufgeschoben, nicht aufgehoben wird. Diese dürfte aber auf sich warten lassen. Da der Konflikt kein verhandelbares Ziel hat, bleibt als einzige Option der Endsieg über die angreifende Macht. Wie aber die jüngere Geschichte zeigt, folgt in der Regel dem durch ausländisches Einwirken herbeigeführten Sturz eines Despoten noch mehr Chaos und Gewalt. Voraussichtlich werden alle politischen, ethnischen, religiösen und kulturellen Konflikte dieser Welt aufgrund kommender Umweltkatastrophen nicht ausgesetzt, sondern sich verschärfen. Nicht nur droht der Kampf um knapp werdende Ressourcen chronisch zu werden, auch das Sendungsbewusstsein des Westens macht die Vorstellung einer »friedlichen Koexistenz« zunichte. Wie einst die

Neocons werben heute liberale Moderne dafür, dass der Frieden erst an dem Tag kommen wird, wenn alle Kräfte des Bösen besiegt sind, China eingeschlossen. Es sei denn, etwas geht schief mit der nuklearen Abschreckung. Aber Freiheit ist eine Apokalypse wert. So gesehen wird doch an einer Lösung der Klimafrage gearbeitet. Mit dem Endkampf der Gerechten wird die Apokalypse in die eigene Hand genommen, anstatt sie komplizierten Naturphänomenen zu überlassen. Als wenn die Regierenden bei ihren Verhandlungen Nietzsche zurate gezogen hätten: »Wenn die Menschheit nicht an einer Leidenschaft zu Grunde geht, so wird sie an einer Schwäche zu Grunde gehen: was will man lieber? Dies ist die Hauptfrage. Wollen wir für sie ein Ende im Feuer und Licht oder im Sande?«[21]

30 *Anders betrachtet* – »Alle bisherige Philosophie, bis hin zu Adorno, geht *von der Selbstverständlichkeit des Weiterbestands der Welt* aus. Zum ersten Mal wissen wir von der Welt, in der wir leben, nicht, ob sie weiterbleiben wird.«[22] Nicht deutlicher konnte Günther Anders (1902–1992) zeigen, welch historische Zäsur Hiroshima markiert. Nicht nur die Zeitlosigkeit des Seins ist dahin, auch das beständige Werden stößt auf eine Grenze. Das Damoklesschwert hat gewaltige Auswirkungen auf Geist und Seele, die Anders als erster (und lange Zeit als einsamer) Denker untersuchte und eindrucksvoll beschrieb. Für Abiturienten der Greta-Thunberg-Oberschule sollten seine Schriften Pflichtlektüre sein![23] Bereits 1960 verkündet er: Nunmehr gibt es keine Zukunft, nur noch eine Frist. Die Frage ist nicht einmal, ob das Zeitenende kom-

men muss. Es *kann* kommen, und allein diese Drohung reicht, um die präsente Existenz aufzuwühlen. Wir sind, stellte Anders fest, die »erste Generation der letzten Menschen«. Nicht nur du Gattungsglied bist sterblich, sondern die Gattung selbst. Ein Intermezzo innerhalb eines Intermezzos bist du geworden. So unfassbar der Tod schon immer war, immerhin war »das Nichtsein im Raume des Seins« eingebettet. Andere lebten weiter, selbst nach den furchtbarsten Genoziden. Nun aber droht die totale Vernichtung, und damit ändert sich unser metaphysischer Status gewaltig. Angesichts des absoluten Nichtseins (freilich eine paradoxe Formulierung!) gehen alle Figuren des Absoluten verlustig. Gewiss sind seit Beginn der Aufklärung das Göttliche, das Natürliche, das Gute, das Schöne nach und nach in den Fluss der Zeit getränkt, also historisiert worden. Ob die Entabsolutierung eine unbewusste Vorsorgetherapie war? Viel geistige Energie wurde jedenfalls aufgewendet, um nachzuweisen, dass vermeintlich zeitlose Werte und Sitten in einer bestimmten Epoche zu einem bestimmten Zweck entstanden waren. Doch gerade die allgemeine geschichtliche Relativierung, meint Anders, hat die Geschichte zum letzten Absolutum erhoben. Nun wird mit dem drohenden Zeitenende die Geschichte selbst relativ. Wenn niemand mehr da ist, um sich an sie zu erinnern, ist es eben, als wenn sie niemals gewesen wäre. Wir müssen uns daran gewöhnen, so ein Leitmotiv Anders', in der grammatischen Form des Futur zwei zu denken. Anstatt »es war einmal«: Es wird einmal eine Geschichte gewesen sein. So wird die Nostalgie vorweggenommen, wofür die Zukunft keine Gelegenheit mehr bieten wird. Plötzlich wird die Gegenwart mit einem seltsam tröstlichen, melancholischen Licht geflutet.

31 *Der Sinn der Vorhersage ist ihre Widerlegung* – Stalin wird der Satz nachgesagt: Der Tod eines Einzelnen ist eine Tragödie, eine Million Tote sind eine Statistik. Aber selbst wenn im letzten Fall die Trauer abstrakter ist, möglich ist sie noch. Hingegen ist Weltuntergang nur ein Wort. Da streikt das Vorstellungsvermögen komplett. Zu der Frage, warum die Menschen vor der Eventualität einer Auslöschung der Gattung so reagieren, als ob sie nicht betroffen seien, versteht Anders, dass die Propaganda nur eine untergeordnete Rolle spiele. Verantwortlich ist das im wahrsten Sinne unfassbare Ausmaß der Bedrohung selbst. Darum sei die primäre Aufgabe des Philosophen die Erweiterung der Vorstellungskraft. Weil Apokalypse die einzig verfügbare Referenz ist, muss erläutert werden, woran sich der heute erforderliche Apokalypse-Begriff vom tradierten religiösen unterscheidet. Erstens ist er keine Metapher mehr, sondern reale Wahrscheinlichkeit. Die Atombomben sind doch da. Zweitens geht es um »nackte Apokalypse«, will heißen: Nach ihr kommt kein Reich. Das Ereignis ist bar jeder Verheißung, ja nicht einmal einer nihilistisch suizidalen. Selbstmord heißt Freitod, doch in diesem Punkt fehlt einem die Möglichkeit der freien Wahl komplett. Darum ist bei Anders die apokalyptische Leidenschaft eine »prophylaktische«, sie zielt einzig und allein danach, die reale Apokalypse zu unterbinden. Der wahre Prophet ist der falsche: Wird seine Mahnung von seinen Mitmenschen erhört, tritt das angekündigte Unheil nicht ein und er wird für einen Spinner gehalten. Gewiss ist es ein paradoxes Unterfangen, eine Vorhersage nur zu machen, um unrecht zu bekommen. Das Als-ob-Verfahren setzt eine gewisse Theatralik voraus. In seiner Fabel »Die beweinte Zukunft« lässt Anders Noah sagen: »Die im Trug leben, die werde ich betrügen. Die

verführt sind, noch einmal verführen. […] Und die ängstlich sind, [sollen] noch ängstlicher gemacht werden, bis sie teilhaftig werden der Wahrheit. Durch Gaukelei werde ich sie erschrecken. Und durch Schrecken zur Einsicht bringen. Und durch Einsicht zum Handeln.« Das könnte für die Klimabewegung Programm sein. Ob die Strategie aufgeht, ist noch nicht erwiesen. Wohl aber, dass die anderen gescheitert sind.

32 *Belebende Angst* – Nun stellt sich die Frage, inwiefern Anders' Gedanken zur thermonuklearen Apokalypse (nennen wir sie Desaster A) auf Klimaerhitzung, Artensterben und Umweltzerstörung (Desaster B) übertragbar sind. Es fällt sofort auf, dass Desaster A ein extrem konzentriertes ist, wogegen Desaster B sich als extrem diffus erweist. Im ersten Fall steht die Ursache fest, sie ist lokalisierbar, wird bewusst beschlossen, und die Zahl der Verantwortlichen ist überschaubar. Nichts desgleichen gilt für Desaster B. Obschon es das finale Resultat unzähliger politischer und industrieller Entscheidungen ist, geplant wurde es nicht. Die Schuld teilen Abermillionen Entscheidungsträger, Mitläufer und Profiteure, mit enorm ungleichen Anteilen, sodass sich, anders als beim Atombombenabwurf, keine klare Opfer-Täter-Grenze ziehen lässt. Ein weiterer Unterschied: Es wäre – rein theoretisch! – möglich, Desaster A ein für alle Mal zu beseitigen, wenn etwa auf Druck einer globalen Friedensbewegung ein allgemeines Verbot der Urananreicherung durchgesetzt würde. Hingegen wäre Desaster B selbst mit sofortigem Emissionsstopp und Giftstoffverbot nicht ganz aus der Welt geschafft. Eine Rückkehr zum Status

quo ante wird es nicht geben. So kommen wir zur wichtigsten Differenz: Der finale Atomknall ist *the Big One*, ein sekundenschnelles, singuläres Ereignis, das alles Vorige abrupt unterbricht und kein Danach zulässt. Im Gegensatz dazu erleben wir mit dem laufenden anthropogenen Umweltdesaster eine lange, zerstreute, disparate Folge von Extremphänomenen, hüben eine Hitzewelle, drüben eine Überflutung, kein Einzelereignis also, sondern eine fortschreitende Erosion. Gewiss kann sich diese verstärken und beschleunigen, ganze Gebiete mögen unbewohnbar werden, ganze Zivilisationsbrocken sich plötzlich desintegrieren, umso unspektakulärer dann der Schlussstrich, wenn er kommt – *not with a bang, but a whimper*. Das Ende geht uns nicht an. Im Gegensatz zur thermonuklearen Apokalypse reicht es also nicht, die Frist zu verlängern, die Sorge richtet sich auf die Gestaltung der Frist selbst. Allerdings muss diese als solche anerkannt werden, und dafür bleibt Günther Anders verblüffend aktuell. Gegen alle blasierten Versager und einfältigen Zwangsoptimisten hallt sein Aufruf, »Mut zur Angst« zu haben, unter den jungen Aktivisten von Extinction Rebellion und Ende Gelände wider. Allerdings, so Anders weiter, muss diese Angst eine furchtlose sein (keine panische), eine liebende (keine egoistische) und eine belebende, die »uns statt in die Stubenecken hinein in die Straßen hinaus« treiben soll.

33 *Kollapsologie* – Wie schlagzähig sind Infrastrukturen, Versorgungsketten, Sozialsysteme? Wie lange können zum Beispiel Versicherungen sich häufende Missernten, Unwetter, Epidemien und sonstige Schäden und

Ausfälle abdecken, ohne dass die Prämien für die Mehrheit unerschwinglich werden? (Gewiss ist die Mehrheit der Erdenbewohner ohnehin von dem Privileg ausgeschlossen, in versicherten Verhältnissen zu leben, umso verhängnisvoller sind für sie selbst geringe Verschlechterungen.) Wie eine Abrissbirne schlägt das Problembündel Anthropozän auf die Tragpfeiler der thermoindustriellen Zivilisation, bis an einem ungewissen Punkt alles kollabieren wird. Das ist zumindest die Grundthese der Kollapsologen, einer losen Gedankenströmung, die seit einigen Jahren in Frankreich Furore macht.[24] Wegen dieser beinah frohlockenden Zuversicht für das Unheil mussten die Kollapsologen einige Kritik einstecken. Doch ganz gleich, wie man zu ihren Einzelansichten steht (sie haben sich mittlerweile in diversen Substrômungen ausdifferenziert), ihr Verdienst ist es, eine überfällige Kontroverse entfacht zu haben, wie sie in Deutschland bis dato ausgeblieben ist. Freilich ist Kollapsologie keine Wissenschaft, sondern eine transdisziplinäre Sammlung von Forschungsergebnissen und Modellierungen. Sie bringt kein neues Wissen hervor, dafür vielleicht mehr Bewusstsein für Zusammenhänge und Feedback-Effekte (die Pandemiepolitik hat gezeigt, wie schädlich der Fokus auf Notstandsmaßnahmen zulasten psychischer, wirtschaftlicher und sonstiger Rückwirkungen sein kann). Kollapsologen sind keine Apokalyptiker, nicht der Endpunkt interessiert sie, sondern die Zeit davor. Ein Buch aus diesem Spektrum heißt kulturoptimistisch: Ein anderer Weltuntergang ist möglich. Den Vorwurf mussten sie sich dennoch gefallen lassen, aus heterogenen Prozessen mit jeweils verschiedenen Ursachen, Taktungen und Kipppunkten ein einmaliges Ereignis zusammenzuschmieden, *den* Kollaps, von der Zeit davor klar getrennt und in eine postkollaptische Situation einmündend, worauf wir uns jetzt schon vorbereiten sollten – das wäre sozusagen die psychosoziale Entsprechung jener Prepper, die in Erwartung des Untergangs Konserven und Klopapier horten. Aber nicht nur sind weder Datum noch Verlauf von Zusammenbrüchen vorhersehbar, in der Regel weiß sogar niemand, dass sie stattfinden! Ein Untergang des Römischen Reiches wurde erst fünfzehn Jahrhunderte nach dessen vermeintlichem Geschehen nacherzählt. Einmal davon abgesehen, dass der Terminus thermoindustrielle Zivilisation zumindest klärungsbedürftig ist, offenbar wird damit die ganze Welt miteingeschlossen. Indes werden sämtliche Metropolen, Regionen und Kontinente niemals simultan und gleichmäßig von einem singulären Ereignis betroffen sein. Selbst auf die Covid-Pandemie, bis dato das naheliegendere Beispiel einer globalen Katastrophe, haben Länder, Kulturen, Klassen auf sehr unterschiedliche Weise reagiert. Und doch sind all diese Reaktionen, auch die falschen und unterlassenen, Bestandteil der Pandemie als totale soziale Tatsache. Gerade der lobenswerte Versuch, Interaktionen zwischen physikalischen Phänomenen, wirtschaftlichen Begebenheiten, politischen Entscheidungen, sozialen und kulturellen Verarbeitungen zusammenzudenken, macht die Erstellung eines geografisch einheitlichen Bildes unmöglich. Eines in zeitlicher Hinsicht einheitlichen übrigens auch nicht. Worin soll sich der Kollaps vom Kollabierenden unterscheiden? Wird wirklich diese Epoche von einem qualitativ anderen Geschehnis überraschend unterbrochen? Das behauptet natürlich niemand. Eigentlich erkunden die interessanteren Zusammenbruchtheoretiker die Genealogie der Entscheidungen, die zur Dominanz der Fossilwirtschaft, der Monokultur, des Wegwerfkonsums geführt haben. Sie weisen nach, dass das Desaster kein Schicksal war, immer wäre ein anderer Pfad möglich gewesen. Aber die meisten Kollapsologen wollen zugleich über die Zeit danach nachdenken, über die neuen Zivilisationsformen, die dank des Zusammenbruchs entstehen könnten. Entwürfe davon gibt es schon zuhauf, transhumanistische, ökoanarchistische, postfeministische, Nullwachstum, Low Tech, *you name it*. Heute sind sie nur als Mikroexperimente zu haben, doch, so der Subtext, nach dem großen Knall kommt die große Chance. Damit die ganze Gedankenkonstruktion steht, muss also das kollapsologische Ereignis für sicher gehalten werden. Das ist eben ihre Schwachstelle.

34 *Fatalismus ist der Zwillingsbruder der Verniedlichung* – Im Grunde lassen sich die obigen Ausführungen auf die Formel bringen: Glauben ist schwieriger als Wissen. Das hört sich für rational denkende Menschen zunächst paradox an; ein Beispiel wird es gleich plausibel machen. Unmittelbar vor 1914 ist die Ankündigung des bevorstehenden Weltkrieges omnipräsent.[25] In ganz Europa sind Zeitungen, Bücher, Reden davon voll. Säbelrasseln kennt man aus früheren Zeiten, doch diesmal ist von etwas Unerhörtem, von einem kommenden »Weltbrand« die Rede. Sowohl die neue Rüstung als auch die Zahl der beteiligten Nationen würden alle vergangenen Kriege an Wucht und Zerstörung bei Weitem übertreffen. Darüber sind die Menschen bestens informiert. Weil jedoch das Niedagewesene per definitionem unvorstellbar ist, bleibt dieses Wissen wirkungslos. Hinterher werden die Überlebenden, Musil, Thomas Mann, etliche andere dasselbe Zeugnis ablegen: Ja, wir wussten, was kommen

würde, haben jedoch nicht wirklich daran geglaubt. Dieser Krieg, schreibt der Philosoph Henri Bergson in *Die beiden Quellen der Moral*, erschien »zugleich als wahrscheinlich und als unmöglich; eine komplizierte und widerspruchsvolle Idee, die bis zu dem verhängnisvollen Datum fortbestand«. Als schließlich das Furchtbare zum Ereignis wird und die kriegsschwangere Atmosphäre sich in Stahlgewittern entlädt, lässt sich sogar eine gewisse, kurzlebige Erleichterung vernehmen. »Wer hätte gedacht«, führt Bergson fort, »dass eine so furchtbare Möglichkeit ihren Eintritt in die Wirklichkeit mit so wenig Schwierigkeit vollziehen könnte?« Sicherlich hatte es damals nicht an einfältigen Optimisten gefehlt, um die verfügbaren Informationen als alarmistisch abzutun. Wer würde schon die schönen Friedensjahrzehnte mutwillig begraben? Hatten nicht die Sozialdemokraten aller Länder versprochen, den Krieg mit allen Mitteln zu verhindern? Da hätte etwas mehr Kollapsologie gutgetan, möchte man meinen. Zu der Zeit, als der Kalte Krieg droht, sehr heiß zu werden, schreibt Karl Jaspers in *Vom Ursprung und Ziel der Geschichte*: »Das Wegschieben des Möglichen geht gegen die Würde der Vernunft.« Nur reicht es nicht, das Wahrscheinliche für möglich zu halten. Man darf auch nicht in die entgegengesetzte Falle tappen und die Wahrscheinlichkeit in Gewissheit verwandeln. »Wer einen kommenden Krieg für sicher hält«, so Jaspers weiter, »wirkt gerade durch diese Gewißheit mit, daß er entsteht. Wer den Frieden für sicher hält, wird unbesorgt und treibt ohne Absicht in den Krieg. Nur wer die Gefahr sieht und keinen Augenblick vergißt, kann sich vernünftig verhalten und tun, was möglich ist, um sie zu beschwören.« *Aufgeklärter Katastrophismus* hat der französische Philosoph Jean-Pierre Dupuy diese verstiegene Haltung getauft.[26] Immer lauert die Gefahr, die eine oder andere Schräge hinunterzurutschen. Gedankliche Seiltanzübungen sind gut für das innere Gleichgewicht. Doch dürften sie, warnte Anders, nicht von der Praxis abhalten: »Als moralisch Aktive haben wir dümmer zu sein, als wir sind.«

III. RÜCKKEHR NACH EINST

> Die Geschichte besteht nicht aus vollendeten und eingestürzten Ruinen; eher besteht sie aus halbfertigen Villen, die ein bankrotter Erbauer stehen gelassen hat.
>
> *G. K. Chesterton*

35 *Einleitendes Geständnis* – Niemand ist vor der Neigung gefeit, sein bescheidenes Leben mit der Weltgeschichte zu identifizieren, die eigene Kindheit mit der Zeit, als alles angeblich noch in Ordnung war, nagende Magenbeschwerden mit dem neoliberalen Elend oder eintretende Vergreisungssymptome mit dem Untergang des Abendlandes. Andererseits ist der Eindruck niemals ganz falsch, man surfe höchstpersönlich auf dem Wellenberg der Zeit. Unter allen vergangenen und kommenden Epochen ist die gegenwärtige tatsächlich einzigartig: Sie ist doch die einzige, in der ich vorkomme. Da ich im Folgenden eine historische Zeitenwende just in den Jahren situiere, die zufälligerweise auch die meines *coming of age* waren, ist Vorbehalt vielleicht nicht überflüssig.[27] Trotzdem bestehe ich darauf: Ohne auf diesen Abschnitt zurückzublicken, kann man die gegenwärtige Lage nicht verstehen.

36 *Als die Unschuld verloren ging* – Die Episode war kurz, aber folgenschwer. Zwischen circa 1970 und 1975 verpuffte (zumindest in westlichen Industrienationen) der Fortschrittsglaube. An dessen Stelle verdichtete sich ein vorausahnendes Unbehagen. In Anlehnung an Karl Jaspers könnte man dieses Intervall die Achsenjahre

nennen. Freilich hatte sich bereits im vorangegangenen Jahrzehnt eine zivilisatorische Unruhe breitgemacht, doch war sie noch – wie in der emblematischen Chiffre 1968 kondensiert – mit revolutionärem Optimismus verbunden. Dann setzte die Desillusionierung ein. Davon lassen sich etliche Zeugnisse finden. Um nur ein unscheinbares zu erwähnen: Im Dezember 1969 wertet der Rockkritiker Greil Marcus das gerade erschienene *Let it Bleed*-Album der Rolling Stones in der Zeitschrift *Rolling Stone* als dunklen Abgesang an die unbekümmerten Sixties. Songs wie »Gimme shelter«, schreibt er, greifen »nach einer unsicheren Meisterung der verzweifelten Situationen, die die kommenden Jahre erzwingen werden«. Das sind völlig neue Töne, wenn nicht in der Musik, dann zumindest in der Rezension. Weniger anekdotisch ist allerdings ein Fundstück aus dem französischen Nachrichtenmagazin *Nouvel Observateur*, ein linksliberales Leitmedium also und keine Underground-Postille. Heutigen Lesern mögen die folgenden Zeilen banal vorkommen, doch liegt ihre Besonderheit an dem Veröffentlichungsdatum, nämlich Oktober 1971:

Alle Anzeichen einer planetarischen Krise sind vorhanden. Das Raumschiff Erde steuert auf eine Reihe von Ausfällen zu, die die Ingenieure nicht mehr rechtzeitig reparieren können. Wenn wir hören, dass wir allein durch radikale Veränderungen überleben werden (mit einer schwierigen Transformationsperiode und womöglich gewalttätigen Aufständen), dann neigen wir dazu, engstirnig und selbstgefällig mit den Schultern zu zucken. Die Vorstellung, dass dieser Art von Wachstum noch in diesem Jahrhundert ein endgültiges Ende gesetzt werden muss, ist für uns so schockierend, dass wir sie rundheraus ablehnen.[28]

So weit war man also zu einer Zeit, als die meisten Menschen, die heute am Leben sind, nicht einmal geboren waren. Da wird einem aus zwei Gründen mulmig. Zum einen wird klar, wie der Ruf nach schneller, radikaler Veränderung durch seine endlose Wiederholung zum Mantra entleert worden ist. Zum anderen fragt sich, ob die Schonfrist, der damals noch hoffnungsvoll entgegengesehen wurde, jetzt nicht längst überschritten sei. Den Achsenjahren folgte ein halbes Jahrhundert der Untätigkeit, des Wegschauens und der faulen Ausreden. Und offensichtlich ist die vergeudete Zeit Teil des Problems, ja das eigentliche Rätsel, das gelöst werden muss.

37 *Der Paukenschlag* – Am offenkundigsten wird die historische Zäsur mit der Veröffentlichung des Berichts des Club of Rome im Jahr 1972, nach dem Namen der beiden Projektleiter auch Meadows-Bericht genannt. Das war ein weltweites, klassenübergreifendes Schockerlebnis (über zehn Millionen verkaufte Exemplare), vielleicht nicht so sehr aufgrund des Inhalts als der Autorenschaft. Nicht die üblichen Kapitalismuskritiker hatten sich da zu Wort gemeldet, sondern ein Gremium international renommierter Experten und Technokraten im Auftrag führender Industrieller und Staatspolitiker. Plakativ könnte man meinen, die Entscheidungsträger der westlichen Welt hätten *ein letztes Mal* den Versuch unternommen, strategisch zu denken. Auf den unzähligen Gipfeln und multilateralen Konferenzen, die darauf folgen werden, wird man bestenfalls auffällig beschädigte Stellen flicken, sich ansonsten mit folgenlosen Absichtserklärungen begnügen. Strategisch denken heißt den Zeitfaktor

einbeziehen, mithin die Eventualität der Zeitüberschreitung und des endgültigen Scheiterns. Im Bericht des Club of Rome wird nichts Geringeres als ein Kollaps der industriellen Zivilisation am Horizont des 21. Jahrhunderts vorgezeichnet. Man muss sich vergegenwärtigen, wie brutal die Hypothese in die fortschrittliche Atmosphäre der Zeit hineinplatzte. Wenn selbst Kapitalisten am Kapitalismus zu zweifeln beginnen, wird wohl etwas im Busch sein! Skizziert wird nun ein düsteres Drehbuch, ein toxischer Cocktail aus Ressourcenübernutzung, Umweltverschmutzung, Zerstörung von Lebensraum, Bevölkerungsexplosion und Nahrungsmittelknappheit. Dabei werden nicht bloß vereinzelte »Probleme« aneinandergereiht, für die jeweils eine Lösung bereitstünde. Vielmehr werden all diese Symptome auf eine gemeinsame Ursache zurückgeführt, die bereits im Titel des Berichts angekündigt wird: Das Wirtschaftswachstum hat systemische Grenzen und die Weltgesellschaft ist dabei, diese zu erreichen. Aus heutiger Sicht fällt auf, dass im damaligen Katastrophenkatalog die Klimaerwärmung fehlt. Obschon im Meadows-Report der Anstieg der CO_2-Ausstöße richtig prognostiziert wird, werden die Konsequenzen daraus die Öffentlichkeit erst Jahre später erreichen. Dieser Punkt ist wichtig: Nicht einmal die Hypothese einer globalen Erhitzung war nötig, um vor dem drohenden Kollaps des industriellen Wirtschaftens zu warnen. Die übrigen Symptome reichten schon aus. Die Fieberkurve des Planeten kam bloß als weiteres Symptom hinzu, als Bestätigung der Krankheit. Da heute jedoch die Klimaerwärmung als alleiniger Grund zur Sorge behandelt wird, stellt sich die Frage: War damals die Risikoanalyse zu breit gefasst, oder ist sie heute zu eng? Die Antwort liegt in der vergeudeten Zeit dazwischen. Entsetzlich ist nicht nur, dass seit den

Achsenjahren kein Fortschritt gemacht wurde, man war damals sogar weiter als heute! Im bereits erwähnten Artikel im *Nouvel Observateur* von 1971 wird geschlussfolgert:

> Die Verursacher sind nicht ein paar große Industrien. Schuld ist nicht die Menschheit im Allgemeinen: Es handelt sich um die Ausplünderung des Planeten durch eine Minderheit außerordentlich gefräßiger Nationen, deren Wirtschaftssystem, deren Art des Wachstums und des Konsums, deren Technologien und soziale Beziehungen auf kurzfristigem Profit und langfristiger irreversibler Zerstörung beruhen. Zum ersten Mal erscheint die Umweltverschmutzung in ihrer politischen Dimension, als ein Aspekt des Klassenkampfes auf planetarischer Ebene.

38 *Wenn ich das Wort Weltuntergang höre, ziehe ich meinen Taschenrechner raus* – Ein Technokrat kann eine Tatsache erst dann aufnehmen, wenn sie in Zahlen übersetzt worden ist. Und offensichtlich hat diese Denkart, durch Bildungs- und Medienanstalten vermittelt, weite Teile der Bevölkerung ergriffen. Das, was nicht errechnet werden kann, hat keinen Platz – mit der Folge, dass das Unberechenbare prinzipiell ausgeschlossen wird. Wir erinnern uns, dass die Industrie erst 2006 begann, sich mit dem Klimawandel ernsthaft zu beschäftigen, als ihr der Chefökonom der Weltbank vorrechnete, wie viel Milliarden Schaden auf sie zukämen, falls keine vergleichsweise billigeren präventiven Maßnahmen ergriffen würden. Und wie zu erwarten war, löste sich die Kosten-Nutzen-Rechnung umgehend in den Ablasshandel mit Emissionszertifikaten auf. Besonders schädlich ist Zah-

lenfetischismus, wenn auf Prognosen bezogen. Religiöse Propheten von einst waren immerhin schlau genug, ihre Vorhersagen mit keiner Datumsangabe zu versauen. Die Fristen kennt der Herr allein! Anders der Club of Rome, der ja ein Technokratenverein ist. Um der Glaubwürdigkeit willen wurden die im Meadows-Bericht dargestellten Szenarien mit allerlei Zahlen unterfüttert, mit der gegenteiligen Wirkung. Obwohl für die damalige Zeit die Computersimulationen erstaunlich gut waren, lagen einzelne Prognosen natürlich daneben. Für Advokaten des Status quo ein gefundenes Fressen. Heute noch wird der »alarmistische« Bericht für seine nicht eingetretenen Vorhersagen geschmäht. In der Kristallkugel der Zukunftsforscher waren weder die Deindustrialisierung des Westens noch der Untergang der Sowjetunion noch Chinas Ein-Kind-Politik gesichtet worden. Auch wurde die sogenannte grüne Revolution unterschätzt, die das Schreckensszenario einer unmittelbar bevorstehenden Welthungersnot widerlegte, allerdings auf Kosten der Böden und Gewässer. Selbstverständlich ist es prinzipiell unmöglich, das genaue Jahr zu bestimmen, in dem die Erdöl- oder Kupfervorkommen versiegen werden. Oder an welchem Tag die 1,5-Grad-Grenze überschritten wird. Als ob es darauf ankäme! Während an Datengenauigkeit gefeilt und über sie gestritten wird, werden die nötigen Entscheidungen endlos lange verzögert. Die eigentliche Erkenntnis aus den »Grenzen des Wachstums« lag doch bereits im Titel. Mehr Computermodellierungen wären nicht nötig gewesen, um daraus logische Schlussfolgerungen zu ziehen, wenn die Logik und nicht die Buchhaltung die Welt führen würde.

39 *Da capo* – Fünfzig Jahre nach dem Meadows-Report hat der Club of Rome einen neuen Bericht veröffentlicht, diesmal präsentiert als »Überlebenshandbuch«. Das internationale Autorenteam Earth4all hat eine Unmenge von Daten analysiert und Lösungsvorschläge ausgetauscht, um die Botschaft zu untermauern und verbreiten: Es ist noch nicht zu spät. Die Welt könnte für alle bewohnbar werden, nötig dafür seien lediglich fünf Kehrtwenden: Saubere Energien verwenden, ein für Menschen und Ökosysteme gesundes Nahrungsmittelsystem aufbauen, die Selbstermächtigung der Frauen unterstützen, die Ungleichheit reduzieren und die Armut beseitigen. Donnerwetter, das sind bahnbrechende Ergebnisse! Wieso war noch niemand darauf gekommen? Die Experten raten Investoren dazu, ihr Geld entsprechend anzulegen, und Regierungen, den Systemwechsel einzuleiten und Bürgerversammlungen zu sponsern. In erster Linie sollen aber kritisches Denken und Medienkompetenz gefördert werden, da die sozialen Medien Polarisierung und Vertrauensverlust Vorschub leisteten und die Zusammenarbeit verhinderten. Eine erste Übung in kritischem Denken wäre wohl doch, auf die Frage eine Antwort zu finden, wieso solche Appelle an den guten Willen der Verantwortlichen seit einem halben Jahrhundert systematisch auf taube Ohren stoßen. Als ob nur Fake News und Verleumdungskampagnen, nicht aber die Regierungen und Industrien selbst für die permanente Aufschiebung des »großen Sprungs« strukturell verantwortlich seien. Eine Untersuchung wert wäre außerdem die politische Naivität als Berufskrankheit der Experten.

40 *Geist der Dystopie* – Eindrucksvoller als der Meadows-Bericht, weil nicht in der falschen Sicherheit wissenschaftlicher Prognostik angesiedelt, ist der im selben Jahr erschienene Science-Fiction-Roman *The Sheep Look Up* von John Brunner.[29] Die Geschichte ist in einer nahen, nicht weiter präzisierten Zukunft und in einer weitgehend kaputten Umwelt angesiedelt. Die kalifornische Sonne ist permanent vom Smog verschleiert. Pestizide haben Ackerland in Steppen verwandelt. Lebensmittel werden knapp. Vögel selten. In den Meeren schwimmen kaum noch Fische. Das Leitungswasser ist untrinkbar. Wegen antibiotikaresistent gewordener Viren häufen sich die Epidemien. Maskentragen ist Pflicht. Um Proteste zu unterdrücken, wird der Ausnahmezustand verhängt. Von bewaffneten Söldnern geschützt igeln sich die Reichen in *gated communities* ein. Desillusionierte Umweltaktivisten greifen zu terroristischen Aktionen. Der Roman endet mit einem unkommentierten Zitat aus Miltons *Lycidas*:

> Die Schafe blicken auf, sind hungrig, nicht gefüttert,
> Allein vom Wind gebläht, widerlichem Dunst, damit sie stöbern,
> Im Leibe Moder, und ringsum Fäulnis schwillt.

Fünfzig Jahre danach lassen sich die Gefühle damaliger Leser schwer nachempfinden. Offensichtlich hatte Brunner seine Fiktion mit seriösen Trendforschungen und wissenschaftlichen Prognosen unterfüttert, sie war nicht weniger realistisch als der Meadows-Bericht, realistischer sogar, gerade weil sie eine literarische Verarbeitung und keine fleischlose Datensammlung war. Genregemäß lässt die Erzählung keine Hoffnung gelten, wobei sie auf dem Umschlag der deutschen Ausgabe als »ein Appell für eine bewohnbare Welt« gepriesen wird. Wahrscheinlich schauderten die Leser vor der realmöglichen Dystopie, ohne jedoch an ihr Auftreten zu glauben. Die Empfindung kann sich allerdings heute niemand mehr leisten. Im von Brunner porträtierten Unheil lässt sich kaum eine Einzelheit finden, die nicht bereits in die Wirklichkeit eingetreten wäre, zumindest punktuell. Dystopisch sind nur noch die Verdichtung und Generalisierung gegenwärtiger katastrophaler Episoden. Die mahnende Absicht ist flöten gegangen, stattdessen richtet sich der umgedrehte Schauderblick auf die Mahnenden, von denen wir uns geschwind entfernen. Wäre er noch am Leben, würde John Brunner vielleicht ähnlich wie einst der Schriftsteller Wilhelm Lamszus im Rückblick auf seine fiktionale Vorwegnahme des Ersten Weltkrieges, *Das Menschenschlachthaus*, feststellen: »Weil ich mir der unsagbaren Schrecken im voraus bewusst geworden war, hatte ich im Grunde nicht glauben wollen, dass es je soweit kommen würde.«

41 *Achsenjahre von rechts* – Zur Zeit seiner Erstveröffentlichung 1973 völlig unbemerkt, ist Jean Raspails Roman *Das Heerlager der Heiligen* seitdem ein Kultbuch der Neuen Rechten und Identitären aller Länder geworden.[30] Damals offenbar für unrealistisch gehalten, erweckt der Stoff heute den Eindruck, die Aktualität, oder besser: die angstbeladene Verarbeitung der Aktualität vorweggenommen zu haben. Der Plot dreht sich um die Landung einer Million Geflüchteter an einem südfranzösischen Strand. Vermutlich reagierte Raspail damit auf den Meadows-Bericht. Zwar stand dort Migration nicht ganz oben auf der Problemliste, angesichts der insbeson-

dere für den indischen Subkontinent vorausgesagten demografischen Explosion war dennoch eine Massenflucht naheliegend. Im *Heerlager der Heiligen* kommen die Einwanderer eben aus Indien. Anders als in der gewöhnlichen rassistischen Literatur werden ihnen keine bösen Absichten zugeschrieben. Geflüchtet sind sie aus schierer Not, sie sind friedfertig, höflich sogar. Genau darin liegt die Perfidie der Erzählung. Nicht Rohheit macht aus den Migranten eine Gefahr, nicht einmal ihre Religion, es ist allein ihre Masse. Keine Eroberung findet statt, sondern eine stille Völkerwanderung, die die Lebensbedingungen der Einheimischen zu überschwemmen droht. An der tragischen Wahl, die sich seinen Landesgenossen stellt, lässt Raspail keinen Zweifel. Die einzige Alternative zum *Grand Remplacement* hieße: auf wehrlose Männer, Frauen und Kinder zu schießen. Nur der Ausnahmezustand könnte die Normalität retten. Um die westliche Zivilisation zu bewahren, müssten ihre Werte außer Kraft gesetzt werden. Doch zum Äußersten lässt Raspail seine Figuren nicht kommen; sie verweigern sich der Notwehr. Die Erzählung entwickelt sich in der Folge zu einem grotesken Pandämonium, von all den Feindbildern bevölkert, die heute rechtsnationale Albträume bewohnen. Heuchlerische Gutmenschen versorgen die Flüchtlingsboote mit Hilfsmitteln in der Hoffnung, sie von einer Landung abzuhalten. Mittelstandsbürger verkleiden ihre Selbstaufgabe als Willkommenskultur. Hippies, Linksradikale und Kleinkriminelle nutzen die Situation aus, um das Chaos noch zu steigern. Die Reichen bunkern sich in gut bewachten Luxusvillen ein. Die überforderte Regierung gibt vor, alles unter Kontrolle zu haben. Verweichlichte Soldaten verweigern den Schießbefehl. Im Grunde genommen hat sich die Nation also bereits aufgelöst, die es zu retten gelte. Seit Oswald Spengler stoßen reaktionäre Pessimisten auf einen inneren Widerspruch, der den inneren Widerspruch optimistischer Marxisten in Umkehrung widerspiegelt. Für Letztere heißt es: Wenn der Sozialismus zwangsläufig aus den Trümmern des Kapitalismus entstehen soll, wieso wäre es dann nötig, für ihn zu kämpfen? Für die Ersten: Wenn das Abendland so schicksalhaft wie ein Jahreszeitwechsel untergeht, welchen Sinn hat es dann, es noch retten zu wollen? Da der Invasion die innere Dekadenz vorausgegangen sei, kann das zu Ende gedachte konservative Projekt entweder bedingungslose Kapitulation bedeuten oder die ironische Pointe Ciorans beim Wort nehmen: Wer sein Land wirklich liebt, kann sich nur die Vertilgung der Hälfte seiner Landsleute wünschen. Dazwischen gibt es nur Groll, Jammer und Ressentiment – oder eben Literatur.

42 *Die anrüchige Kurve* – Im Meadows-Bericht wird zum ersten Mal die inzwischen abgenutzte Parabel der Seerosen erzählt. Auf einem Teich verdoppelt sich jeden Tag der Umfang von Seerosen, bis die Wasseroberfläche vollständig zugewachsen ist und das aquatische Leben erstickt. Erbaulich an der Geschichte ist der Rückblick auf den vorletzten Tag, als alles in Ordnung schien und ein Grund zum überstürzten Eingreifen nicht erkennbar war: Zu diesem Zeitpunkt war ja der Teich noch zur Hälfte frei. Die Moral der Geschichte: Lass dich nicht von der Momentaufnahme täuschen, das meiste ist bereits unter deinem Wahrnehmungspegel geschehen, zum Handeln ist es morgen früh schon zu spät. Anhand der Parabel sollte die Öffentlichkeit mit den schwer nachvollziehbaren

Implikationen einer mathematischen Funktion bekannt gemacht werden: exponentielles Wachstum. Seither ist die Verwendung des Begriffs exponentiell gewachsen und nicht immer richtig. Zum Glück steigt die Wirtschaftsleistung, wenn überhaupt, nur linear, und was die wachsende Verdummung angeht, ist die Exponentialität noch nicht belegt. Wie auch immer, über die mathematische Funktion hinaus ist die Exponentialkurve zum regelrechten Symbolbild der Epoche geworden, eine Chiffre für unkontrollierte Beschleunigung, für entfesselte Prozesse, die die Vorstellungskraft überfordern und nur böse enden können. Die zur Vertikalen neigende Kurve schießt in die Unendlichkeit, wird dennoch abrupt von einem materiellen Limit gestoppt, sei es von dem Rand des Papierblattes, wo sie gezeichnet steht, oder von der Tragfähigkeit der Erde. Wie zu erwarten war, ist die Exponentialkurve als religiöser Talisman verspottet worden, welcher ähnlich dem christlichen Kreuz den Sündigen zum Schuldbekenntnis und zur Buße bringen solle. Überhaupt sei in der wirklichen Welt ein geschlossener Teich mit sich verdoppelnden Seerosen nirgends gesichtet worden. Unterkomplex, reduktionistisch, die Metapher werde nur dazu verwendet, um Ängste zu schüren, kurzum: Keine Sorge, es passiert nichts! Spätestens mit der Corona-Pandemie hat jedoch die Exponentialfunktion ihren abstrakten Charakter verloren. Wenn jede Person jeden Tag zwei weitere ansteckt, wird die Kurve sofort verständlich. Auf einmal hieß die ganze Anstrengung der Welt: *flatten the curve*. Immerhin wurde die positive Erfahrung gemacht, dass die exponentielle Kurve so rasch wieder fallen kann, wie sie gestiegen war.[31]

43 *Das Ende der Ruhe* – Doch was die Achsenjahre im Wesentlichen charakterisiert, sind nicht neue Erkenntnisse oder Sichtweisen. Es ist eine massive Welle der Unzufriedenheit mit der modernen Industriegesellschaft, oder wenn man lieber will: mit den Lebensverhältnissen im Spätkapitalismus. Vordergründig manifestiert sich diese durch eine weitverbreitete Ablehnung der Arbeit. In Fabriken sind wilde Streiks, Sabotagen und Absenteismus endemisch. Zum anderen bleibt kaum eine Institution von Kritik und Konflikt verschont. Schulen und Kasernen, Krankenhäuser und Planungsbüros, Psychiatrie und Gefängnisse, alle Stätten der sozialen Reproduktion werden infrage gestellt. Aufgelehnt wird sich gegen entfremdete Arbeit wie Konsumgesellschaft, simultan dazu gegen Städtebau, Rassismus, sexuelle Diskriminierungen, bürgerliche Moral, kulturelle Normen und einiges mehr. Primär ist das Ende des Fortschrittsglaubens kein Wechsel der Weltanschauung, es resultiert aus den kumulierten Erfahrungen fortdauernder Zwänge und neuartiger Belästigungen. In diesem Kontext kommt die Umweltfrage lediglich als weiteres Beispiel für das Versagen der bestehenden Ordnung hinzu, ein zusätzlicher Grund, sie abzulehnen, und nicht einmal der wichtigste. Selbstverständlich ist für die Planer und Lenker der Gesellschaft diese persistente, allgemeine Unruhe die dringendste Herausforderung. Vielsagend ist die Auflistung der Probleme, die der Club of Rome damals zu untersuchen und lösen beabsichtigte: Neben Umweltverschmutzung, Beschäftigungsunsicherheit, unkontrollierter Verstädterung und »Armut inmitten von Überfluss« stehen »Vertrauensverlust in die Institutionen«, »Entfremdung der Jugend« und »Ablehnung traditioneller Werte«. Welche Gefahr damals am bedrohlichsten

empfunden wurde, wissen wir nicht. Nicht überraschend wurde den kriselnden Protokollen und alarmistischen Prognosen der Experten häufig mit Skepsis begegnet. Waren nicht dieselben Experten in den Jahren zuvor nie müde geworden, die Wohltaten des Wachstums und die rosige Zukunft zu besingen? Wenn man die Berichte der frühen 1970er-Jahre liest, fällt einem auf, wie auf einmal Wirtschaft und Politik von einem Diskurs des allgegenwärtigen Glücks zu einem des nötigen Wandels umschalten. Nach den Worten eines zeitgenössischen Kritikers: »Urplötzlich haben die Besitzer der Gesellschaft entdeckt, dass alles unverzüglich verändert werden muss: Unterrichtswesen wie Stadtplanung, Arbeitsweise wie technologische Ausrichtungen. Und natürlich sind es ausgerechnet diejenigen, die die Welt so gestaltet haben, wie sie ist, die nun sämtliche Einzelteile korrigieren wollen. [...] Sie weisen bloß darauf hin, dass sie kompetenter sind als die Revolutionäre, um eine Mammutaufgabe zu unternehmen, die so viel Erfahrung und riesige Mittel voraussetzt, worüber sie eben verfügen und womit sie vertraut sind.«[32]

44 *Verschmutzung ist des Proletariers beste Freundin* – Unter all den revolutionären Strömungen und Grüppchen jener Zeit waren die Situationisten zweifellos die intelligentesten, und es ist deswegen interessant, sich zu vergegenwärtigen, wie ihr Haupttheoretiker Guy Debord 1972 auf den Club of Rome und ähnliche Kunde des drohenden Kollapses reagierte.[33] In jedem getrennten Wissensbereich, schreibt er, wird heute eine sich nähernde Schwelle festgestellt, deren Überschreitung unheilvolle Konsequenzen hätte. Zusammengenommen

bilden all die nebeneinanderstehenden Einzelbefunde eine »Aufstellung des allgemeinen Verfalls und der allgemeinen Ohnmacht«. Denn zwangsweise bleibe das Wissen so parzelliert wie die Wirtschaftsform, die es produziert. Jeder Experte wisse, dass die Lösung des ihm begegneten Problems die Grenzen seiner Spezialität überschreitet, ja eine komplette Umwälzung der sozialen Verhältnisse erforderlich macht. »Revolution oder Tod«, schreibt Debord, sei keine lyrische Parole mehr, sondern das letzte Wort der Wissenschaft, nur könne sie es nicht selbst aussprechen. Das müssen die Ausgebeuteten tun. Marx hatte geschrieben, dass die kapitalistische Produktion sich nur entwickeln kann, »indem sie zugleich die Springquellen allen Reichtums untergräbt: die Erde und den Arbeiter«. Gut marxistisch nennt Debord eine »bewundernswerte Koinzidenz« die Tatsache, dass die »buchstäblich unerträgliche Verschlechterung aller Lebensbedingungen« sich just zu der Zeit vollzieht, als Arbeiteraufstände überall ausbrechen. Umweltverschmutzung und Proletariat seien objektive Verbündete, stellten sie doch beide unter Beweis, dass »Produktivkräfte und Produktionsverhältnisse endlich einen Punkt der radikalen Inkompatibilität erreicht haben«. Seine im 19. Jahrhundert angekündigte Abschaffung hatte der Kapitalismus durch Warenüberfluss verschieben können, nun aber schlage die allgemeine Kommodifizierung in Form von toxischen Abfällen zurück. Wie damals der Hunger, sei heute die Vermüllung Antriebsgrund zum Klassenkampf, mit dem Unterschied, dass diesmal der Widerspruch im Rahmen des bestehenden Systems nicht lösbar sei. Ein letztes Mal wird von Debord die historische Notwendigkeit der Revolution behauptet. Es ist heute ein leichtes Spiel, über seinen naiven Optimismus zu schmunzeln (der übrigens damals von Hunderttausenden geteilt wurde und insofern berechtigt zu sein schien). Es dauerte nicht lange, bis die proletarische Fata Morgana verpuffte und der Situationist, von der dialektischen Auflösung des Hauptwiderspruchs beraubt, zum Chronisten des Untergangs wurde. Aber ein anderer Aspekt gibt weniger Anlass zu lachen. Die biologischen und sozialen Zustände, die Debord 1972 als absolutes Limit des Erträglichen ansah, sind heute bei Weitem überschritten. Der Revolutionsmythos ist weg, bleibt die desillusionierte Feststellung: Keine Revolution ist auch keine Lösung.

45 *Gegen den Fordschritt* – Wenn die kanonischen Erklärungen nicht mehr in der Lage sind, die erratische Fortbewegung der Welt zu rechtfertigen, schlägt die Stunde der Nonkonformisten. Mit dieser Bezeichnung werden in Frankreich junge Intellektuelle der frühen 1930er-Jahre charakterisiert, die sich mit keinem der vorhandenen Systeme abfinden konnten.[34] Zusammen mit der Laisser-faire-Wirtschaftsordnung schien damals die bürgerliche Subjektivität einem wohlverdienten Absterben entgegenzugehen, doch bot der Totalitarismus, ob faschistischer oder stalinistischer Prägung, keine wünschenswerte Alternative. Um sich sowohl von liberalem Individualismus als auch von autoritärer Vermassung abzugrenzen, bezeichnen sich manche Nonkonformisten als »Personalisten«. Der Geistesgeschichte Frankreichs ist diese diffuse Strömung bloß eine Fußnote wert. Obwohl aus ihren Reihen einige politische und intellektuelle Persönlichkeiten herausragten, versank mit dem Zweiten Weltkrieg und später dem Kalten Krieg ihre ursprüng-

liche Hoffnung einer revolutionären Erneuerung. Erst drei Jahrzehnte später werden sie neu entdeckt, und zwar als Vordenker der politischen Ökologie. Einige von ihnen werden sogar eine persönliche Rolle in dem aufkeimenden Bewusstsein der Achsenjahre spielen, insbesondere Bernard Charbonneau (1910–1996) und Jacques Ellul (1912–1994).[35] In manchen Aspekten waren jene Nonkonformisten unter den Nonkonformisten dem Anarchismus nah; gegen Staat und Nationalismus vertraten sie einen radikalen Föderalismus (die Maxime *think global, act local* hatte Ellul sinngemäß in der Vorkriegszeit geprägt). Dem dialektischen Materialismus warfen sie vor, ähnlich wie die bürgerliche Ökonomielehre die spirituellen Bedürfnisse der Menschen zu leugnen. Doch war ihr entscheidender Beitrag zur späteren ökologischen Kritik ihre Auseinandersetzung mit marxistischen Dogmen, allen voran dem Produktivismus (auch der Begriff stammt von ihnen). Am bolschewistischen Modell stieß sie die Übernahme der tayloristischen Fabrik ab, die Zwangsindustrialisierung, die Heldenleistungen des Genossen Stachanow. In einem provokanten Text namens »Der Fortschritt gegen den Menschen« schreibt Charbonneau 1936: »Trotz Gefängnissen und Massakern haben Kommunismus, Liberalismus und Faschismus im Grunde die gleiche, in Francs, Tonnen oder Hektolitern messbare Ultima Ratio: die Produktion.« Nicht nur in der KPdSU, auch unter oppositionellen Marxisten bleibt damals die Gleichsetzung von Kommunismus und ungehemmter Steigerung der Produktivität unhinterfragt, mit wenigen Ausnahmen wie dem österreichisch-jüdischen Linksradikalen Julius Dickmann.[36] Nun stellt sich für Nonkonformisten ein Dilemma: Wenn in der Sowjetunion wie in den USA dieselbe »produktivistische Mystik« waltet, dieselbe

Art des naturzerstörerischen und menschenfeindlichen Wirtschaftens, dann kann das Übel nicht am Kapitalismus allein liegen. Als Marx-Kenner und -Verehrer leugnet Jacques Ellul nicht, dass die Entstehung der Industrialisierung von der Logik des Kapitals, der abstrakten Wertschöpfung bedingt wurde. Nur habe sich zwischendurch die Technik verselbstständigt. (Ellul weigert sich, wie die Amerikaner von Technologie statt von Technik zu sprechen. Der Wortherkunft nach ist Techno-logie ein Logos, ein Diskurs und als solcher nur Teil des technischen Systems.) Ob rentabel oder nicht, ob nützlich oder schädlich, ob im Dienst der Aktionäre oder der Funktionäre, die unaufhörliche Expansion der Technik sei Selbstzweck geworden. Zumal anders als zu Marxens Zeiten nicht mehr die menschliche Arbeit Hauptquelle des Wertes sei, sondern die Technik selbst in Form von Information und Automatisierung. Gleichzeitig sei damit eine Klasse der Ingenieure, Experten und Technokraten entstanden, die in der Lage seien, Entscheidungen der Regierungen wie der Unternehmer unter Bedingungen stellen zu können, besser gesagt: die Gestalt des Regierens und des Unternehmens gemäß technischer Anforderungen zu verändern.

46 *Exkurs ins Zeitgenössische* – Zum Verhältnis von Technik und Kapital ist die Debatte noch nicht abgeschlossen. So versuchen heute Anthropozän-Theoretiker das kapitalistische System mit dem Argument zu entlasten, im sozialistischen Lager sei die Industrie nicht wesentlich anders und nicht weniger schädlich gewesen. Da hätten wir also den Beweis, dass die Technik sich unabhängig vom politisch-ökonomischen System ent-

wickelt. Von Elluls fundamentaler Kritik kann man nicht weiter entfernt sein, wird doch hier die Technik als neutrales, quasi schicksalhaftes Mittel betrachtet, um die wachsenden Bedürfnisse der modernen Menschen zu bedienen. Es lässt sich aber doch ein wesentlicher Unterschied zwischen Kapitalismus und Staatssozialismus ausmachen: In der Sowjetunion war der Produktionskult bloß eine Mimikry des Westens.[37] Zum einen lehrte der Marxismus, die Industrialisierung sei eine notwendige Entwicklungsstufe zum Sozialismus, ganz gleich wie viel Opfer sie koste. Zum anderen war der Ostblock in einen Wettkampf mit dem kapitalistischen Ausland verwickelt, welcher die Regel bestimmte. Und doch war die Absicht, den Westen zu »überholen, ohne [ihn] einzuholen«, zum Scheitern verurteilt. Der sozialistischen Planwirtschaft fehlten dafür die Dynamik des Kapitals, die Triebfeder des unternehmerischen Wettbewerbs, die Mobilität der Kreditströme. Sie war dazu verdammt, eine schlechte Nachahmung davon zu liefern. Nur soll man es nicht beim liberalen Anprangern der Mangelwirtschaft belassen. Das, wozu die sozialistische Planwirtschaft im Wesentlichen unfähig war, heißt programmierte Obsoleszenz. Es ist doch kein Geheimnis, dass ein erheblicher Teil der Ingenieurleistung des Westens nicht darin besteht, Produkte zu entwickeln, sondern deren Lebensdauer zu drosseln. Nach spätestens zwei Jahren müssen Geräte kaputtgehen, irreparabel sein, digitale Komponenten beinhalten, die neue Updates nicht unterstützen. So verpufft die Mär von der Technik, die dazu da wäre, unsere Bedürfnisse zu befriedigen. Was produziert wird, ist hauptsächlich Schrott mit zwischenzeitlichem Kollateralnutzen. Selbstredend korreliert die aufsteigende Kurve der industriellen Umweltzerstörung mit der absteigenden

Lebensdauer der Produkte. Weil diese Tatsache bekannt, aber nicht erkannt ist, wird dem Konsumenten eingebläut, ein Abschied vom industriellen Wachstum würde für ihn schmerzhaften Verzicht bedeuten. Auf die Notwendigkeit, Kühlschrank, Waschmaschine oder Smartphone immer öfter neu zu kaufen (und dafür mehr arbeiten zu müssen), würde wohl ein jeder ganz gern verzichten. Doch ist diese Notwendigkeit eine Bedingung der Kapitalvermehrung, wobei wir zurück zur Anfangsfrage gelangt wären.

47 *Die Brille ist nicht schuld* – Der Herzschrittmacher auch nicht. Nicht einmal das Maschinengewehr. Gegen einfältige Widersacher wie Befürworter Jacques Elluls muss betont werden, dass seine Kritik nicht gegen technische Gegenstände als solche gerichtet ist – selbst wenn der tatsächliche Vorteil von Innovationen von Fall zu Fall hinterfragt werden muss. Elluls expliziter Gegenstand ist das technische *System*. Da der Begriff beliebig verwendet wird – *fuck the system!* –, ist eine genaue Definition vielleicht nicht überflüssig. Was ist ein System? Ein Ensemble von Elementen, die eng miteinander verbunden sind. Jedes Element hat nur innerhalb des Ensembles einen Sinn, jede Änderung eines Elements verändert das Ensemble, und umgekehrt modifiziert jede Veränderung des Ensembles die Elemente in ihren Beziehungen zueinander. Zwischen den Elementen bestehen privilegierte, fast exklusive Beziehungen, unabhängig davon, was sich außerhalb des Systems befindet. Das System unterliegt einer spezifischen Rationalität, die es von externen Faktoren weitgehend trennt. Dementsprechend neigt es dazu, Selbstzweck zu werden, sich nach eigenen Maßstäben wie

Optimierung, Expansion und Beschleunigung zu entwickeln. Ein Automobil als technischer Gegenstand wird leicht beschrieben. Aber das Automobil als System beinhaltet Fließbandarbeit, Asphaltierung der Böden, Zersetzung der Städte, Verpestung der Luft, fossile Abhängigkeit, Förderung blutiger Öldiktaturen und verschwendete Lebensjahre im Stau und auf Parkplatzsuche – ganz zu schweigen von der Entstehung der manisch-aggressiven Spezies des Porschefahrers. Im Prinzip steht jedem frei, auf ein Auto, ein Funkgerät, einen Computer und weitere Leitprodukte der Technik zu verzichten. In der Praxis sind sie aufgrund der funktionalen Interdependenz und der Gestaltung des sozialen Raums so gut wie unentbehrlich. Ein System erkennt man eben am systemischen Zwang. Im Grunde ist Jacques Elluls Technikkritik eine Verteidigung der Freiheit. Allerdings muss dieser strapazierte Begriff schärfer definiert werden. In *Überfluss und Freiheit* stellt der Philosoph Pierre Charbonnier überzeugend dar, wie die Freiheit in der Geschichte des europäischen Denkens mit der Meisterung der Natur und dem unbegrenzten Zugang zu irdischen Ressourcen gleichgesetzt wurde.[38] Mit dem ökologischen Desaster, meint Charbonnier, muss das emanzipatorische Ideal neu definiert werden. Daraus folgt ein interessantes Missverständnis um den Begriff der Autonomie. *Autos-nomos* heißt: nach eigenem Gesetz leben – einschließlich der Möglichkeit, die eigenen Gesetze ändern zu können. Charbonnier zufolge hätte das Ideal der politischen Autonomie zu der fatalen Illusion geführt, menschliche Gesellschaften könnten sich nach einem inneren Prinzip organisieren, ganz von äußeren, materiellen Einflüssen abgetrennt. Demnach könnte die Autonomie nicht helfen, das ökologische Desaster zu überwinden. Ganz im Gegenteil ist für Ellul wie auch für seinen geistesverwandten Zeitgenossen Cornelius Castoriadis (auch eine markante, fast vergessene Figur der Achsenzeit) die Selbst-Instituierung der Gesellschaft Bedingung sowohl der Freiheit als auch der ökologischen Verantwortung. Charbonnier verkennt Folgendes: So wie die heutige Demokratie am Fabriktor und am Supermarkteingang aufhört, ist die politische Autonomie allein auf eine unwesentliche Verwaltungsebene beschränkt. Autonom ist viel eher das technische System. Die Frage, ob eine freie Gesellschaft unbedingt ein harmonisches Verhältnis zur Umwelt hätte, ist eine rein hypothetische. Fest steht hingegen, dass Atomkraftwerke, Gaspipelines, Chemiefabriken, Tagebaue und weitere Stätten des Anthropozäns nur durch die Autonomisierung des Wirtschaftsbereichs entstehen konnten. Elluls Kriterium, um eine Technik zu beurteilen, ist dieses: Wird die individuelle wie kollektive Autonomie gefördert oder behindert? Vonnöten sei nicht so sehr asketische Entsagung als das, was Aristoteles *phronesis* nannte: vorsichtige Klugheit. Zu einer Zeit, in der Autos, Roboter, Gebäude und Killer-Drohnen sich selbstständig machen, wäre diese Qualität wichtiger denn je.

48 *Corruptio optimi quae est pessima** – Ohne Zweifel war der wichtigste kritische Geist der Achsenjahre Ivan Illich. Es spricht über die jetzige Zeit Bände, dass die Thesen des damals weltweit geachteten Denkers, obschon niemals widerlegt, dermaßen in Vergessenheit geraten

---

* Die Verderbnis des Besten, das ist das Schlimmste, ein Leitmotiv bei Ivan Illich.

sind.[39] Mit Illich hat die Industriegesellschaft jegliche theoretische Begründung eingebüßt. Der einzige Grund, weshalb sie noch fortdauert, ist, dass es sie gibt. Um seine eigenwillige Denkweise zu veranschaulichen, sei ein signifikantes Detail erwähnt. In einem seiner Bücher bemerkt der acht Idiome fließend sprechende Illich beiläufig: Das Schwierigste an einer Fremdsprache sei weder Grammatik noch Wortschatz, sondern das Erlernen der Pausen dazwischen. Vokabeln seien nur da, um eine besondere Art der Stille zu gestalten, und diese variiere von einer Kultur zur anderen. Auf dieselbe negative Weise betrachtet Illich die Institutionen der Gesellschaft: nicht durch ihre sichtbaren Formen, sondern durch die Leere, die diese erzeugen. Seine ikonoklastische Demontage beginnt er ausgerechnet mit den zwei Systemen, die für progressive Menschen am heiligsten sind, Bildung und Gesundheit. Nur noch die wenigsten wissen, dass das gemeingebräuchliche Wort »kontraproduktiv« von Illich geprägt worden war, und zwar in einem sehr genauen Sinn. Der Begriff besagt, dass ab einer gewissen Schwelle das Ziel einer Handlung durch die Menge des Aufwands zunichtegemacht wird, die zum Erreichen dieses Ziels betrieben wird. Zum Beispiel errechnete sein Team, dass ein Autofahrer niemals schneller als ein Fahrradfahrer fährt, wird einmal zu seiner tatsächlichen Fahrzeit die Arbeitszeit addiert, die er für all die mit dem Auto verbundenen Kosten aufwendet (und das meistens nur, um zur Arbeit zu fahren oder vor der Arbeit zu flüchten!). Dasselbe gilt für die meisten Erzeugnisse der techno-industriellen Gesellschaft; sie erscheinen nur deshalb hocheffizient, weil die kontraproduktiven Effekte unter den Teppich gekehrt werden. Bis ein Kipppunkt erreicht wird – in dieser Hinsicht sind institutionelle und technische Systeme Klimasystemen ähnlich. Freilich setzt das Nichtüberschreiten der Schwelle Selbstbegrenzung voraus. Aber bei Illich ist diese weder mit Verbot noch mit Verzicht verbunden. Bestechend an seiner Demonstration ist die Feststellung: Ja, dieses Gesellschaftssystem ist schreiend ungerecht (die wachsende Kluft zwischen Arm und Reich) und unbeständig (das ökologische Desaster), aber es ist vor allem absurd! Wird einmal diese Absurdität offenbart, tut Entsagen nicht weh. Zumal Illich auch zeigt, wie kontingent die herrschenden Organisations- und Tätigkeitsformen sind, und dass es weder viel Geld noch viel Gewalt brauchen würde, um sie »wie einen Handschuh umzudrehen«. Auch von ihm stammt der neuerdings wieder in Mode geratene Begriff der Konvivialität, doch hängt für Illich das gesellige Zusammenleben nicht an der subjektiven Disposition der Individuen allein. Es müssen konviviale Werkzeuge und Institutionen kreiert werden.

49 *Fröhliche Wissenschaft* – Das von Ivan Illich gegründete Zentrum für Interkulturelle Kommunikation in Cuernavaca war für seine heitere Atmosphäre bekannt. Kennzeichnend für die Achsenjahre ist sowieso der kritische Humor (oder die humorvolle Kritik), wie in vielen Filmen, Theaterstücken und Liedern jener Zeit festgehalten. Es hatte an sich etwas Befreiendes, unter dem Schleier des Rationalen und Normalen den fundamentalen Nonsens des modernen Lebens bloßzustellen. Alltagssituationen wie im Stau stehen oder mit Automaten verkehren waren damals noch ungewöhnlich und entsprechend komisch. Freilich darf jene kurze Zeit nicht idealisiert werden – schließlich ist der in ihr artikulierte

Veränderungswillen gescheitert. Wünschenswert wäre dennoch eine Wiederkehr des frechen, unbekümmerten, entwaffnenden Lachens. Mehr denn je tut Revolte not, doch eine, die von Neid und Ressentiment frei ist. Eine Revolte, die nicht vom Modus der Dauerempörung zehrt. Eine Revolte, die weder Märtyrerkult noch Opferidentität kennt. Eine Revolte, die den erhobenen Zeigefinger auslacht, angefangen mit dem eigenen. Eine Revolte, die sich vor Chaos, Widerspruch und Abwegigkeit nicht fürchtet.

50 *In Verteidigung des Vernakulären* – Illich, der lange Zeit in den Elendsvierteln Nord- und Lateinamerikas arbeitete, verklärt keineswegs die archaische Armut, nur konzentriert er seine Kritik auf das, was er »modernisierte Armut« nennt. Damit ist kein moralischer Tadel gemeint, ihm geht es konkret um den Verlust der individuellen und kollektiven Autonomie. Menschen in vorindustriellen Zeiten genossen weder Komfort noch Schutz vor Aus- und Unfällen, doch immerhin verfügten sie über vernakuläre Fertigkeiten. Von diesem Adjektiv gibt erfreulicherweise das Wiktionary die Illich-konforme Definition: »Vernakulär: historisch am Ort herausgebildet und gewachsen, nicht gezielt von einem Experten entwickelt.« Während Favela-Bewohner ihre Wohnstätte mit kargen Mitteln selbst bauen und einen starken kollektiven Zusammenhalt schaffen, mehren sich in den Achsenjahren die Beschwerden über die Anonymität billig gebauter Neubausiedlungen, die zwar Zentralheizung und Bad bieten, dafür keine Möglichkeit der Begegnung, zudem die Bewohner vom Auto abhängig gemacht worden sind,

weil die Wohnmaschinen weit entfernt von Arbeits- und Einkaufsstätte liegen. Im Unterschied zur archaischen ist die modernisierte Armut nicht spontan aus Not und Verwahrlosung gewachsen, sie wird sorgfältig geplant, selbstverständlich ohne die Bewohner über ihre Wünsche und Bedürfnisse zu befragen. Als einer der Ersten meinte Illich, der Entwicklungshelfer sei Missionar und Kolonialbeamter im neuen Gewand. Allerlei Experten maßen sich an, besser als die Einheimischen zu wissen, was diese brauchen. Sie haben zu jedem Problem eine vorgefertigte Universallösung, dabei werden die Menschen entmachtet, von ihren vernakulären Künsten und Beziehungen enteignet, von Waren und Verwaltungen abhängig gemacht. Darin stimmt Illich mit Ellul und Castoriadis überein: Was die modernisierte Armut kennzeichnet, ist nicht so sehr Einkommensschwäche als vielmehr Heteronomie. Davon ist der Mittelstand in »entwickelten« Ländern ebenso sehr und gar mehr geplagt als Slum-Bewohner, da bei ihm vernakuläre Beziehungsgeflechte und Improvisationskünste völlig fehlen. Selbstredend hätte das anthropozäne Desaster nicht ohne bodenlose, gleichmacherische Großprojekte entstehen können, die Menschen ihrer Verfügungsmacht beraubten. Nicht nur in der Landwirtschaft hat die Monokultur die Vielfalt der Mikrosysteme vernichtet. Seinerzeit meinte Illich, dass Menschen im globalen Süden für die kommenden Katastrophen besser gewappnet seien als Bewohner der reichen Länder, die für die elementarsten Lebensbedürfnisse von Staat und Technologie abhängen. Ob der Vorteil heute noch besteht, ist ungewiss. Wahrscheinlich sind dennoch die von Illich abgezeichneten Wege die einzig praktikablen, um dem Desaster zu entkommen. Seine Vorschläge waren nicht utopisch, sondern sofort umsetzbar, sie waren nicht einmal kostenaufwendig. Nur einen Makel hatten sie: Mit der kapitalistischen Wirtschafts- und Lebensweise waren sie unvereinbar.

51 *Es dauert nicht mehr lange* – So lautet der Titel einer Kolumnensammlung aus den Achsenjahren, von einem heute vergessenen französischen Ökoagitator verfasst.[40] Neben maßlosen Übertreibungen (»In zehn Jahren wird es kein Trinkwasser mehr geben!«), fällt im Buch besonders auf, wer in den frühen 1970er-Jahren der unmittelbare Feind der aufkeimenden Umweltbewegung ist. Polemisiert und gestritten wird hauptsächlich mit Marxisten – allen voran der Kommunistischen Partei, deren Liebe zu Kohlebergbau und Atomkraftwerken keine »reaktionären Fortschrittsfeinde« duldet, ebenso jedoch die damals nicht ganz unbedeutsamen linksradikalen Splittergruppen, die Ökologie als »Ablenkung vom revolutionären Kampf« verachten. Offenbar hatten es die ersten Umweltbewegten schwer, Verbündete zu finden. Umso auffälliger ist im besagten Buch das wiederholte Lob für einen österreichischen Autor, Günther Schwab, und sein Hauptwerk *Der Tanz mit dem Teufel*, 1958 erstveröffentlicht. Das machte mich neugierig, und in der Tat ist der Fund bemerkenswert. Im Grunde ist Schwabs Roman, damals ein Bestseller, eine Anklageschrift gegen Atomkraftwerke, einerseits mit akkuraten Argumenten und Fakten versehen, andererseits in eine dämonologische Verschwörungsbrühe getränkt, die heutigen Delirien der QAnon-Sekte in nichts nachsteht. Dies scheint den französischen Rezensenten nicht sonderlich gestört zu haben. Allerdings wusste er nicht, dass Günther Schwab

SA-Sturmführer gewesen war und nach Kriegsende Mitgründer des »Weltbundes zum Schutz des Lebens«, einer NGO für alte und neue Nazis, die sich für die Rettung bedrohter Tiere, schöner Landschaften und der arischen Rasse einsetzten. Dass die grüne Bewegung völkische wie linke Wurzeln hat, ist keine bahnbrechende Nachricht. Sonderbar ist hingegen eine Stelle im *Tanz mit dem Teufel*, wo der Autor über die Zukunft des Klimas schreibt. Er weist darauf hin, dass anthropogen verursachte Kohlendioxid-Emissionen die Atmosphäre erhitzen, und warnt vor gravierenden Folgen wie dem Abschmelzen der Polkappen und dem Anstieg des Meeresspiegels. Das kommt einem alles bekannt vor, nur schreibt Schwab genau dreißig Jahre vor James Hansens epochaler Rede zu *global warming*, die als Initialzündung für das diesbezügliche Problembewusstsein gilt. Dafür musste Schwab nicht unbedingt hellseherisch begabt sein. 1958 war auch das Jahr, als Frank Capra im Auftrag von Bell Laboratory den Film *The Unchained Godess* drehte, in dem explizit vor schwindendem Packeis und der Überflutung der Küstenstädte durch die »Abfallprodukte unserer Zivilisation« gewarnt wird. Doch verstörend ist es schon, dass solche Erkenntnisse über einen sich als Teufelsaustreiber und Retter des Abendlandes verstehenden Naziliteraten die Öffentlichkeit erreichen. Was lehrt uns das? Vielleicht dass es natürlichen Gesetzmäßigkeiten egal ist, von wem und mit welcher Absicht sie ausgesprochen werden. Oder dass keine politische oder weltanschauliche Gesinnung lückenlos vor richtigen Einsichten schützt.

52 *Betriebsklima* – Selbst wenn die breite Öffentlichkeit davon nichts wusste, machte die Klimawissenschaft während der Achsenjahre einen großen Sprung. 1971 findet in der Schwedischen Akademie der Wissenschaften eine großangelegte Tagung statt mit dem eindeutigen Titel *Study of Man's Impact on Climate* (SMIC). Forscher aus vierzehn Ländern (darunter die Sowjetunion) nehmen teil, tauschen Erkenntnisse aus, stellen fest, welche Mittel und Instrumente noch fehlen, um genauere Prognosen machen zu können. Zur Debatte steht außerdem die politische Anschlussfähigkeit wissenschaftlicher Diagnosen. Da gibt es tatsächlich Handlungsbedarf. Seit den 1950er-Jahren hat dank großzügiger Unterstützung des Militärs die Erforschung der Erdatmosphäre große Fortschritte gemacht. Mit dem Kalten Krieg hat sich der virtuelle Kriegsschauplatz bis ins Weltall ausgedehnt, es wird unter anderem über Möglichkeiten nachgedacht, die Wetterverhältnisse in feindlichen Zonen zu destabilisieren, darum ist die entsprechende Wissenschaft Gold wert. Allerdings stießen die Forscher ganz schnell auf eine Überraschung: Keine feindliche Geheimwaffe destabilisiert die Atmosphäre, sondern *business as usual*. Obwohl Ausmaß und Fristen noch sehr ungewiss sind (nicht ausgeschlossen ist damals gar die Gegenhypothese einer globalen Abkühlung), man kann schon sagen, dass zusammen mit der *great acceleration* das Wissen über deren Konsequenzen gewachsen ist. Weil jedoch etliche alarmierende Berichte an die US-Regierung auf taube Ohren stießen, nimmt man sich nun Größeres vor. Der SMIC-Tagung folgt wenige Monate später eine »Konferenz der Vereinten Nationen über die Umwelt des Menschen« in Stockholm. Das – damals noch unverbrauchte – Konferenzmotto »Only One Earth« wird aber nicht reichen, um die

tatsächliche Spaltung des Globus in Ost und West sowie Nord und Süd zu überwinden. Weil Wissenschaftler aus der noch nicht anerkannten DDR nicht eingeladen sind, wird die Veranstaltung vom ganzen Ostblock boykottiert. Ihrerseits werfen Länder aus dem globalen Süden ihren ehemaligen Kolonisatoren vor, Umweltschutz als Vorwand für fortgesetzte wirtschaftliche Bevormundung zu nutzen. Kurzum: Die Konferenz ist ein in wohlklingende Erklärungen verpacktes Fiasko. Spätestens da wird klar, dass die zivilisatorische Umwälzung, die erforderlich wäre, um den neu erkannten Herausforderungen konsequent zu begegnen, von keiner supranationalen Bürokratie wie der UNO ausgehen kann. Zu diesem Zweck hätten zivilgesellschaftliche Vermittlungsinstanzen kreiert werden müssen. Nur sind aufgrund ihrer Ausbildung, ihres Habitus, ihrer finanziellen Abhängigkeit Klimawissenschaftler nicht in der Lage, sich einen geeigneteren Interventionsrahmen vorzustellen. Zur fatalen Verzögerung haben Gewohnheit, Trägheit, auch eine gute Portion Feigheit beigetragen.

53 *Aufruhr im Elfenbeinturm* – Auch in Frankreich wurde die politische Ökologie von keinen Klimatologen oder Biologen aus der Taufe gehoben, sondern kurioserweise von Mathematikern der abstraktesten Prägung. Aus diesem Milieu wurden die ersten Anti-Atomkraft-Aktionen und ab 1970 die Zeitschrift *Survivre et vivre* (Überleben und leben) initiiert. Nach einem geläufigen Scherz ist Nicolas Bourbaki der »genialste Mathematiker, den es niemals gab«. Der Name ist nämlich das Pseudonym eines Autorenkollektivs, das sich Mitte der 1930er-Jahre vorgenommen hatte, sämtliche

Bereiche der Mathematik auf eine völlig neue, stringentere Grundlage zu stellen. Vier Jahrzehnte, vierzig Bände und vier Fields-Medaillen später war der Erfolg unleugbar. Ohne die von Bourbaki erarbeiteten Kategorien, Strukturen und Verknüpfungen ist an keine moderne Mathematik zu denken. Die anonymen Außenseiter hatten sich als weltführende Instanz etabliert. Doch setzten die Bourbakis ihre Ehre daran, die Mathematik als eine Welt für sich zu behandeln. Sie betrieben *l'art pour l'art*; die bloße Andeutung, ihre Forschung könnte für irgendeine technische Anwendung nützlich sein, wurde mit Entsetzen zurückgewiesen. Nun geschah es, dass der erhabene Elfenbeinturm aus zwei entgegengesetzten Richtungen gestürmt wurde, der aufrührerischen Straße und dem ernährenden Staat. Der revolutionäre Mai 1968 hatte vor den Wissenschaftsinstituten keinen Halt gemacht. Studenten hielten den »Mandarins« ihre privilegierte Position vor sowie ihre Weigerung, gesellschaftliche Verantwortung wahrzunehmen. Der Vorwurf stieß auf offene Ohren; plötzlich fühlten sich die Bourbakis an ihre Anfänge erinnert, als sie mit den sozialkritischen Nonkonformisten eng verbunden waren.[41] Die Pflastersteine des Pariser Mai hatten das Glashaus des abstrakten Wissens zertrümmert, voller Elan begaben sich die reumütigen Mathematiker ins Freie. Es kann keine reine Mathematik in einer unreinen Welt geben: Ihrerseits nahm es die französische Regierung auf sich, die Wissenschaftler daran zu erinnern. Das zuständige Ministerium machte klar, dass fortan keine Forschung mehr subventioniert werde, die nicht zu praktikablen Anwendungen führen könne. Die Grande Nation durfte doch nicht von den Amerikanern abgehängt werden, die gerade in diese Richtung große Fortschritte machten. Es reicht heute, das

Wort Algorithmus auszusprechen, um sich zu vergegenwärtigen, welch maßgebliche Rolle Mathematiker in der Gestaltung der neuen Tyrannei gespielt haben, von der Finanzindustrie bis zur Kriegsführung, vom digitalen Kommerz bis zur allumfassenden Überwachung. Auch in diesem Sinne waren die frühen 1970er-Jahre eine Achsenzeit. Kein Bereich des Wissens durfte mehr von der Pflicht ausgenommen werden, die allgemeine Vermarktung mitzugestalten. Nun probten die aufmüpfigen Bourbakis die Desertion. Sie stellten die Macht der Wissenschaft, jener »neuen Universalkirche«, über die Gesellschaft infrage, dabei unterminierten sie paradox ihre eigene Autorität. In einem Vortrag mit dem Titel »Werden wir die Forschung fortsetzen?« erklärt Alexandre Grothendieck 1972 vor verdutzten Zuhörern im Genfer CERN: »Jetzt betrachten wir unsere Aufgabe wie folgt: Wir werden selbst Teilhaber des Transformationsprozesses, Fermente des Wandels zu einer neuen Zivilisation, die wir sofort zu entwickeln beginnen können. In diesem Sinne hat sich für uns die Überlebensfrage erledigt, wir sind zur Frage des Lebens übergegangen. [...] Es geht nämlich um die Suche nach Weisen und Beziehungen, die sowohl lebenswert als auch dauerhaft lebensfähig sind, damit sie als Ausgangspunkt für postindustrielle Zivilisationen, für neue Kulturen dienen können.«[42]

54 *Eigentümer-Manager-Dialektik* – Um die historische Tragweite der Achsenjahre begreifen zu können, müssen sie in einen breiteren historischen Kontext gestellt werden, nämlich den leisen, aber anhaltenden Machtkonflikt, der sich seit den 1930er-Jahren zwischen

Managern und Aktionären entwickelte. Der Satz »Eigentum verpflichtet« galt einem antiquierten Kapitalismusverständnis aus dem 19. Jahrhundert, als die Industrie aus Familienunternehmen bestand und es tatsächlich im egoistischen Interesse des Eigentümers lag, soziale Verantwortung – wie beschränkt auch immer – zu übernehmen. »Dem Wohl der Allgemeinheit dienen« war kein ethischer Imperativ, es bedeutete ganz pragmatisch: Achte darauf, dass keine Arbeiterunruhen das Geschäft schädigen und dass keine Missetat deinen Ruf bei den Kunden ruiniert. Die idealtypisch heroische Figur des Unternehmers (die zugleich die gehasste Figur des Kapitalisten war) bürgte persönlich für langfristiges, zuverlässiges, gewinnbringendes Handeln. Es war das Zeitalter des Vaters in der dreifachen Gestalt von Paternalismus, Patriotismus und Patriarchat. Das alles änderte sich im 20. Jahrhundert mit der Umwandlung der Familienunternehmen in Aktiengesellschaften (die auf Französisch passend »anonyme« Gesellschaften heißen). Seither ist nämlich die kapitalistische Führung in zwei Funktionen gespalten, die widersprüchlichen Logiken unterliegen: Eigentum und Management. Eigentümer ist nunmehr das anonyme Kollektiv der Aktionäre, deren einziges Verhältnis zur Industrie die Rendite ist, die sie davon bekommen. Sie verpflichtet Eigentum zu gar nichts, nicht unbedingt, weil sie böse Menschen seien, sondern weil mit ihrer Funktion keine besondere Kompetenz einhergeht und weil sie von den Bedingungen und Konsequenzen ihres Gewinnstrebens abgetrennt sind. Einzig gilt: Schädlich ist alles, was die Renditen minimiert. Dinge wie Lohnerhöhungen, Besteuerung oder Umweltschutz können nur als Synonyme für schleichende Enteignung gelten. Der Aktionär ist einzig mit dem Gott des Kapitals in Kontakt, doch damit die Verbindung fortbestehen kann, muss das irdische Geschehen wohl organisiert werden, und in diesem Bereich entscheidet der Manager. In dem Maße, wie sich die moderne Gesellschaft ausdifferenziert und verkompliziert hat, haben sich immer mehr Akteure in die Wirtschaftswelt eingemischt: neben Gewerkschaften Verbraucherverbände, Umweltaktivisten, Vertreter ethnischer oder sexueller Minderheiten. Ein Konzern muss nicht nur faire Löhne versprechen, sondern einen Beitrag zu Lebensqualität, Kultur, Naturschutz, Gleichberechtigung sowie zivilgesellschaftliches Engagement leisten. Infolgedessen mussten die Manager ihre politische Kompetenz weit über die Fabriktore hinaus erweitern. Zunehmend wurde das Unternehmen wie eine Mikrogesellschaft regiert, die große Gesellschaft wiederum wie ein Unternehmen. Das bedeutete für den Managerstand einen beträchtlichen Machtzuwachs. Bereits 1941 hatte John Burnham eine weltweite »Manager-Revolution« vorausgesagt, die sowohl die Arbeiterklasse gängeln als auch die Kapitaleigentümer entmachten würde (das Buch hatte Orwell dazu gebracht, *1984* zu schreiben). Auch der politische Aufstieg der reformierten Sozialdemokratie wurde damals von der Vorstellung beflügelt, die verantwortungslose Aktionärsmacht sei im Begriff, von einer Elite aufgeklärter Experten und Verwalter sanft ersetzt zu werden. Selbstredend waren besagte Aktionäre von der (eigentlich neo-saint-simonistischen) Vorstellung eines Kapitalismus ohne Kapitalisten nicht sonderlich begeistert. Da traf ihr Unmut auf sonderbare Weise mit der damals weitverbreiteten Abscheu vor einem bürokratisch durchverwalteten Leben zusammen. Am offensichtlichsten sind die 1970er-Jahre von sozialen Konflikten für mehr Freiheit, Demokratie und Autonomie gegen autoritäre Strukturen gekennzeichnet. Doch im Hintergrund und von den Linken weitgehend ignoriert, kulminierte der Entscheidungskampf innerhalb der herrschenden Klasse. Und der Sieger war der Neoliberalismus.

55 *Der große Schlaf setzt ein* – Gewiss wäre der Klimawandel der perfekte Anlass gewesen, um eine supranationale Elite aus Politik, Wissenschaft und Management zu instituieren, die die Steuerung des Planeten in die eigene Hand genommen hätte. Wenn auch global in ihrer Summe, andere Umweltprobleme wie Luftverschmutzung oder Bodenerosion können auf nationaler Ebene behandelt werden. Hingegen ist die Atmosphäre fluid, dynamisch und grenzenlos. Das Weltklima kann nur mit Weltmitteln reguliert werden. Für die neue Aufgabe reichen konventionelle Herrschaftsinstrumente nicht mehr. So erscheint zum ersten Mal die Vorstellung einer *global governance*. Bei der oben erwähnten UN-Umweltkonferenz erklärt ihr Generalsekretär (nebenbei führender Kopf der kanadischen Erdölindustrie) Maurice Strong: »Das globale System, von dem das ganze Leben abhängt, macht einen Globalismus des neuen Typs unumgänglich.« Nur: Vom Standpunkt des Aktionärs kann das nur als Aufruf zur befürchteten Manager-Revolution verstanden werden. Im Namen der Umwelt wird die Privatindustrie haftbar gemacht, eine übernationale Bürokratie wird ihre Nase in ihre Angelegenheiten stecken, Verbote aussprechen, notfalls Strafen verhängen. Überdies ist Umweltschutz nicht umsonst zu haben und die diesbezügliche Steuerlast würde die Profite drosseln – ein weitaus schlimmerer Albtraum als das Ende der Welt.

Nun hatte also der Interessenkonflikt zwischen Eigentum und Management das Terrain des Einzelunternehmens verlassen, um sich global zuzuspitzen. Die Stunde des neoliberalen Gegenangriffs war gekommen. Was ist Neoliberalismus? Die spontane Weltanschauung der Kapitaleigentümer. Die vehemente Negation, der Privatwirtschaft obläge irgendeine soziale Verantwortung. Das Dogma, wonach keine menschliche Steuerung imstande sei, Gleichgewichte herzustellen, sondern allein das freie Spiel der Marktkräfte, sprich: die Gewinnsucht der Aktionäre. Und selbstverständlich die sture Leugnung, mit endloser Kapitalvermehrung sei diese unsere begrenzte Welt unvereinbar. Als Gegenstück zum Club of Rome formierte sich die Trilaterale Kommission, deren 1975 veröffentlichter Bericht *The Crisis of Democracy* gewissermaßen eine Antwort auf die *Grenzen des Wachstums* war.[43] Nach den Autoren sei die »Gouvernementalität« (von ihnen übernahm Foucault den Begriff) der modernen Gesellschaft von einer Überwucherung demokratischer Forderungen gelähmt. Je ausgedehnter das Tätigkeitsfeld staatlicher Institutionen, desto schwächer ihre tatsächliche Autorität. Zu viele Teilnehmer verderben die Macht. Also müssen Regierungskompetenzen gar nicht erweitert, sondern im Gegenteil auf das Kerngeschäft reduziert werden. Demnach seien etwa Umweltschutz und supranationale Steuerungsgremien nur Ausreden für *big government*. Auf dieser Grundlage setzte die jahrzehntelange Verblödungsoffensive ein, die Klimaerwärmung als die Erfindung einer verschwörerischen Allianz subversiver Linker, machtgeiler UNO-Bürokraten und kreditsüchtiger Forscher zu verkaufen. Heute sind die Belege öffentlich, wie die Fossilindustrie über korrumpierte Wissenschaftler und Journalisten die Öffentlichkeit mit Fake

News überschwemmte. Oft wird erzählt, dass die Ölkrise 1973 die Kehrtwende gewesen sei, die dem allgemeinen Unmut gegen die wachstumsorientierte Warengesellschaft den Garaus gemacht hätte (wieso wäre die besagte Krise nicht umgekehrt ein zusätzlicher Grund für Unmut gewesen?). Doch endeten die Achsenjahre weniger spontan und unvermittelt. Daher muss heute der Geist jener nicht allzu fernen Zeit aus Sedimenten industrieller Verdummung mit archäologischer Sorgfalt ausgegraben werden.

56 *Metamorphosis* – Als nach und nach die Anzeichen des fortschreitenden Desasters zu manifest wurden, um noch verneint werden zu können, vollbrachte sich ein diskursives Wunder: Die Ursachen wurden in Lösungen umgewandelt.[44]

IV. DIE VERSTEPPUNG DER KRITIK

> Ich weiß nicht, ob jemals in der Geschichte
> der Rede die Ungewissheit des Zwecks so entsetzlich
> von der Ungewissheit der Mittel abhing.
>
> *Annie Le Brun*

57 *Die exzentrische Bestie* – Um im Schlamassel der Katastrophen und Deutungen etwas Ordnung zu schaffen, hat sich der Begriff Anthropozän längst durchgesetzt. Ursprünglich die Benennung eines neuen Erdzeitalters (über dessen Relevanz die Geologen noch uneins sind), ist das Wort inzwischen zur allgemeinen Chiffre in Kultur, Politik und Alltag avanciert. Bequem hat man sich in der neuen Ära eingerichtet, sie mit einer Kunst, einer Literatur, einer Poesie, einer Philosophie des Anthropozäns möbliert, ganz so, als ob der Aufenthalt ungestört andauern würde. Vom heiligen Zorn, der Frau und Herrn Jedermann bei der Ausschau des Desasters ergreift, fehlt da jede Spur. Das Entsetzliche wird gleich ästhetisiert und anästhesiert. Ursprünglich hieß der neue Begriff bloß, dass beobachtete Veränderungen im Erdsystem zumeist menschengemacht sind. Nur hat sich eine winzige Bedeutungsverschiebung eingeschlichen. Wenn ich auf ein Arrangement von Steinblöcken treffe, das zu geometrisch ist, um ein Ergebnis des Zufalls zu sein, dann schließe ich auf eine anthropogene Megalithengruppe. Die Bestimmung ist rein negativ, sie will heißen: Das Phänomen ist kein natürliches. Dabei wird über die Urheber nichts gesagt. Wer und wie viele sie waren, wann und zu welchem Zweck sie die Steine bewegten, das alles muss noch untersucht werden. Niemand würde sagen, auf der Heide nebenan habe »der Mensch« ein paar Blöcke

positioniert. Anders mit dem Anthropozän. Da es ein globales Phänomen beschreibt, wird gleich ein globaler Täter mitgeliefert: Mister Anthropos in Person. Das stellt die Geisteswissenschaften vor eine große Herausforderung. Vor Jahrzehnten hatten sie ihn vor ihre Tür gesetzt, »den Menschen«, seitdem hatte er im Theoriegebäude Hausverbot. »Der Mensch«, so hatte es Foucault angekündigt, musste »wie am Meeresufer ein Gesicht im Sand« entschwinden. Als Erkenntnisgegenstand konnte er nur essenzialistisch, normativ, kolonialistisch, sexistisch und einige Scheußlichkeiten mehr sein. Nun zieht er, als wäre nichts gewesen, durchs Fenster der Naturwissenschaft wieder ein. Im Moment seiner vermeintlich endgültigen Verabschiedung ist er zurück mit einer Rache.[45] Eine höchst paradoxe Gestalt ist er in der Tat, dieser Anthropos. Dass er überall so unbeabsichtigt wie unvorsichtig seine Fußabdrücke hinterlassen hat, kommt von seiner fatalen Illusion, Herrscher und Besitzer der Natur zu sein. Notgedrungen muss er nun einsehen, dass er durch und durch in einem Interdependenzverhältnis zu seiner Mitwelt steht. Nun kommt das Dilemma. Denn diese neu gewonnene Demut kommt mit der Feststellung zusammen, dass kein anderes Lebewesen als er eine solch destruktive Macht entwickeln konnte. Insofern besitzt er wohl eine Sonderstellung in der Biosphäre. Aber wie lässt sich diese bestimmen, ohne ins alte anthropozentrierte Bild zurückzufallen? Die Frage ist keine rein akademische, sie hat durchaus praktische Implikationen. Denn selbstverständlich will die Anthropozän-These nicht nur das neue Zeitalter des Menschen beschreiben, sie will seine mögliche Selbstauslöschung abwenden. Hierzu spricht Paul J. Crutzen, ein Miterfinder des Begriffs, von einer Revolte »gegen eine Supermacht namens Natur«. Wir müssten die ökologisch-wirtschaftliche Steuerung der Erde übernehmen, notfalls mit Geo-Engineering, meint er. Kaum hat Prometheus die ungewollten Folgen seines Tuns entdeckt, macht er sich wieder an die Arbeit, nur diesmal bewusst und konstruktiv. Zwar plädieren andere wiederum für Enthaltsamkeit und Vorsorge, doch ebenfalls mit der Begründung, dem Menschen obliege nun die Aufgabe, die Welt zu retten. So schlägt die gelebte Ohnmacht in ein neues Machtprojekt um, die anthropozentrische Kränkung in mehr Anthropozentrismus. Wie kommt man da raus? Vielleicht könnten hier Helmuth Plessner (1892–1985) und seine philosophische Anthropologie behilflich sein. Demnach ist der Mensch im Gegensatz zu seiner Selbstwahrnehmung das einzige unter den Lebewesen, das *nicht* im Zentrum seiner Welt steht. Alle anderen leben aus ihrer Mitte heraus, nur er nicht. Plessner sprach von einer »exzentrischen Positionalität«.[46] Egal, was wir tun und wie wir uns die Welt ausmalen, wir sind heillos exzentrisch, stehen immer neben uns, können nicht einfach da sein – erst recht nicht, wenn wir so tun, als ob es ein Zentrum nicht gäbe. Also bestünde die eigentliche Aufgabe darin, mit der eigenen Exzentrizität klarzukommen. Gemessen an diesem Anspruch muss man leider feststellen, dass die momentan meistbegangenen Denkwege in die Irre führen.

58 *Das anthropobszöne Werk* – Der große Unterschied zwischen harten Wissenschaften und sozialen Theorien ist, dass letztere (so wissenschaftlich sie sich auch behaupten) nicht kumulativ sind. Vielmehr löst die eine Theorie die andere ab, was ihr oft den Beigeschmack

einer belanglosen Mode gibt. Was das Anthropozän angeht, ist diese Kluft besonders eklatant. In den letzten Jahrzehnten haben Geologen, Ozeanologen, Entomologen, Polarforscher, Klimawissenschaftler und viele andere beeindruckende Datenmengen gesammelt, Analysen verfeinert, Vergangenheit rekonstruiert, Zukunft modelliert und Zusammenhänge hergestellt. Zumindest in ihrer physikalischen Dimension sind Ausmaß und Vielfalt des Desasters bestens erforscht. Doch was die Reflexion über das Desaster angeht (und das heißt auch: über den Anteil des Denkens in der Entstehung des Desasters), hat man nicht den Eindruck, viel weiter gekommen zu sein, gelinde gesagt. Wenn das Sisyphos-Arbeit ist, dann ist seit den Achsenjahren der Felsblock ziemlich tief heruntergerollt! Verwunderlich ist, wie wenig von den Erkenntnissen und Hypothesen aus den vorangegangenen Generationen noch bekannt ist, geschweige denn kritisch diskutiert, erweitert, korrigiert oder widerlegt. Nichts scheinen die meisten Anthropozän-Theoretiker mehr zu fürchten als den Vorwurf, sie ließen die großen Fragen der Menschheit auf altbekannte Kapitalismuskritik schrumpfen. Obwohl unumstritten ist, dass die Ursache der Umweltzerstörung auf Fossilwirtschaft und industrielle Ausbeutung zurückführt, gilt der Hinweis als »reduktionistisch«, dies möge wohl an der Dynamik des Kapitals hängen. Reduziert sind offenbar viel mehr die Kenntnisse, die diese Autoren von gesellschaftskritischen Theorien haben, sei es, für die älteren, weil sie ihre Jugend in dummen K-Gruppen vergeudet hatten, oder, für die jüngeren, weil sie nicht als Altachtundsechziger gemustert werden möchten. Auf alle Fälle ist das Resultat sonderbar. Bestrebt, die *Kritik* der politischen Ökonomie auszuklammern, übernehmen die neuen Theorie-Trendies, die Augen in die anthropologische Weite gerichtet, ohne zu mucksen sämtliche Kategorien der bürgerlichen Ökonomielehre. Bedürfnisse, Nachfrage, Konsum, Produktion, Energiebedarf, Bruttoinlandsprodukt, Freihandel, Überbevölkerung, Wirtschaftswachstum, all diese Dinge werden so selbstverständlich hingenommen wie die Existenz von Sauerstoff oder Elektrizität. Als ob solche Kategorien nicht soziale Konstrukte par excellence seien. Als ob die Weltanschauung der Ökonomie nicht Teil des Desasters wäre. Ein Musterbeispiel bietet der indische Star der Subaltern Studies Dipesh Chakrabarty. Bei ihm wird der Kapitalismus nicht ignoriert, sondern gründlich reingewaschen. Ursache sei nicht die »ökonomische Ungleichheit«, meint er (und darunter versteht er wahrscheinlich nur, dass die einen mehr als die anderen verdienen). Das Anthropozän sei »nicht durch bewusste Entscheidungen« entstanden, sondern »durch nicht intendierte Folgen von Handlungen«. Aber erfolgten diese Handlungen nicht aufgrund von Entscheidungen, die, wie es etliche historische Studien belegen, alles andere als demokratisch und mit dem primären Ziel der Kapitalvermehrung getroffen wurden? Doch führt Chakrabarty fort, schließlich sei es egal, ob nur ein Bruchteil der Erdbevölkerung die ursprüngliche Verantwortung trage. Denn von den Konsequenzen seien wir alle gleich betroffen, es gebe ja »kein Rettungsboot für die Reichen«. Das mag in Bezug auf den Jüngsten Tag stimmen. Edel, arm oder reich, der Tod macht alle gleich. Einstweilen flüchten dennoch die einen auf Luxusjachten, die anderen in leicht kenternden Schlauchbooten. Vor jeder Umweltkatastrophe, vor jeder Epidemie können sich diejenigen am wenigsten schützen, die an den Ursachen am geringsten teilhatten. Es war einmal der Verdienst der Anthropologie, sittliche und soziale Lebensformen vom naturalistischen Vorurteil befreit zu haben. Ebenso schlimm wie die Vernaturalisierung der Kulturen wäre allerdings die Anthropologisierung von wirtschaftlichen und sozialen Verhältnissen.

59 *Latourkundemuseum* – Wer sich für Anthropozän-Theorien interessiert, kommt an Bruno Latour nicht vorbei. Angeblich ist der 2022 verstorbene Intellektuelle der »meistzitierte« weltweit – in der von Rankings besessenen akademischen Welt entspricht der Status etwa dem der Influencerin mit den meisten Likes auf Instagram. Latours Tod war der Anlass einer regelrechten Heiligsprechung. Laut klagten und selbstgeißelten sich seine Jünger am Fuße des verwaisten Podests: Wie werden wir im verfinsterten Terrarium fortan hoffen und promovieren können? Die Wochenzeitung *Die Zeit* platzierte den Verstorbenen geradewegs in die Walhalla der »Paradigmenwechsler« zwischen, wennschon – dennschon, Isaac Newton und Immanuel Kant. Ob der Franzose dort in aller Ewigkeit thronen wird, ist nicht sicher. Im Himmel des Denkens erwies sich manch ein Star als Sternschnuppe – gerade wenn aus Frankreich stammend, nach wie vor Exportweltmeister in der intellektuellen Modebranche wie in Luxusparfums. Wahrlich ist die kometenhafte Laufbahn des burgundischen Winzersohns ein Rätsel. Hier wäre es angebracht, die Methode, die Latour für die Beschreibung von Wahrheitskonstruktionen im Labor erarbeitet hatte, auf ihn selbst anzuwenden. Der Meisterdenker *in the making*: Welche Netzwerkbildungen, Einflussnahmen und Ausschlüsse hatten zur Konstruktion seiner Position beigetragen, bis sich diese selbst

bestätigte? Letztlich ist Bruno Latour wie Christian Dior vorwiegend aufgrund der Tatsache weltberühmt, dass sein Weltruhm notorisch ist. Die Strategie dazu lässt sich leicht rekonstruieren. In einem ersten Schritt wird der amtierende König (in diesem Fall: Bourdieu) abgesetzt, doch nicht, indem er mit den Waffen der Kritik geschlagen wird, sondern mittels glatter Negierung seiner Domäne. Latour wird in die Geschichte als der Soziologe eingehen, der den Gegenstand seines Fachs für inexistent erklärte. Wie vor ihm Margaret Thatcher behauptete er effekthascherisch: »So etwas wie Gesellschaft gibt es nicht.«[47] In einem unerbittlichen Krieg gegen allgemeingebräuchliche Substantive ersetzte er die Gesellschaft durch »das Soziale«, die Erde durch »das Terrestrische« usw. Die Sprachreform sollte die antisystemische Haltung betonen, die sich für Empirismus ausgab. Damit wären wir beim zweiten strategischen Kunstgriff: Die Erschaffung eines geschlossenen diskursiven Universums mittels Buzzwords und stets wiederholten Dogmen und Geboten (Du sollst niemals das Wort Natur aussprechen). Anstelle einer klassischen Disputation, die mangels gemeinsam anerkannter Begriffe unmöglich wäre, wird auf Friss-oder-stirb-Modus umgestellt. Unter eingeschüchterten Epigonen gilt dann die leiseste Kritik als Majestätsbeleidigung. Zweifelnde können nur böswillige Szientisten oder zurückgebliebene Naivrealisten sein. Allerdings ist der Meister selbst über die Freund-Feind-Front erhaben. Latour verstand sich darauf – Kunstgriff Nummer drei –, jeder Kritik und jedem Dementi auszuweichen, indem er wie ein Virus heimlich mutierte. Es gibt eine Alpha-, eine Delta-, eine Omikron-Variante des Latour. Es war ja ein beachtliches Kunststück, seine Karriere als Sozialkonstruktivist, also mit der Leugnung zu beginnen, die

Wissenschaft beschreibe objektive Fakten, um dann notgedrungen gegen Klimawandelskeptiker ins Feld zu ziehen, die sich ebendieser Leugnung bedienten, ohne aber deswegen zuzugeben, mit seiner ursprünglichen Position falschgelegen zu haben. Die von ihm geschmiedeten »Waffen« (sein Wort) seien bloß in die falschen Hände geraten. Zwangsläufig führten die rechthaberischen Saltos zu eklatanten epistemischen Widersprüchen, und Fachmenschen wurden immer lauter, die Latours jüngsten Büchern allenfalls einen ästhetisch-emotionalen Wert einräumten, bar jeder wissenschaftlichen Konsistenz. Das machte nichts. Denn hier kommt der strategische Trumpf zum Einsatz: Ab einer bestimmten Marktstärke kann der *public intellectual* auf eine Bestätigung vonseiten der Wissenschaft verzichten. Seine eigentliche Zielgruppe ist ja das Popkulturbürgertum. Das hat Latour hervorragend vorgemacht. Viel mehr als seinen Fachkollegen oder seinen Büchern verdankte er sein Image den mit den Peter Weibels dieser Welt kuratierten Kunstausstellungen und initiierten Theaterabenden. An den Talks des omnipräsenten Gasts labten sich Dramaturgen, Lit.-Wiss.-Doktoranden, Kunstprojektmacher und generell distinktionshungrige Mittelständler auf der Suche nach dem relevanten Sound. Wie üblich war noch am devotesten das deutsche Publikum, welches sich nicht einmal vorstellen konnte, die Ideen seines Idols könnten auch nur im Geringsten anfechtbar sein. Sicherlich wäre es jetzt müßig, gegen den toten Mann zu polemisieren – sein Gott habe ihn selig. Aber eine heilige Kuh, auch eine intellektuelle, wird aus ihren Anbetern gemacht, und die sind lebendig und munter. Zumindest an einem Punkt sei ihnen recht gegeben: Der verstorbene Denker hinterlässt eine große Leere. Nämlich sein Werk.

60 *Die große Verflachung* – Für eine extensive Latour-Kritik ist hier nicht der Ort. Wer danach sucht, wird ohnehin problemlos fündig.[48] Seine Ideen möchte ich einzig in Bezug auf meine Untersuchung betrachten, sprich: wie sie vom laufenden Desaster Zeugnis geben, und ob sie nicht vielleicht eher Teil davon sind. Allen Schwankungen zum Trotz zieht sich eine Konstante durch Latours Schrifttum hindurch, nämlich seine Allergie gegen Systeme, ja die Leugnung, dass der Begriff System überhaupt einen Sinn habe. Da steht er (seine Rede) »antipodisch« zu den Systemkritikern der Achsenjahre. Und genau das ist seine Funktion, möchte man behaupten. Zwei Beispiele. Gegen Ellul erklärt Latour, dass ein technisches System »eine philosophische Vorstellung« sei, die »auf keiner empirischen Untersuchung beruht«[49] – im digitalen Zeitalter eine ziemlich gewagte, oder wie Journalisten schreiben würden: radikale Behauptung. Im Interview mit der Zeitschrift *Ecologie & Politique* sagt er 2010: »Ich habe nie auch nur eine Sekunde daran geglaubt, dass wir uns in einem ›kapitalistischen System‹ befinden, und zwar aus demselben Grund, weshalb ich nicht glaube, dass wir eine ›Natur‹ haben. In beiden Fällen habe ich denselben Einwand gegen den sehr hemmenden Begriff des Systems. Das erschien mir nie sehr relevant.« Und nun versuche mal die Welt zu verstehen, ohne auf Klimasysteme, Ökosysteme, Betriebssysteme, Energiesysteme, Finanzsysteme, systemische Krisen und Systemkollisionen zurückzugreifen! Wie man weiß, wird bei Latour das System durch das Netzwerk ersetzt. Mit dem fundamentalen Unterschied, dass zum Netzwerk allerlei heterogene Elemente gehören, menschliche wie nicht-menschliche, sobald sie interagieren. Ein offensichtlicher Sophismus: Dass ein Objekt niemals isoliert ist, sondern in Relation

zu ihm wesensfremden Objekten steht, bedeutet weder, dass dieses mit jenen vermischt sei, noch dass es keiner spezifischen Menge zugeordnet werden kann. Mit meinen Katzen interagiere ich mehr als mit der Nachbarin im Erdgeschoss, daraus lässt sich jedoch kein voreiliger ontologischer Schluss ziehen. Nach einem populären Missverständnis werde von Latour eine späte Versöhnung mit nicht-menschlichen Lebewesen angestrebt (zumindest dem übrig gebliebenen Teil davon). Das ist niedlich, doch zu seinem Netzwerk gesellen sich nicht nur Pandabären und Maiglöckchen, es gehören auch Bakterien und Zyklone dazu, vor allem und gleichberechtigt Autos, Smartphones, Strommasten, Müllverbrennungsanlagen, ja allerlei technische »Aktanten«. Sind doch alle mit allen unentrinnbar verwoben. Folglich wird nicht so sehr das anthropozentrische Weltbild herabgesetzt als das technologische aufgewertet. Da eine Relation nie unilateral ist, behauptet Latour, dass nicht-menschliche Aktanten so wie Menschen »handeln«, ja irgendwie auch »wollen« und »entscheiden«. Sehr früh wurde ihm deswegen Hylozoismus vorgeworfen, so heißt der antike Glaube, alle existierenden Dinge seien belebt. Da muss einem klar werden, welche Konsequenzen eine solche Annahme hat. Eine logische zunächst: Wenn die Wirklichkeit einzig und allein aus Interaktionen besteht, kann von Kausalität keine Rede mehr sein, und in der Tat schrieb Latour diesen fantastischen Satz: »Der Glaube an Ursache und Wirkung ist immer in gewisser Weise die Bewunderung für eine Befehlskette oder der Hass eines Mobs, der jemanden zum Steinigen sucht.«[50] Zudem ist die ontologische Verflachung ein perfektes Mittel, sich aus der moralischen Verantwortung zu ziehen. Ich war es nicht, Herr Richter, mein Revolver hat das Opfer erschossen! Ganz offensichtlich ist diese Denkweise mit der Erkenntnis absolut unvereinbar, menschliche Aktivitäten haben das Klimasystem aus den Fugen gebracht. Dagegen hilft kein rhetorisches Abzappeln um das »neue Klimaregime«, wie Latour das Desaster verniedlichend nannte. Schließlich ist die Sackgasse eine politische. Denn wenn im Netzwerk einiges durcheinandergerät, könne die Lösung weder Naturschutz heißen (wie könnte man etwas schützen, das es nicht gibt?) noch Verzicht auf eine gewisse Technik (alle Aktanten haben doch ein gleiches Existenzrecht). Nein, ein »diplomatisches Dispositiv« soll alles regeln, das sprichwörtliche Parlament der Dinge, in dem Amsel, Fink und SUV über die Wahrung ihrer jeweiligen »Existenzweisen« demokratisch palavern. Wie beim gemeinen Gebrauchtautoverkäufer heißt hier der Zauberspruch, der alle Machtverhältnisse verfliegen lässt: »Alles ist verhandelbar« (darum Latours Hass auf Systeme: mit einem System lässt sich nicht verhandeln). Kurz vor seinem Tod hatte er ein politisches »Konsortium« gegründet, um die »ökologische Klasse« dabei zu unterstützen, zu sich zu kommen. Das Ganze sah aus wie ein Rollenspiel, in dem die Teilnehmenden ihr eigenes »Territorium« beschrieben und gemeinsam einen »Bericht über die Existenzweisen« verfassten. Darüber hinaus sollten »Beschwerdehefte« erstellt werden, die eines schönen Tages feierlich an die zuständigen Ämter übergeben werden sollten. Über die Belange der Bürger bestens aufgeklärt, würden dann die Regierenden bessere Entscheidungen treffen können und die Einwohner, so Latour weiter, »das Gefühl haben, von ihren Vertretern verstanden zu werden«. So radikal war Politik noch nie.

61 *Eine verborgene Religion* – Was bringt das Spiel überhaupt, Latours Auswüchse zu veralbern, außer der kleinen narzisstischen Genugtuung, sich gescheiter als der Weltintellektuelle aufzuführen? Eine berechtigte Frage. Wie schon angedeutet, wäre das zu lösende Rätsel viel eher die außergewöhnliche Resonanz, auf die seine Bücher trafen. Dahinter steckt zweifellos ein Bedürfnis nach philosophischen Pharmaka, so ungustiös diese auch seien (aber wer würde schon einer gut schmeckenden Medizin trauen?). Buchtitel wie *Wo landen?* oder *Wo bin ich?* versprechen Wohltuendes. Aber was für Wirkstoffe beinhaltet die Verpackung? Hellhörig wurde ich durch einen Hinweis, den Latour einmal ökologisch motivierten Aktivisten gab: »Ich glaube, dass sehr interessante und komplizierte Fragen wie Degrowth, Konsummoral, oder eine neue asketische Bewegung nicht unbedingt mit einer Kritik des großen bösen Kapitalismus einhergehen. Es gibt vielmehr eine sehr interessante Verbindung mit der Theologie.«[51] Halleluja. Von wegen radikaler Empirismus. Dass Latour bekennender Katholik war, ist weder ein Geheimnis noch ein Schandmal. Meistens wird aber angenommen, dass der private Glauben von der öffentlichen Philosophie klar abgetrennt oder allenfalls Randbedingung sei. Wie es Philipp Sarasin anmerkte: Wer glaubt, dass es eine einzige, absolute, gottgegebene Wahrheit gibt, kann nicht anders als erkenntnistheoretischer Relativist sein. Gewiss schimmerte in Latours letzten Büchern der Theologe immer deutlicher durch, wenngleich einer, der keine Transzendenz gen Himmel verkündete, sondern umgekehrt die Immanentisierung des Göttlichen in Gaia, dem lebenden Planeten. Manche schlossen dann auf einen *theologic turn* des in die Jahre gekommenen Denkers. Wahrscheinlicher ist indes, dass der Jesuiten-

schüler Latour, der mit einer Arbeit zur »Exegese der Wiederauferstehung im Markusevangelium« promoviert hatte, sich endlich leisten konnte, sein Bekenntnis offenzulegen. Mit Eschatologie und Inkarnation wären seine Aufstiegschancen in Frankreichs säkular-akademischem Milieu ziemlich mickrig gewesen. Maskiert musste er seinen Weg gehen, die Sprache des Gastgebers übernehmen – damit haben jesuitische Missionare jahrhundertelange Erfahrung. Wie wir gleich sehen werden, folgte er allerdings einer sehr speziellen theologischen Traditionslinie, von den meisten Kommentatoren deswegen unbemerkt, weil sie unter dem akademischen Radar verläuft. Einstweilen kann schon die eingangs gestellte Frage umformuliert werden: Wie kommt es dazu, dass scheinbar aufgeklärte Zeitgenossen ihr Heil in einer parareligiösen Anschauung suchen, *die ihnen nicht einmal bewusst ist?*

62 *Noosphäre I* – Während der ersten Hälfte des 20. Jahrhunderts wurde die katholische Kirche von einem anhaltenden Modernismusstreit erschüttert. Es ging um existenzielle Fragen: Wie werden die kirchlichen Dogmen mit den neuen Erkenntnissen der Wissenschaft in Einklang gebracht? Was können Christen Atheismus und Materialismus entgegensetzen? Wie kann Spiritualität in einer zunehmend technisierten Welt erlebt werden? Antimodernisten wurde vorgeworfen, sie überließen Atheisten die Aufgabe, den Fortgang der Welt zu hüten und zu gestalten. Modernisten wiederum machten sich der Irenik verdächtig, der durch Kompromisse und Zugeständnisse vollständigen Aufgabe der eigenen Glaubenssätze. In diesem Kontext wurde der Jesuit, Paläontologe und Anthro-

pologe Pierre Teilhard de Chardin (1881–1955) vielerorts wie der Heiland empfangen. Teilhard begründete einen einzigartigen Mix aus Science-Fiction und Theologie-Fiction, eine abenteuerliche Erzählung, die in der feierlichen Versöhnung von Spiritualität und Technologie unter der Schirmherrschaft von Christus und Prometheus kulminierte. Teilhard führt kein Rückzugsgefecht gegen die Wissenschaft. Darwins Evolutionslehre hält er ohne Wenn und Aber für wahr, doch mit einem kleinen Zusatz: Die biologische Evolution sei bloß eine Zwischenstufe der irdischen Geschichte. Und sie gehe ihrem Ende zu. Mit der Zivilisation sei eine neue Phase angebrochen, an deren Schluss der Mensch die Evolution komplett in die eigenen Hände nehmen werde. So wie mit der Entstehung des Lebens die tote Geosphäre sich in Biosphäre verwandelt hatte, werde dank den kumulierten Errungenschaften der reflexiven Intelligenz und insbesondere der Wissenschaft die Biosphäre vollständig in Noosphäre, in eine »Sphäre des Geistes« übergehen. Wenn er Wälder rodet, Autobahnen baut, Bodenschätze fördert oder das Atom spaltet, trage der Mensch zur Geistwerdung der Welt bei. Die Materie sei inchoativ spirituell, doch brauche sie das kognitiv geleitete, menschliche Zutun, um zu ihrem heiligen Wesen zu kommen. Auf diese Weise wird der Vorwurf des Anthropozentrismus geschickt umgangen: Der Mensch mache sich keineswegs zum Herrscher und Besitzer der Natur, er erfülle bloß einen göttlichen Auftrag oder eher: die ihm zugewiesene Funktion in Prozesswerdung des »kosmischen Christus«. Nicht mehr und nicht weniger als die von ihm verwendeten Werkzeuge sei er selbst ein provisorisches Werkzeug der Inkarnation. All das scheinbar zusammenhangslose, rastlose Treiben der kleinen Erdbewohner liefe auf ein einziges Ziel hinaus:

das Erreichen des »Omegapunktes«, an dem der ganze Müll der Materie vollständig in Geist umgewandelt wird. So sehr eine solche Eschatologie von Glaube und Hoffnung beflügelt ist, umso weniger Platz lässt sie der Liebe. Nicht minder begeistert als Ernst Jünger nahm Teilhard an dem Gemetzel des Ersten Weltkrieges teil. 1937 wertete er den Faschismus als »ziemlich gelungenes, notwendiges Stadium«. Als über Hiroshima und Nagasaki die Atombomben explodierten, meinte er mit vor Kraft strotzendem Enthusiasmus, den Omegapunkt bereits zu erblicken. »Jetzt, da wir unsere Hände bis zum Zentrum der Materie gestreckt haben«, frohlockte er, »offenbart sich der oberste Zweck unserer Existenz: die Kräfte des Lebens immer weiter, ja bis ans Ende zu treiben.«[52] Die zweihunderttausend Toten lassen grüßen. »Tragischen Optimismus« nennen Anhänger Teilhards seine Fähigkeit, aus Liebe zur Menschheit lässig auf Leichen zu treten. Wie der – überaus antimoderne – Chesterton meinte: »Die Welt ist voll von christlichen Ideen, die verrückt geworden sind.«

63 *Zombie Backlash* – Obwohl vom Vatikan verurteilt und von Ungläubigen verlacht, Teilhards Visionen hatten einen nicht unwesentlichen Einfluss auf das Frankreich der 1950er- und 1960er-Jahre. Das hat einen soziologischen Grund. Das Land machte damals eine rasche Modernisierung durch, es war die Zeit der neuen Trabantenstädte und Stadtautobahnen, des Hochgeschwindigkeitszuges und der Concorde, der Kernkraftwerke und der nationalen Nuklearmacht. Noch waren jedoch die verantwortlichen Eliten vorwiegend konservativ-katholisch

eingestellt. Um an Führungsposten zu gelangen, war der allsonntägliche Kirchgang nicht selten Vorbedingung. Auf das unruhige Gewissen christlicher Technokraten hatte Teilhards dargebotene Versöhnung von Spiritualität und Zweckrationalität eine besänftigende Wirkung, außerdem bot sie ihnen Handlungssicherheit. Auch die Personalisten um die mittlerweile einflussreich gewordene Zeitschrift *Esprit* fühlten sich der technophilen Heilslehre verbunden. Ihr Wortführer Emmanuel Mounier hatte ja den Post-Hiroshima-Katastrophismus als »kleine Furcht des 20. Jahrhunderts« abgetan, und seine ehemaligen technikkritischen Weggefährten standen ziemlich allein da, wenn sie Teilhard »Prophet eines totalitären Zeitalters« nannten.[53] Sogar säkulare Linke konnten sich mit einer eschatologischen Fortschrittsperspektive anfreunden, die sie ja im Grunde auch teilten; zweitrangig war, ob der Fluchtpunkt »Kommunismus« oder »Kosmischer Christus« hieß. Allerdings änderte sich die Situation schlagartig in den Achsenjahren, als der Fortschrittsoptimismus in dem Maße nachließ, wie die Wahrnehmung von Belästigungen und Umweltschäden zunahm. Die Zeit schien reif, um Teilhard definitiv im Antiquariat abzustellen. Nur: Totgeglaubte leben länger. Über den Umweg der Popkultur, des Kinos und der Literatur (ein jüngeres Beispiel wäre Don DeLillos Roman *Der Omega-Punkt*) erlebte der längst verstorbene Technotheologe ein erstaunliches Comeback in den USA, wo er sein Lebensende verbracht hatte. Wie man weiß, ist dort der große technische Sprung des späten 20. Jahrhunderts das Werk von Nachwuchsingenieuren, Computertüftlern und DNA-Bastlern gewesen, die Sci-Fi mit der Muttermilch aufgesaugt hatten und im Grunde von keinem anderen Ideal geleitet waren, als die Fantasy-Welt ihrer Pubertät zu verwirklichen – und da sie auf das große Geld trafen, unternahmen sie den Versuch auch. New-Age, Singularität, Trans- und Posthumanismus kamen hinterher, nicht als Grundlage, sondern als gedankliche Spiegelungen der stattfindenden Technikexperimente, daher die scheinbare Evidenz ihrer affirmativen Fabulationen. Allerdings ließe sich leicht nachweisen, wie sehr das Mindset all dieser technologischen Eiferer derselben Matrix entspringt, nämlich dem Teilhardismus. Sicherlich ist das den meisten nicht bewusst. Aber die Floskeln, womit KI, Genmanipulationen, Nanotechnik, Geo-Engineering und weitere Wundertaten der Technik verkauft werden, sind allesamt Teilhards eschatologischem Kurzwarenladen entnommen: Die technische Revolution habe die biologische Evolution ersetzt. Der Mensch sei nur ein Zwischenstadium auf dem Weg zur Singularität. Als Geschöpfe und Co-Schöpfer der Welt seien wir von Organismen oder Maschinen nicht zu unterscheiden. Die exponentielle Dynamik des Fortschritts lasse uns keine andere Wahl, als an der eigenen Überwindung zu arbeiten. Daraus werde ein besseres, friedlicheres Universum entstehen – und selbstverständlich werde der Tod abgeschafft. Wenn der Transhumanismus-Guru Ray Kurzweil auf die Frage, ob Gott existiere, antwortet: »Not yet«, ist er Teilhardianer. Die Kraft dieser besonderen Religion ist, dass sie kein Religionsmerkmal vorweist. Sie ist antikonservativ, dynamisch, zukunftsorientiert. Sie braucht weder Gemeinde noch Kirche, dafür Universitäten, damit Dogmen, die noch zu sehr nach Soutane riechen, mit postmodernem Deo besprüht werden und deren Ursprung unkenntlich gemacht wird. Vielsagend ist zum Beispiel die Tatsache, dass die Laufbahn der Cyborg-feministischen Ikone Donna Haraway mit einem Studium der evolutionären Philosophie und der

Theologie an der Pariser Fondation Teilhard de Chardin begann. Gewiss sind die Fabulationen der »Chthuluzän«-Denkerin zu schrullig, um eine wahrnehmbare Wirkung auf das Weltgeschehen zu haben. Anders jedoch Latours hybride Konstrukte.

64 *Pfingstfest der Theorie* – Am 13. März 2008 hält Bruno Latour die Eröffnungsrede eines Colloquiums zu »Eschatologie und Moral« am Institut Catholique de Paris. Einen Spruch des Matthäusevangeliums umkehrend lautet der Titel: »Was nutzt es dir, deine Seele zu retten, wenn du die ganze Welt verlierst?«[54] Das ist meiner Meinung nach genau deshalb ein Schlüsseltext, weil hier der Autor von seinem üblichen Duktus erheblich abweicht. Es ist, als ob plötzlich eine Reinkarnation Teilhards aufträte, welche freilich die Umwälzungen der letzten Jahrzehnte mitbekommen hätte, dem futuristisch-metaphysischen Gerüst dennoch treu geblieben sei. Natürlich könnte es sein, dass der Vortragende sich seinen Zuhörern anpasst. Doch drängt sich bei der Lektüre eher der Eindruck auf, dass er sich dort zu Hause fühlt und seine Ansichten offenherziger als sonst wiedergibt. Jedenfalls werden in diesem Licht Latours Ansichten viel klarer. Die Behauptung zum Beispiel, es gebe keine wesentliche Diskontinuität zwischen Natürlichem und Künstlichem, ist quasi wortwörtlich von Teilhard übernommen. Solange wir uns in der physikalisch-biologischen Dimension aufhalten, ist die Aussage selbstverständlich vollkommener Bullshit. Es gibt eine evolutionäre Kontinuität zwischen Pantoffeltierchen und Giraffe, nicht jedoch zwischen Pantoffeltierchen und Smartphone, mögen sich auch noch so

viele Smartphone-User wie Pantoffeltierchen verhalten. Damit die Behauptung irgendeinen Sinn ergibt, muss man sie in einer metaphysischen Dimension aufstellen. Im Teilhard'schen Universum sind Pantoffeltierchen, Mensch und Smartphone tatsächlich äquivalente *Geschöpfe*. Kleines Kunststück, um den Streit zwischen Kreationisten und Evolutionisten beizulegen: Biologische Evolution und technischer Fortschritt werden bloß zu zwei Modalitäten der Kreation erklärt. Teilhard zufolge wird die transzendentale Dynamik der Schöpfung von keinem Ursprung bedingt, sondern von einem Endpunkt, der wie ein Magnet alle Formen und Kräfte des Kosmos zusammenführt und zu sich zieht. Genau darauf will Latour in seiner Rede hinaus, und darum bezieht er sich mehrmals auf Teilhard. »Das große Dogma der Inkarnation«, sagt er, müsse von der Vorstellung eines »Auslösergottes« sowie von *Genesis*-Mythen gelöst werden; gepriesen sei stattdessen die Schöpfung als fortwährender Prozess. Wir seien, führt er fort, »in der geschöpften Welt inkarniert worden, um sie grundlegend zu verändern«, damit das Pfingstgebet erfüllt wird: »Sende aus deinen Geist, und das Antlitz der Erde wird neu.« Eindeutig sind wir hier von den Aktivisten der Letzten Generation ziemlich weit entfernt. Gegen Vertreter der »kritischen Ökologie« lässt sich Latour auf folgende, ungewöhnlich virulente Tirade ein:

Das Hässliche an den meisten ökologischen Vorhersagen ist, dass versucht wird, uns für unsere Innovationen und Erfindungen zu beschämen. [...] Hört man die »Unheilspropheten«, sollten wir uns für unsere Exzesse schuldig fühlen, wir sollten mit unseren wahnsinnigen Innovationen aufhören und stattdessen unser Limit wahrnehmen und zur gesunden Nüchternheit zurückkehren. Vorbei mit »Wachset und mehret euch«; jetzt zwingen sie uns, den Kopf zu senken und demütigen uns mit: »Entwachset, schrumpft, löscht die Spuren, die ihr auf der Erde hinterlassen habt, reduziert euren Fußabdruck.«

Auch der Wutausbruch erinnert an Teilhard, der Gegnern der Atombombe entgegenhielt, es sei doch die Pflicht jedes Menschen, »die kreative Macht der Erkenntnis und der Aktion bis zum Äußersten zu entfalten«. Wie lässt sich aber heute das Äußerste schmackhaft machen? Was rechtfertigt die Fortführung eines Projekts, das so eklatant gescheitert ist? Wie ein Karnickel aus seinem Zylinder zieht Latour aus dem Inkarnationsdogma diese »fundamentale Lehre«: »Dort wo die Sünde war, ist auch die Erlösung«! Es bleibt nur noch, den Gegenstand seiner Liebe zu erkennen; hier bekommt die Predigt einen lyrischen Aufschwung: »Wir müssen die Wissenschaft, die Technik, die Märkte lieben, sprich: die ganze Künstlichkeit eines Planeten, dessen Antlitz wir erneuern lernen müssen. Prometheus sind wir, Prometheus müssen wir bleiben, nur diesmal nach Gottes Abbild.« Amen. Das hatte der Regisseur Milo Rau wahrscheinlich im Sinn, als er in einem Nachruf auf Latour in der *taz* dessen »Zertrümmerung aller modernen, oft auch linken Denkverbote« lobte.

65 *Propaganda fide* – Die besondere Qualität der jesuitischen Intelligenz war schon immer, sich unter widrigen Umständen aller unnötigen Elemente der Dogmatik zu entledigen, um deren Kern zu retten. Keine

konstruktivistischen und postmodernen Leichtgewichte wären wohl heute imstande, die altehrwürdige Societas Jesu in Verlegenheit zu bringen; über die Jahrhunderte hat sie unvergleichlich scharfsinnigere Widersacher überlebt. Die Jesuiten sind nie modern gewesen. War in der säkularisierten Epoche die Figur des Satans samt Hörnern, Schwanz und Sündereintopf nicht mehr zu retten? Heute erklärt der Generaloberer der Jesuiten: »Symbole sind Teil der Realität, und der Teufel existiert als symbolische Realität, nicht als persönliche Realität.« Gemeint sei bloß »das Böse im menschlichen Gewissen«. Wer möchte da noch widersprechen? Am Anfang war das Wort, doch wird dieses immer von Neuem dem Zeitgeist angepasst. Neuerdings hatte der Allmächtige selbst ein Image-Problem. War er doch zum Inbegriff des *alten weißen Mannes* geworden, welcher in der zeitgenössischen Wahrnehmung viel eher mit dem Teufel identifiziert wird. Alles änderte sich, als ein von Jesuiten gegründeter Verband Katholische Studierende Jugend vorschlug, Gott »aus der geschlechtlichen Ebene zu heben« und zu gendern, also Gott* zu schreiben. Geschlechtslos und unschuldig wie die Engel wollen doch alle sein. Zwar hatte einmal Blaise Pascal gewarnt: »Je mehr der Mensch ein Engel sein will, umso bestialischer er wird«, aber der war doch ein intoleranter Jesuitenfeind.

66

Zurück zur N***? – Ganz gleich, von welchem Ende man ihn anfasst, offenbar bleibt der Naturbegriff so unverzichtbar wie mangelhaft. Zu Recht erinnern uns Ethnologen daran, dass die uns vertraute Trennung zwischen Natur und Kultur weder universal ist noch notwendig war; sie ist kontingent, zu einer späten Zeit auf einem bestimmten Erdteil entstanden. Fast hätte ich geschrieben, dass diese Trennung keine natürliche, sondern eine kulturelle ist – da hätten wir wohl wieder den Salat! Philippe Descola legt dar, dass prämoderne Gesellschaften andere ontologische Modelle kannten, animistische, totemistische, analogische, die nicht unbedingt besser als das naturalistische sind, allerdings mit einer schrankenlosen Abschöpfung der Ressourcen prinzipiell unvereinbar gewesen wären. Vom biblischen Auftrag, sich die Erde untertan zu machen, über die kartesianische Definition des Menschen als Herrscher und Besitzer der Natur bis hin zum kapitalistischen Prinzip der allgemein äquivalenten Austausch- und Ausbeutbarkeit: Immer, so Descola, betrachte der westliche Mensch sich selbst als ein die Objektwelt überragendes Subjekt, und dies sei die eigentliche Ursache des Unheils. Aber ist die Genealogie so wasserfest? Begeben wir uns ins 18. Jahrhundert, als die große Objektifizierung ihren Anflug nimmt. Da treffen wir auf die französischen Materialisten, die den Menschen mit allen Mitteln seinem alttestamentarisch geerbten Status entheben wollen. Ihm wird fortan kein vornehmerer Platz auf Erden eingeräumt als einer Distel oder einer Blattlaus. Von einem Gegensatz zwischen Natur und Kultur keine Spur mehr, alles ist nämlich Natur. Die subversiven Implikationen dieser Philosophie hat keiner besser als der Marquis de Sade dargestellt. Wenn wir wie alle Tiere von unseren Trieben allein beherrscht sind, dann gibt es gegen Plünderung, Vergewaltigung und Mord nichts einzuwenden. Dinge wie Moral oder Gewissen seien bloß imaginäre Konstrukte, lauter Ausreden für Triebbefriedigung. Wer die Natur schützen will, handelt antinatürlich. Nehmen etwa Keime, Stechmücken und

Grizzlybären Rücksicht auf uns? Gerade weil wir nach maximaler Befriedigung trachten, ist unser Verhältnis zur Rabenmutter Natur ein inzestuöses. »Lass uns sie zuweilen wie eine Kokette behandeln, diese unverständliche Natur«, sagt zwischen zwei Orgien der Papst zu Juliette; »wagen wir es, sie zu schänden, um die Kunst besser zu beherrschen, uns an ihr zu befriedigen. Wer weiß, ob wir sie nicht um ein weites überschreiten müssen, um erkennen zu können, was sie uns sagen will?« Nicht anders argumentieren heute die Apologeten der Fusionsenergie und des reproduktiven Klonens. Nur: »Was sie uns sagen will«, wird nach den vielen Überschreitungen immer deutlicher vernehmbar. Wobei wir wieder bei Descolas Vorschlag wären: Wenn Naturalismus die falsche Art war, in der Welt zu sein, warum nicht Animismus probieren? Dagegen lautet der starke Einwand: Weil ein Prozess kontingent war, ist er deswegen nicht gleich reversibel. Alles hätte anders sein können, gewiss, doch daraus folgt nicht unbedingt, dass alles anders sein kann. So wie Astronomen immer leistungsfähigere Teleskope bauen, um sich dem Urknall zu nähern und diesen zu entschlüsseln, schauen Anthropologen immer tiefer in die menschliche Vergangenheit, um das vermutete Urereignis zu erkennen, ab dem alles schiefgegangen sei. Die ganze Entwicklung, so die implizite Annahme, könnte bis zu diesem Punkt zurückgestrickt und dann neu angefangen werden. Da jedoch die besagte Wende vor über zehntausend Jahren stattgefunden haben soll, sieht ein Relaunch etwas kompliziert aus. Mit der Objektifizierung nicht-menschlicher (und menschlicher!) Lebewesen wurde nämlich ein Weg eingeschlagen, der sämtliche materiellen Bedingungen komplett veränderte. Wobei der fundamentale Aspekt kein qualitativer ist, sondern ein quantitativer. Irrelevant ist hier die Frage, ob unsere Zeitgenossen wirklich besser, freier und glücklicher leben als ihre Urahnen. Entscheidend ist allein, dass sie zahlreicher sind. Zumindest an einem Punkt waren animistische Mikrogesellschaften der modernen zweifellos unterlegen, nämlich in dem der numerischen Effizienz. Die Zahl bedingt das Dasein. Der Bauer, der vier Kühe besaß, gab jeder von ihnen einen Namen, redete mit ihnen und kannte ihr jeweiliges Temperament (was ihn freilich nicht daran hinderte, sie anschließend liebevoll zu schlachten). Mit viertausend Kühen geht das nicht mehr.[55] Offensichtlich besteht zwischen Naturverständnis und Bevölkerungszahl ein kausaler Zusammenhang. Frei nach Monty Python könnte man Relativisten entgegnen: Was hat der Naturalismus uns je gebracht, außer die Kindersterblichkeit von sechzig auf ein Prozent zu senken, tödliche Krankheiten heilbar zu machen und die Lebenserwartung zu verdoppeln? *In abstracto* ist zwar die Meinung nachvollziehbar, neun Milliarden Menschen seien (mindestens) sechs zu viel, aber wer möchte sich die konkreten Konsequenzen ausmalen? Und wer würde für sich selbst auf lebensverlängernde Eingriffe der modernen Medizin freiwillig verzichten? Ohne Berücksichtigung dieser Pfadabhängigkeit ist zu befürchten, dass der *ontologic turn* sich in eskapistische Träumereien auflöst. Freilich heißt das nicht, dass der zerstörerische Umgang mit Fauna und Flora fortgesetzt werden sollte. Doch dafür ist vielleicht das kultivierte Sorgen um die Natur der Leugnung ihrer Existenz vorzuziehen.

67 *Neuer Politischer Kitsch* – Um im Kulturbereich auf Fördergelder hoffen zu können, kommen Antragsteller um obligate Redewendungen nicht herum (hier liegt übrigens der Grund für den wachsenden Konformismus auf Bühnen und in Ausstellungsräumen). Ein Kunstprojekt hat keine Subventionschance, verspricht es nicht, selbstredend in korrekt gegenderter Sprache, zumindest spartenübergreifend, barrierefrei, divers, antirassistisch, sozial inklusiv und ökologisch orientiert zu sein. Neuerdings hat sich eine weitere Floskel dazugesellt: Man beschwört, »das Zusammenleben von Menschen und nichtmenschlichen Existenzformen auf diesem Planeten« zu thematisieren. Ein weites Feld, nur selten miteinbezogen werden dabei jedoch nichtmenschliche Existenzformen wie Kieselsteine oder Schlammlawinen. Der Fokus ist auf »das Lebende« gerichtet, wieder eine seltsame Substantivierung. Irgendwie war das »Leben« unter Fundamentalismusverdacht geraten. Dafür ist »das Lebende«, sprich: die Gesamtheit aller Lebewesen, das einzige inklusive Subjekt, dem nun einmal wirklich nicht vorgeworfen werden kann, es würde irgendeine Minderheit ausschließen. Noch ist hierzulande der Gebrauch nicht so allgegenwärtig wie in Frankreich die Entsprechung »le vivant«. Aber zusammen mit dem Latourkult setzt es sich allmählich durch. So erklärt eine Regisseurin, die im Berliner Gorki Theater einen Chor »for Animals, People and All Other Lives« inszeniert, dass »wir eine radikale Politik des Lebenden brauchen«[56]. Man kennt die Anmaßung kommunistischer Kader von früher, stellvertretend für das stumme Proletariat zu sprechen. Zuweilen geschah es jedoch, dass ihnen reale Proleten widersprachen und wenn nötig brutal. Weniger riskant ist es heute, stellvertretend für Flora und Fauna zu sprechen. Aber wie

macht man das? Einleitungen finden sich in einer Reihe des renommierten französischen Verlags Actes Sud mit Titeln wie *Eine Eiche sein*, *Wohnen wie ein Vogel* und für Fortgeschrittene: *Denken wie ein Eisberg*. Seinerseits behauptet der medienaffine italienische Professor Stefano Mancuso, Pflanzen können »sehen«, »hören«, »sich erinnern«, »reflektieren«, ja sie seien gar »intelligenter als wir«, darum sei es höchste Zeit, ihnen »Rechte« einzuräumen.[57] Leider ginge unser Weg, sie zu verstehen, »nicht über das Herz, sondern über den Intellekt« (und wer versteht nicht, dass es intelligenter wäre, nicht über den Intellekt zu reflektieren?). In Erwartung der ersten Sitzung von Bruno Latours Parlament der Dinge hat Mancuso ein Grundgesetz der Pflanzen verfasst. Doch ist nicht seine pseudowissenschaftliche Marotte, pompös »Pflanzenneurobiologie« getauft, voll anthropozentriert? Schließlich ginge es ja darum, »uns zu retten« (sollten nicht intelligente Pflanzen umgekehrt alles tun, um die dummen Zweifüßler loszuwerden, Pflanzenversteher erst recht?). Vor allem fragt sich, wieso eine anthropomorphe Betrachtung nötig sei, um Lebewesen schätzen zu lernen. Muss eine Geranie intelligent sein, um gepflegt zu werden? Was hilft es der Brennnessel, menschliche Gefühle zugeschrieben zu bekommen? Warum sollten Veilchen und Birken Rechte zuerkannt werden? Werden ihnen auch dazu noch Pflichten abverlangt? Arme Blümchen, man will euch wie Menschen behandeln! Wenn jemand sich mit dem Anderen identifiziert, indem er auf ihn die eigene Identität projiziert, wird das Andere als Anderes negiert. Die Krux dabei ist, dass die zwanghafte Vermenschlichung der Flora gleichwohl einer Florisierung des Menschen entspricht. Das Scheinmodell »Natur« wurde immer gern missbraucht, um alle möglichen Formen der sozialen Organisation zu rechtfertigen, Diktatur wie Anarchie, Fabrikregime wie Hippie-Kommune. Gefragt, was wir »in Zeiten von Corona von den Pflanzen lernen« können, antwortet Mancuso: Da wir durch den Lockdown die ganze Zeit zu Hause hocken, seien wir »in einer Art Pflanzensituation«. Immobilität schaffe doch Perspektive. Von unserer unmittelbaren Umgebung abhängig, lernten wir, diese zu respektieren. Unbeweglich geworden, seien wir wie die Kakteen auf antihierarchische Kooperation angewiesen. Es sei denn, auf die Gießkanne des Staates. Fast würden solche Vergleiche Agamben recht geben: Nunmehr reduziere sich die soziale Existenz auf das »nackte Leben«, auf die rein vegetative, um nicht zu sagen: vegetabilische Substanz. Nur werden solche blumigen Märchen schneller verwelken als die sprichwörtliche Rose.

68 *Währenddessen in der wirklichen Welt* – Tag für Tag wird vor der Küsten Westafrikas der alte Ozean leergefegt. Ob klein oder groß, genießbar oder nicht, alles, was schwimmt, wird blind von Riesenschiffen geschluckt. Auf die Masse kommt es an. Die wilden Fische sind ja nicht da, um auf dem Teller verzehrt zu werden. Sie sind Rohstoff für die großen chinesischen Fischmehlfabriken in Senegal und Gambia. Futtermehl muss sein, immer mehr Futtermehl für die in den Aquakulturfarmen Europas und Nordamerikas gezüchteten Lachse und Doraden. Damit das Gefangene fressen kann, wird das Freischwimmende zermahlen. Sie nennen es nachhaltiges Wirtschaften. Dem ökogesinnten Konsumenten wird weisgemacht, damit schone er das Wildleben. In Wahrheit lässt sich

kein besseres Beispiel für Kontraproduktivität finden. Um ein Kilo Zuchtfisch zu bekommen, müssen bis zu fünfzehn Kilo Atlantikfische zermahlt werden. Doch selbstverständlich ist die wundersame Fischverringerung kein zweckloses Vernichtungsspiel. Der Naturbestand wird zu Müll, damit aus Müll Wert entsteht. Vermehlung des Lebenden, Vermehrung des Kapitals. Mit Milliardengewinnen werden täglich zighunderte Tonnen verpulverter Fischleichen per Container verschifft. Gefragt nach dem unerträglichen Gestank, der sein Land verpestet, sagt ein gambischer Staatssekretär im Interview freiheraus, es sei »nur der Geruch von Geld«. Und das ist nur die halbe Geschichte, denn natürlich kommt dabei »der Mensch« nicht besser weg als »die Natur«. Den Küstenbewohnern Westafrikas, die bisher vom Fischfang lebten, werden Einkommen wie Nahrung geraubt, zumal Gestank und Chemikalien ihre Heimat unbewohnbar machen. Sie können nicht anders als auswandern, werden also zu Wirtschaftsflüchtlingen gemacht. Leider ist diese Kategorie von weißen Humanisten als legitimer Einwanderungsgrund auf den Kontinent der Menschenrechte nicht vorgesehen. Illegal müssen sie ihre Chance übers Mittelmeer versuchen. Nicht wenige ertrinken dabei und enden selbst als Fischfutter. So schließt sich der Kreis. Wie man hört, machen sich vor den Küsten Afrikas enteignete Fischer immer häufiger zu gefürchteten Piraten. Ich wünsche ihnen Glück und keine unnötige Nachsicht.

V. RUDOLOGIE DES GEISTES*

Apokalyptische Propheten drohen uns mit Strafen, die wohlverdient und, angesichts unseres zügellosen Verhaltens, unvermeidlich sein mögen. Doch setzt dies voraus, dass der Abgrund, in den wir kopfüber stürzen, einen Boden hat, auf dem unser Sturz enden kann. Das Bild des Mannes, der von einem unendlich hohen Wolkenkratzer springt und bei jedem Stockwerk, an dem er vorbeikommt, vor sich hinmurmelt »So weit, so gut, so weit, so gut«, ist vielleicht angemessener als der topographische Vergleich mit den dummen mythischen Schweinen.

Michael Thompson

---

* Rudologie: = lat. *rudus* (Müll, Trümmer), Wissenschaft vom Management und der Beseitigung von Müll.

69 *Wiege und Grab* – Am besten lässt sich die Unzulänglichkeit der reformierten Ökologie topologisch und symbolisch darstellen. Die Perspektive ist eine horizontale. Alles spiele sich auf Gaia ab, jener dünnen Haut, die die Erde umringt und das Leben möglich macht. Auf dieser empfindlichen Oberfläche wird ein neues Arrangement zwischen menschlichen, nicht-menschlichen und maschinellen Wesen angestrebt. Ein rührender Versuch. Dennoch findet das tatsächliche Drama vielmehr in der Vertikalen statt, zwischen Gaia und dem Orkus. Das Anthropozän ist ja ein geologischer Begriff. Alles begann mit gewalttätigen Bohrungen in die Unterwelt. Die ungeheure Energiemenge, die für die techno-industrielle Zivilisation nötig ist, wird aus dem Totenreich gewonnen. Was sind Kohle und Erdöl, wenn nicht die fossilen Überreste unzähliger Lebewesen, die im Erdinneren eine letzte Ruhestätte hatten? Nicht nur zeichnet der Einbruch in die Tiefe den Homo sapiens vor allen übrigen Arten aus, er trennt auch die Industriegesellschaft von allen ihr vorangegangenen Kulturen radikal ab. Immer und überall war die Unterwelt absolute Tabuzone. Allein aus dem Sakrileg der Exhumierung und Verbrennung toter Organismen konnte die Technosphäre entstehen, jene Welt 2.0, die zwar auf der Gaia-Ebene ihre provisorische Stätte hat, sich dennoch von ihr abstrahiert beziehungsweise zehrt, ohne ihr etwas zurückzugeben außer toxischen Abfällen.

Allein dieses Wunderstück macht es möglich, dass gegenwärtig 1,7 Planeten verbraucht werden. Warum sind Sonne, Wasser und Wind, deren Nutzung keine aufwendige Bohrung benötigt, systematisch vernachlässigt worden? Zum einen, weil eine sanfte Energiegewinnung der Arbeitsideologie widerspricht, zum anderen, weil die mühelose Verfügbarkeit die Gewinne der Energiekonzerne gefährlich minimieren würde. So materiell ein Kohlerevier, eine Ölquelle oder eine Uranmine sind, ihr eigentliches Erzeugnis ist eine reine Fata Morgana, die Illusion nämlich, dass man sich nunmehr von den Zwängen, Bedürfnissen und Beschränkungen befreit hat, die einen mit dem biologisch-atmosphärischen Lebensraum verbanden. Der Traum einer Ent-Bindung von der Natur war nicht nur das Produkt eines fehlgeleiteten Verstands. Gefüttert wird er mit dem ununterbrochenen und scheinbar unerschöpflichen Sprudeln unterirdischer Energieflüsse, deren Überschuss in immer neuen Artefakten und Bedürfnissen abgesetzt werden muss. So lässt sich übrigens Walter Benjamins berühmte Charakterisierung des Warenfetischismus als »Sex-Appeal des Anorganischen« auch verstehen. Doch einmal in vertikale Perspektive gestellt, wird der Erdboden zu einem fakultativen Zwischenstopp. Der Fluchtpunkt liegt im Himmel. Die Ausschöpfung der Vorratslager ist ein Ansporn mehr, die Erde zu verlassen und sich ins All zu schleudern, um Exoplaneten zu kolonisieren und zu plündern. Es besteht ein direkter Zusammenhang zwischen Ausschachtung der Erdentiefe und außerirdischen Fluchtversuchen, Schändung des Unterleibs und Wunsch nach Abnabelung. Das ist die Religion des Silicon Valley, die durchgeknallteste Form des Protestantismus. Max Weber war das entgangen: Der entscheidende Beitrag Luthers zum Geist des Kapitalismus war die Abschaffung des Marienkults, sprich: die Tötung der Urmutter, der schwarzen Sara, der Erzulie, der Madonna von Guadalupe. Ohne christlich verkleidete Figur der Madre Universale wäre an eine Bekehrung der Heiden nicht zu denken gewesen, so evident war für sie das Kerndogma: Wir stammen aus dem Schoß der Erdgöttin und sind dazu bestimmt, in ihn zurückzukehren. Niemals darf der Unternehmergeist so weit getrieben werden, dass er – *mamma mia!* – den tröstenden Kreislauf zu brechen droht. Dieser Glauben trennt primitive, fortschrittsfeindliche Völker von den *Motherfuckers* aus dem Norden, denen nichts heilig ist außer das eigene Bankkonto und die bereits auf Erden ein Astronautendasein führen. Als einmal ein deutscher Elon-Musk-Jünger ein Plädoyer für die Eroberung des Alls und das Erringen der Unsterblichkeit verfasste, entschlüpfte ihm der alberne Aufschrei: »Die Erde ist die Wiege der Menschheit, sie darf nicht zu ihrem Grab werden!«[58]

70 *Dilettanten des Wunders* – Obschon die zyklische Wiedergeburt der Natur schon immer besungen wurde, ist die Erkenntnis des Stoffwechsels im globalen Maßstab nicht älter als hundert Jahre. Dafür musste der Begriff der Biosphäre erfunden werden, welcher die Totalität der Organismen in ihrer Beziehung zur anorganischen Materie umfasst. Fernab von metaphysischen Spekulationen, was das Leben sei, wird das Augenmerk auf die Wechselwirkung von Lebendem und Nicht-Lebendem gesetzt, so zum Beispiel die kreisläufige Wanderung der Kohlendioxyd-Moleküle von Organismen in die Luft und zurück. Ohne Atmosphäre gäbe es weder Bäume

noch Tiere, ohne Bäume und Tiere keine Atmosphäre. So intuitiv war die Vorstellung nicht, wonach Lebewesen die Rahmenbedingungen ihrer eigenen Existenz selbst schöpfen! Per definitionem kann es im erdumspannenden Kreislauf namens Biosphäre keinen Müll geben. »All das, was während einer Phase des Zyklus produziert wird, wandert irgendwohin, um später verbraucht zu werden«, so der Ökologe Barry Commoner. Die Biosphäre ist der perfekte Recyclinghof. Ein Karussell des Ein- und Ausatmens, der Aufnahme und der Ausscheidung, der Verwesung und des Ausschlüpfens. Wäre es nicht so, hätten die lebenden Organismen ihre Nahrungsvorräte längst aufgebraucht. Sie können sich nur in dem Maße erhalten, wie alle Abfälle zu Input, alle Exkremente kontinuierlich zu Nährstoff wiederaufbereitet werden. Zumindest ist das ein Teil der Erklärung. Wäre der Kreislauf ganz geschlossen, hätte die Dynamik gemäß dem Entropiesatz nach und nach abnehmen müssen. Zum Glück ist die Sonne da, um den Recyclinghof mit exakt der erforderlichen Energiemenge durch Fotosynthese zu versorgen. Selbst ein antireligiöser Fanatiker könnte nicht anders, als dieses kosmisch-atmosphärisch-organische Zusammenspiel ein Wunder zu nennen – im Sinne einer extrem unwahrscheinlichen Kombination, im ganzen Universum möglicherweise einzigartig. Wir sind nur durch Wunder hier, und das macht die Sache nicht einfacher. Wunderkinder nehmen ihre Ausnahmesituation als Normalfall wahr; sie übersehen, wie verletzbar und flüchtig ihre Umwelt ist, halten sich aufgrund ihrer einzigartigen Position für auserwählt und machen so viel Mist, dass das Wunder ständig zu platzen droht.

71 *Noosphäre II* – Als Entdecker des globalen Recyclinghofes gilt Wladimir Iwanowitsch Wernadski (1863–1945). Da der Begründer der Biogeochemie in der Sowjetunion tätig war, lässt sich schwer rekonstruieren, welche indirekte Auswirkung er zu seinen Lebzeiten im kapitalistischen Ausland gehabt haben mochte. Als seine Vorreiterrolle anerkannt wurde, war er schon lange tot. Laut Biologin Lynn Margulis (mit James Lovelock die Erfinderin der Gaia-Hypothese) habe Wernadski »für den Raum geleistet, was Darwin für die Zeit getan hat«[59]. In seinem bahnbrechenden Buch *Biosfera* (1926) beschreibt er, wie lebende Organismen ihre Umwelt mitgestalten, und selbstredend fällt ihm dabei eine Anomalie auf. Wernadski stellt fest: »Mit Homo sapiens ist eine neue geologische Macht entstanden.« Er rodet Wälder ab, züchtet neue Tiere und Pflanzen, fördert gigantische Rohstoffmengen aus dem Boden, stellt bisher unbekannte chemische Verbindungen und Kunststoffe her. So modelliere er die »Beschichtungsfolie des Planeten« neu, »mit bisher unerforschten Konsequenzen«. Zu Recht gilt Wernadski als Vordenker des Anthropozäns. Seine Entdeckung der Biosphäre fällt mit der Entdeckung ihrer Störung durch eine exzentrische Kraft zusammen, die eine neue Konfiguration schafft. Diese Konfiguration nennt Wernadski die Noosphäre, die Sphäre des Geistes. Ja, genau, dem Begriff sind wir bereits bei Teilhard de Chardin begegnet und nicht zufällig. Beide Männer sowie der Philosoph Edouard Le Roy hatten sich in den 1920er-Jahren in Paris getroffen. Sie hatten lange gemeinsame Gespräche, und wir werden nie wissen, welcher von den dreien auf die Wortschöpfung kam. Allerdings sind dem sowjetischen Wissenschaftler die mystischen Auswüchse des französischen Theologen fremd. Er vertritt eine mate-

rialistische Auffassung von Geist. Gemeint sind die kumulierten Effekte des technischen Know-how und der wissenschaftlichen Entdeckungen. Anders als Teilhard geht der Biogeochemiker auch nicht so weit zu behaupten, die Noosphäre sei im Begriff, alle anderen Sphären zu ersetzen. Nach wie vor werde das Leben von kosmischen wie geologischen Ereignissen, von Sonneneruptionen und Vulkanausbrüchen beeinflusst. Dennoch ist sich Wernadski sicher: Für die Zunahme an menschlichen Einflüssen gebe es »keine unüberwindliche Hürde«. Und eines hat er doch mit Teilhard gemeinsam: Die Verwandlung der Biosphäre durch menschliche Aktivität begrüßt er als ausgesprochen gute Nachricht. »Wir können der Zukunft zuversichtlich entgegentreten«, schreibt er, »sie liegt in unseren Händen. Wir werden sie nicht entgleiten lassen.«

72 *Aus der Flasche* – Es ist kein gutes Zeichen der Zeit, meinte seinerzeit Paul Valéry, dass es dringend notwendig wird, »die Geister für das Schicksal des Geistes zu interessieren«.[60] Jetzt kommen wir um eine Definition jenes Begriffs nicht herum, der bereits im Titel dieses Buches umhergeistert. Kaum ein Wort kann unterschiedlicher interpretiert und häufiger missverstanden werden als Geist. Darum sei zunächst erläutert, was in diesem Zusammenhang *nicht* damit gemeint ist. Es geht nämlich nicht um eine metaphysische Entität, nicht um eine immateriell freischwebende Weltseele. Ebenso wenig um etwas, das jedem Individuum zusätzlich zu seinem Körper eigen wäre, geschweige denn um ein Synonym für Bewusstsein. Valéry definiert den Geist als *Transformationskraft*. Was aus unserer Spezies eine »wahrhaft ab-

sonderliche« macht, so Valéry weiter, ist, dass diese Kraft mit der bloßen Erhaltung der Existenz nicht ausgeschöpft wird. Es werden ständig neue Verwendungen, Handlungen und Umwandlungen entwickelt. Das war ja auch die geniale Intuition Georges Batailles: Unser Grundproblem ist nicht die Notwendigkeit, sondern der Luxus. Wohin mit dem Überschuss? In menschlichen Kulturen haben sich sehr unterschiedliche Formen der Verausgabung, das heißt unterschiedliche Formen von Wert gebildet. Möglich war das aufgrund eines Alleinstellungsmerkmals, nämlich des Gedächtnisses, genauer gesagt der Übertragung des Gedächtnisses, wie sie über zwei Vermittlungen erfolgt: Sprache und Technik. Auf die Besonderheit muss man nicht unbedingt stolz sein, sie ergibt sich aus einem Manko, wir sind ja die misslungenen Tiere, die unvollständig Geborenen. Nichtsdestotrotz kommen wir da nicht raus, so sehr mancherorts auch versucht wird, wie ein Baum zu denken. Die Technik (selbstverständlich sind dabei auch Körpertechniken, kultische Rituale und Rhetorik mit eingeschlossen) ist gespeichertes Gedächtnis. Der Mensch stellt Instrumente her, geistige Krücken und Prothesen, die die Kraft, die Geschwindigkeit oder die Präzision seiner Organe potenzieren. Selbstredend hängt die materielle Funktion mit einem Wissen zusammen. Ein Schraubendreher, eine Gitarre, eine Mittelstreckenrakete sind nichtig ohne Menschen, die sie nutzen wollen und auch können. In der Technik liegt das vergegenständlichte Gedächtnis vorangegangener Generationen. Keiner muss das Rad neu erfinden, was Platz für neue Abenteuer schafft. Die archaischen Kulturen hatten recht: Die Umwelt der Lebenden ist vom Geist der Ahnen beseelt. Geist sei also weder Objekt noch Subjekt, sondern eine Dynamik, eine wechselseitige Beziehung zwischen Psyche und Medium wie zwischen Individuum und Gattung. Valery riskiert gar eine Analogie zwischen Geist und Geld, geistigem Verkehr und Handelsbeziehungen.[61] Eigentlich wäre ein solches Verständnis nicht weit von dem, was Hegel objektiven Geist nennt. Wird aber der Geist als Interaktion begriffen, stellt er sich quer zu Inkarnationslehren aller Art. Dann gäbe es kein platonisches Ideenreich, keine kantischen Schemata, die der Erscheinung oder dem Medium vorgängig wären. Getrennt voneinander könnten weder Geist noch Technik begriffen werden. Freilich war Beethoven anderer Meinung, schimpfte er doch gegen Schuppanzigh: »Glaubt er, dass ich an seine elende Geige denke, wenn der Geist zu mir spricht?« Doch sprach der Geist in codierter harmonisch-melodischer Form zu Ludwig Van, und wenn die Partitur in seinem Kopf die Möglichkeiten des Spielers überstieg, dann musste eben ein neuer Spieler her, oder eine neue Geigentechnik, vielleicht gar ein neues Instrument. Die Vergeistigung der Welt ist eine Dynamik der permanenten Selbstüberbietung, wodurch Ansprüche und Gefräßigkeit ständig erhöht werden. Doch, und das zeigt eben Beethovens Beispiel: Die geistige Energie lässt sich nicht auf die utilitaristisch-teleologische Perspektive der Noosphäre reduzieren. Sie wird auch in »unnützen« Werten angelegt, in Kunst, in Erkenntnis, in der Pflege der Emotionen, wobei selbstverständlich auch das Unnütze nützlich ist und umgekehrt. Nicht nur in der Kunst werden Werte um ihrer selbst willen gepflegt. Auch die Tätigkeit des Ingenieurs wird vom Spiel- und Erfindungsgeist getrieben. Mögliche Anwendungen werden hinterher erdichtet (wer brauchte die neueste App, als es sie noch nicht gab?). Wer von Geist spricht, spricht also von Wert, und die »Krise des Geistes«, die Paul Valéry 1919 diagnostiziert, ist die Folge einer massiven Entwertung, die im Ersten Weltkrieg ihren vorläufigen Kulminationspunkt erreicht hatte. Im diametralen Gegensatz zu Wernadskis Zuversicht beginnt sein Essay mit der sprichwörtlich gewordenen Feststellung: »Wir Zivilisationen wissen nun, dass wir sterblich sind.«

73 *Surmaterialismus* – In seiner ersten Feuerbach-These weist Marx Idealisten und Materialisten gleichermaßen in die Schranken; die Ersten, weil sie den Geist als eine vom Gegenstand unabhängige Kraft ansehen, die Zweiten, weil sie die geistige Komponente des Gegenstands übersehen. Marx wirft »allem bisherigen Materialismus« vor (heute sei ergänzt: den vulgärmarxistischen miteingerechnet), die Wirklichkeit als Objekt oder als Anschauung zu fassen, niemals aber als Praxis. Freilich wird bei Marx die Praxis vorwiegend als bewusste Verwirklichung eines Plans verstanden, so in seinem berühmten Beispiel des schlechten Baumeisters, der der Biene doch überlegen ist, obwohl diese perfekte Wachszellen baut, weil er, der Baumeister, die »Fickzellen mit Fernheizung« (so wie sie Heiner Müller nannte) zunächst in seinem Kopf entworfen hat. Zu Beginn des Prozesses war das Resultat »schon ideell vorhanden«, schreibt Marx, was mit dem Begriff der Noosphäre konsistent wäre. Am Anfang war das Ziel schon da. Allerdings lässt sich die Intentionalität bei Weitem nicht in sämtlichen menschlichen Umformungen der Biosphäre konstatieren. Der Dackel ist ein vergeistigter Wolf. Eine komische Vorstellung ist es dennoch, dass im Kopf des ersten Wolfszähmers ein Dackel schon ideell vorhanden gewesen wäre!

Nicht Entwürfe, sondern Selektionsprozesse haben das Resultat hervorgebracht, und diese erstreckten sich über eine viel zu lange Zeitspanne, um mitgedacht werden zu können. Meistens wird es wohl eher *learning by doing*, Probieren vor Studieren, Staunen vorm unbeabsichtigten Ergebnis gewesen sein. Dennoch ist auch die Selektion ein geistiger Prozess. Immer von Neuem wird aufgrund festgelegter Kriterien entschieden, welche Pflanze, welches Tier sich fortpflanzen darf und welches nicht. Mehr noch: Sogar die Nicht-Selektion ist ein geistiger Prozess. Es bedarf gar mehr spiritueller Kraft, um einen Urwald sein zu lassen, als ihn wie getrieben kaputt zu roden. Praxis wird meistens mit dem schöpferischen Akt verwechselt, doch ist sie das am seltensten. Zu 99 Prozent ist die Praxis Nachahmung, Ausführung, Wiederholung. In Wahrheit hat Marxens Baumeister keine Zellen in seinem Kopf entworfen, er hat einfach die Pläne des Architekten ausgeführt, welche wiederum von Bauherren, Investoren, Ämtern u. a. mitbestimmt wurden. Und das konnte er tun, nicht aufgrund seiner spontanen Kreativität, sondern weil er an der Fachhochschule Statik, Mechanik, Tiefbau und einiges mehr gelernt hatte. Mit anderen Worten: Praxis findet nicht in einzelnen Köpfen statt, sondern immer in kommunikativen Prozessen. Wir schwimmen in der Praxis wie der Embryo im Fruchtwasser. Selbst der kreative Einfall ist nicht individuell. Eine Erfindung wird erst zur Innovation, wenn sie als solche kollektiv aufgewertet und übernommen wird. Gegen alle teleologischen Konstruktionen sei übrigens hinzugefügt, dass die menschliche Freiheit auch darin besteht, Innovationen verwerfen zu können. Bewundernswert an den Azteken ist ja, dass sie sich weigerten, das Rad zu erfinden. Sie fanden es nur für die Spielzeuge ihrer Kinder interessant.

74 *Fortschreiten durch Fortscheitern* – So schwer nachvollziehbar Wernadskis Optimismus heute ist, möglich ist es, sich in seine Vorstellungswelt hineinzuversetzen. Voller Enthusiasmus wähnt sich der Wissenschaftler dabei, das Geheimnis des Bundes zwischen Erde und Leben zu lüften. Anhand der Idee der Noosphäre wird die menschliche Aktivität in das Verständnis natürlicher Prozesse eingegliedert. Der Begriff ist selbstreflexiv, er ist Teil jenes praktischen Geistes, dessen Entfaltung er beschreibt. Das erhöhte Bewusstsein für Zusammenhänge werde wohl eine Korrektur der Fehler ermöglichen, die aufgetrennte Wissensbereiche verursacht hatten. Wernadski ist zuversichtlich, dass mithilfe der neuen Wissenschaft die »kulturell gesteuerte biogeochemische Energie« optimiert wird. Dass der Mensch dabei einen göttlichen Auftrag erfülle, glaubt der sowjetische Wissenschaftler vermutlich nicht (es offen auszusprechen wäre sowieso unter Stalin selbstmörderisch gewesen). Doch fragt er: Warum arbeiten auf irgendeine Weise alle Menschen mit an der Noosphäre? Nicht einfach aus Spaß, sondern um die eigenen Lebensbedingungen zu optimieren. Man will sich und die Nachkommen gegen wilde Tiere, Hunger, Unwetter, Krankheiten, Kälte und einiges mehr schützen. Von der ersten Brandrodung zum Atomkraftwerk, vom Anfang des Gartenbaus zur Entdeckung der Penicilline liege ein einziges Streben nach dem besseren Leben. Und da diese Errungenschaften kumulativ sind, habe die Universalgeschichte doch Richtung und Zweck. Wernadski schreibt: »Seit einigen Jahrtausenden ist die kontinuierliche Schaffung der Noosphäre mit immer schnellerem Tempo fortgeschritten, ohne fundamentale Regression, nur mit Unterbrechungen, die mit der Zeit immer seltener wurden.« Freilich fehlt es gerade

zu seinen Lebzeiten nicht an Massenmorden, Hungersnöten und Kriegen, doch in seinen Augen sind das bloß Geburtswehen der Noosphäre, die künftige Generationen zu lösen wissen werden. In Wernadskis holistisch-ganzheitlicher Anschauung gehören die »gerechte Umverteilung des Reichtums« und die »planmäßige Meisterung der Natur« zum selben Projekt. Beide ergeben sich aus der Bewusstwerdung einer gegenseitigen Abhängigkeit aller Lebewesen. Die Noosphäre kennt keine natürlichen oder nationalen Grenzen. Der Oikos, gemeinsamer Gegenstand der Ökonomie und der Ökologie, erstreckt sich über den ganzen Planeten. Dementsprechend soll auch eine vernunftgeleitete Oikos-Verwaltung entstehen. Es steht außer Zweifel, dass Wernadski heute die geplanten Eingriffe des Geo-Engineerings begrüßt hätte, die das Weltklima regulieren sollen. Die Injektion von Schwefel in die Stratosphäre oder die Einlagerung von Kohlendioxyd am Boden der Ozeane wären doch weitere Ausweitungen der Noosphäre. Freilich sind Geoengineers nach der Definition der Umweltjournalistin Elizabeth Kolbert »Menschen, die Probleme zu lösen versuchen, die Menschen beim Versuch, Probleme zu lösen, geschaffen haben«. *So what?* Wäre vielleicht nicht genau das die Dynamik der Noosphäre? Die Kohleförderung begann auch, um Wälder vor der Totalrodung zu retten. Not macht erfinderisch, Erfindungen produzieren noch mehr Not und machen folglich noch erfinderischer. Der *noos* der Geoingenieure ist Teil von jenem Geist, der stets das Gute will und stets das Böse schafft.

75 *Lustgarten* – Im 17. Jahrhundert lebte in der Nähe von Paris ein Gärtner, der dafür berühmt war, auf seiner Obstbaumwiese zweihundert verschiedene Birnensorten gezüchtet zu haben. Wie lässt sich dieser besondere Beitrag zur Vergeistigung der Biosphäre charakterisieren? Dem Gärtner ging es offensichtlich um die Steigerung der Vielfalt, um die Raffinierung des Geschmacks und des ästhetischen Genusses (manche Birnensorten schmeckten nicht, sie waren nur zur Deko da). Gewiss kann hier von einer Veredelung der vorhandenen Natur die Rede sein, nicht aber von einer Herrschaft über sie. Man stelle sich die geduldige Leidenschaft und den Stolz dieses Gärtners vor – er bleibt ja bis heute unvergessen. Der Garten im Allgemeinen steht für ein ganz besonderes Verhältnis von Mensch und Umwelt. Er ist, in hegelschem Duktus, Aufhebung der Selbstständigkeit der natürlichen Gewächse, wobei Aufhebung keineswegs mit Negation gleichzusetzen ist. Die Selbstständigkeit der Pflanzen wird bewahrt, doch durch menschliche Hand in eine neue Qualität verwandelt. Indessen ist das Verhältnis ein gegenseitiges; der Gärtner kann nur Erfolg haben, indem er sich den Gesetzmäßigkeiten der Natur anpasst. In allen Kulturen hatte die Gartenkunst nicht nur einen nützlichen Zweck, sondern zudem eine sakrale Bedeutung. Zelebriert wurde die symbiotische Versöhnung des exzentrischen Wesens Mensch mit seiner Umwelt, die Nachahmung des paradiesischen Edens. Schauen wir nun zum Kontrast auf das heutige Argentinien, wo auf zig Millionen Hektar einzig und allein eine Sojapflanzenart angebaut wird, deren autosterile und pestizidimmune Samen von einem multinationalen Konzern hergestellt werden. Dort wächst kein Kraut und fliegt kein Schmetterling. Selbstverständlich lässt sich zwischen Obstgarten und Sojaplantage keine Kontinuität

feststellen, sondern ein offener Bruch. Hier Vielfalt und die Pflege der Qualität, dort Monokultur und die Herrschaft der Quantität. Hier ein liebevoll gestaltetes, insektenfreundliches Biotop, dort eine mit Gewalt angebaute und von Pestiziden vergiftete Öde. Der Garten kann nicht über seine Zäune hinauswachsen, hingegen müssen für den immer weiter expandierenden Sojaanbau gnadenlos Regenwälder gerodet werden. Und während im Garten der Abfall kompostiert und zu Mutterboden wird, wächst die Industriepflanze mitten in einer toxischen Wolke, die Menschen wie Landschaft verseucht. Hier kann von Aufhebung der Selbstständigkeit der Natur keine Rede mehr sein, sondern von reiner Zerstörung. Der Vergleich zeigt zur Genüge, wo Wernadskis Vorstellung einer sich graduell entwickelnden Noosphäre hinkt. Entgegen seiner optimistischen Vision ist die Verwandlung den Menschen doch entglitten.

76 *Auf dem Müllhaufen der Geschichte* – Und nun zur Sache selbst. Vor lauter Gerede ist der Befund unmerklich aus dem Blick geraten, der ganz am Anfang der Anthropozän-These stand, nämlich das Überhandnehmen des Mülls in der Welt. Darauf wollten doch Wissenschaftler mit ihrer Begriffsschöpfung hinweisen: Menschengemachte Abfälle und Emissionen haben ein Ausmaß erreicht, das das Erdsystem destabilisiert. Atommüll, Plastikmüll, Chemikalienmüll, Energiegewinnungsmüll. Mit diesen Spuren verhält es sich allerdings nicht so wie mit Indizien, die den Detektiv über das Verbrechen informieren und ihn schließlich zum Verbrecher führen. Hier ist das Indiz nicht das stumme, tote Anzeichen

eines Tathergangs; das Indiz ist selbst Täter! Im Grunde genommen ist nicht »die Menschheit« zu tellurischer Macht geworden (welch alberne Form des Willens zur Macht!), sondern es sind die vielen schädlichen, nicht zweckgebundenen Residuen menschlicher Aktivität, von Wasserverunreinigung bis hin zu Treibhausgasausstößen. Eine heterogene Masse also, eine Quantität, die, einmal eine kritische Schwelle überschritten, in Qualität umschlägt, ein selbstständig gewordenes Monster ohne Gestalt, das nicht direkt agiert, sondern sich durch etliche Extremereignisse offenbart. »Die Natur rächt sich«, sagen die einen, selbstverständlich ein unzutreffender Ausdruck. »Der Mensch bringt die Welt aus den Fugen«, sagen die anderen, was streng genommen auch nicht stimmt. In beiden Fällen versteht man sofort, was tatsächlich gemeint ist, nur ist es vergeblich, hier noch Mensch und Natur gegenüberstellen zu wollen, denn ein Zwischending hat sich eingeschlichen, nennen wir es erst einmal Müll, um uns wohlfeile Fabulationen zu ersparen. Wir verstehen sofort, wieso feine, sensible Akademiker das stinkende Thema naserümpfend meiden und sich stattdessen mit wohlriechenden Begrifflichkeiten besprühen. Aber schnell verfliegt der Duft der Theorie, währenddessen die Müllhalde wächst und überquillt und einen Fluchtweg nach dem anderen versperrt. So unschön es ist, meine Damen und Herren, ich komme nicht umhin, Ihre Nase in das Ding selbst hineinzustecken. Freilich muss der Müllbegriff, um ihn in seinem globalen Ausmaß zu fassen, von seinen dinghaften Erscheinungsformen getrennt werden. Eine Plastiktüte im Wald ist eine ästhetische Belästigung, ein Meer voller Plastiktüten ein öffentliches Besorgnis, wird aber das Plastik von Fischen verschlungen oder in Mikropartikel zersetzt, ist das Problem nicht mehr direkt wahrnehmbar. Aus den Augen, aus dem Sinn. Allein statistische Bemessungen informieren uns, dass die Weltmeere im Begriff sind, mehr Kunststoff als Fische zu enthalten. Allein durch gelegentliche Untersuchungen erfahren wir, dass Mikroplastik mittlerweile sogar in die menschliche Plazenta eingedrungen ist. Bei Kohlendioxyd-Ausstößen ist die Unterschreitung jeder sinnlichen Wahrnehmbarkeitsschwelle noch evidenter: Da ist Müll kein Sonderstoff, sondern reines Größenverhältnis. Nichts löst sich im Nichts auf, Extinktes und Ausgeschöpftes bleiben doch in irgendeiner chemischen Form erhalten, und das heißt als Müll, wie im erwärmten Ozean die verblichenen Korallen. Doch ist die Entdinglichung des Mülls nicht nur ein Resultat von dessen Zersetzung, sie war bereits eine gedankliche Vorbedingung seiner Entstehung. Kunststoffe werden ja nicht mit dem bewussten Ziel hergestellt, das Leben zu ersticken, obwohl sie es doch offenkundig tun. Das heißt, dass das Ergebnis ignoriert, weggedacht, schöngeredet, rationalisiert wird (Rationalisierung heißt in der Psychologie die verstandesmäßige Rechtfertigung eines schändlichen Verhaltens). Mit einem Wort: Müll entsteht im Kopf.

77 *Autophagie* – Unter all den außerordentlichen Nachrichten der Corona-Zeit blieb diese Meldung aus der Zeitschrift *Nature* weitgehend unbemerkt: Zum ersten Mal habe die Masse der von Menschen hergestellten Dinge die Masse aller Lebewesen übertroffen. Es gebe mehr Autoreifen und Betonpfeiler, Stromleitungen und Turnschuhe, Container und Kondome als Spatzen, Akazien, Pilze und Würmer. Das muss man sich vorstel-

len: Vor hundert Jahren entsprach die Masse von Menschenhand fabrizierter Dinge gerade mal drei Prozent der Biomasse, dann aber verdoppelte sich diese Menge alle zwanzig Jahre, während die pflanzliche Masse auf die Hälfte ihres vormaligen Niveaus schrumpfte. Homo sapiens, trotz Bevölkerungswachstums ein bescheidenes Zehntausendstel der Biomasse, stellt Woche für Woche das Äquivalent seines eigenen Gewichts in Produkten her. Ob die Meldung stimmt, oder ob die besagte Schwelle erst in zehn oder fünfzig Jahren überschritten wird, das weiß niemand genau und spielt eigentlich keine Rolle. Wichtig an dieser Statistik ist die bildliche Kraft. Unwillkürlich kommt einem der Mythos des Erysichthon in den Sinn, jenes thessalonischen Königs, der eine heilige Eiche fällen lässt, um sich einen Palast zu bauen. Erysichthon wird von Demeter bestraft, indem ihm eine unstillbare Fressgier eingehaucht wird. Er verzehrt seinen ganzen Besitz, seine ganze Umwelt, »aber nachdem der Plage Gewalt ein jegliches Labsal aufgezehrt, und dem Wehe befremdende Kost er gereichet, jetzo die eigenen Glieder sich selbst mit zerfetzendem Bisse stümmelt' er, unglückselig den Leib durch Verminderung nährend«.[62]

78 *Mülltheorie #1* – Meines Wissens war der Mathematiker und Anthropologe Michael Thompson der Erste, der dem Müll einen theoretischen Adelsbrief verlieh.[63] Thompson geht von der Feststellung aus, dass es den Müll-an-sich nicht gibt. Nach einer geläufigen Definition ist Müll »ein Ding am falschen Ort«. Unkraut und Schädlinge existieren nur im Verhältnis zu kultivierten Anbauflächen; in nicht bewirtschaftetem Raum gehören

sie einfach zur allgemeinen Inventur. Es gibt aber Dinge, die überhaupt keinen Platz haben. Weil sie selbstregenerative Prozesse unterbrechen, übersteigern oder umgehen. Und genau hier setzt das Problem ein. Um seine Tomaten vor Naturmüll zu schützen, spritzt sie der Gärtner mit Pestiziden, die wiederum als chemischer Müll in Luft und Gewässer landen. Ernte gerettet, Insekten tot. Entgegen der grünschwäbischen Utopie wird eine Kehrwoche niemals reichen, um aus der Welt einen sauberen, ordentlichen Ort zu machen. Thompson erkennt, dass Müll, weil eben kein Ding-an-sich, nur im Verhältnis zu einer Antithese aufgefasst werden kann. Diese lässt sich ganz leicht finden. Entsorgt wird ja alles, was als wertlos gilt oder dessen Wert verbraucht wurde. Müll ist die Kehrseite des Wertes. Man kann, so Thompson, »keine Werte erschaffen, ohne dass gleichzeitig Nicht-Werte entstehen«. Wertschöpfung ist Müllschöpfung. Ob Dinge für notwendig oder überflüssig, wertvoll oder nutzlos gehalten werden, hängt von kulturellen und sozialen Konventionen ab, und die symbolischen Zuschreibungen ändern sich mit dem Zeitgeist. Was heute als Schund gilt, mag morgen als Sammelstück aufgewertet werden und umgekehrt – frei nach dem geläufigen Witz: Ist das Kunst oder kann das weg? Die Geschichte der modernen Kunst und des dazugehörenden Marktes ist ein einziges Spiel mit dem Up- und Downcycling von Müll und Wert. Zeitlich wie der Form nach gehört Thompsons *Rubbish Theory* (1979 veröffentlicht) zu jener Gedankenströmung, die der Einfachheit halber als postmodern charakterisiert wird. Jene Epoche nämlich, als Philosophen, von der Kunst angeregt, den dominanten Wertekanon durch die Inspektion seines geistigen Wegwerfcontainers und die Aufwertung seiner »schmutzigen« Abfälle ironisch infrage stellten. In diesem

Sinne schließt der Müllbegriff nicht bloß unerwünschte stoffliche Residuen ein; vielmehr fasst er das Weggedachte im Wertesystem zusammen, wodurch Residuen entstehen. Dazu gehört alles, was entsorgt, ausgegrenzt oder unsichtbar gemacht wird. Also auch Ideen, Wunschbilder, Sitten und gar Menschengruppen, die aufgrund sozialer, sexueller, ethnischer oder religiöser Vorurteile ausgestoßen werden. Müll, so Thompson weiter, ist »in der Lücke zwischen jedem beliebigen kognitiven Rahmen des Universums und dem Universum selbst angesiedelt«. Er besteht aus Dingen, »die wir nicht sehen können«, und Dingen, »die wir nicht sehen wollen«. Zutreffend heißt ja ein Wort für Müll auf Englisch: *refuse*.

79 *No waste, no taste* – Es wäre sicherlich keine schwierige, wenngleich zeitraubende Aufgabe, Geschichte vom Standpunkt der Müllschöpfung aus umzuschreiben. Eigentlich wird das schon in den *cultural studies* betrieben, die seit den 1990er-Jahren wuchern und zu denen auch *waste studies* respektive *discard studies* gehören. Noch fehlt eine Geschichte der philosophischen Abfälle, weggeworfenen Begriffe und heroischen Wiederverwertungsunternehmungen wie das Freudianische (»Wo Müll war, soll Ich werden«) – wobei als absolutes *zero waste* das hegelsche Recyclingsystem außer Konkurrenz bleibt.[64] Irgendwo erzählt Nietzsche die Parabel von Menschen, die mühselig ein Haus bauen, damit ihre Nachkommen später bequem wohnen können. Kaum sind die Kinder erwachsen und die Alten tot, wird aber das Gebäude auseinandergenommen, um Material für das eigene Bauprojekt zu gewinnen, welches wiederum den Nachkom-

men zukommen soll, und die Geschichte fängt wieder von vorne an. Die ewige Wiederkunft der Permanenzillusion. Gemäß oben erwähnter Mülldefinition ist jede Neuaufwertung zugleich eine Neuabwertung. Eine Welt ohne Müll wäre eine Welt ohne Wert, also eine des vollkommenen Nihilismus. Spätestens hier merken wir, dass Thompsons *Rubbish Theory* nicht ausreicht, um die gegenwärtige Lage zu begreifen. Seine Müll-Wert-Dialektik ist zu allgemein, zu anthropologisierend, um den fundamentalen Bruch zu bezeichnen, mit dem Kinder der Industrialisierung zu kämpfen haben. Zur Zeit der Niederschrift war Thompson das Ausmaß des Desasters offenbar nicht ganz bewusst. Noch kommt das, was er »Produktion-zu-Müll-Transfer« nennt, als Randerscheinung vor: Bei der Herstellung nützlicher Dinge entstünden »zwangsläufig unwillkommene, unvermeidbare Nebenprodukte«. Das ist ökonomisch verunstalteter Menschenverstand nach dem bekannten Motto: Wo gehobelt wird, da fallen auch Späne. Wer hätte wohl gedacht, dass durch die Späne die ganze Werkstatt Feuer fangen würde?

80 *Mülltheorie #2* – Jahrmillionen hatte Homo sapiens eine unbedeutende Abfallmenge hinter sich gelassen, als vor 250 Jahren eine quantitativ wie qualitativ ungeheure Müllvermehrung einsetzte, die seit 1945 exponentiell in die Höhe schießt. Wird einmal Müll im Zusammenhang mit Wert definiert (also als materielle Entsprechung einer geistigen Schöpfung), dann muss zeitgleich eine ungeheure Wertentfesselung stattgefunden haben. Daran ist nicht zu zweifeln. Wenn von exponentieller Wertschöpfung die Rede ist, kann kein Miss-

verständnis bestehen. Jeder Mensch versteht sofort, dass damit weder familiäre noch kulturelle, religiöse, ethische oder ästhetische Werte gemeint sind, die alle zwar zerfallen können, aber nur bedingt wachsen. Nein, offensichtlich korreliert die beschleunigte Vermehrung des Mülls in der Welt mit der endlosen Spirale des abstrakten Verwertungsprozesses namens Kapital. Müllkritik ist Wertkritik, hätte dazu Robert Kurz gesagt. Aber wie hängen beide zusammen? Für eine anregende Antwort können wir uns wieder einmal auf Ivan Illich verlassen. Vergesst das Bild mit dem Hobel und den Spänen. Nach Illich entsteht Müll nicht danach, sondern davor, nicht infolge des industriellen Wirtschaftens, sondern als Vorbedingung desselben. Nicht nur das Produkt, auch der Abfall ist am Anfang schon ideell vorhanden. Müll, schreibt Illich, ist die »sichtbare Manifestation jenes Un-Wertes (*disvalue*), durch dessen Entstehung die modernen Formen der Produktion erst möglich werden«.[65] Gemeint ist damit Folgendes: In der Ausgangssituation, das heißt vor dem monetären Verwertungsprozess, sind Ressourcen, Erfindungen, Umgangs- und Tätigkeitsformen ökonomisch nicht quantifizierbar. Illich, der ja in einem früheren Leben Priester gewesen war, weigert sich sogar, Lebensmittel oder Freundschaftsdienste als »Werte« zu bezeichnen, lieber spricht er von »Segen«. Außer in Ausnahmesituationen wie Dürrejahre oder Kriege sind all die wohltuenden Dinge nicht knapp. Bekanntlich lautet der Gründungsmythos der Ökonomie: »Am Anfang war die Knappheit, und um diese Notlage zu überwinden, bedurfte und bedarf es viel Arbeit, viel Sparsamkeit und vor allem viele Jeff Bezos.« Mit dieser Mär hat die moderne Anthropologie aufgeräumt. Marshall Sahlins wies nach, dass die Steinzeit eigentlich eine Ära des Überflusses war. Knappheit war nie eine Startbedingung, sie wuchs immer zusammen mit Abhängigkeitsverhältnissen, als deren Voraussetzung und Resultat zugleich. Solange Ressourcen (ob materiell oder immateriell) nicht knapp sind, können sie nicht kommodifiziert werden. Es sind die sprichwörtlichen Dinge, die das Geld nicht kaufen kann – gewöhnlich werden hierzu Luft und Liebe genannt, wobei wer pleite ist, schnell erfährt, wie sich beide rarmachen. Damit sie einen Geldwert erhalten, müssen nichtökonomische Tätigkeiten zunächst entwertet werden. Das nennt Illich »Ver-Unwertung«. Nicht das Angebot, die Verknappung schafft die Nachfrage. Wenn Menschen etwas bezahlen müssen, das früher frei verfügbar war, werden sie zu Bedürftigen. Das erinnert an Baudrillards Bonmot: »Es war einmal ein Mann, der lebte in Armut. Nach vielen Abenteuern und einer langen Reise durch die Ökonomie traf er die Überflussgesellschaft. Sie heirateten und hatten viele Bedürfnisse.«[66]

81 *Mehrwert, mehr Rest* – Es ist nicht so lange her, dass Wirtschaftslehrbücher das Wasser als Beispiel für Ressourcen nannten, die, weil allgemein verfügbar, keinen ökonomischen Wert hatten. Ein »extremistischer« Lehrsatz sei das, schimpfte seinerzeit der Nestlé-Vorstand Peter Brabeck-Letmathe. Da Wasser ein Lebensmittel sei, habe es so selbstverständlich wie Schnitzel oder Schnaps einen Preis. Noch hatte die Aussage für Empörung gesorgt. Heute darf sich Nestlé freuen: Dank Dürren und Verunreinigung der Flüsse und Seen ist Trinkwasser tatsächlich ein knappes Gut geworden. Trinken darf, wer zahlen kann. Wasserquellen, die vormals Gemein-

gut waren, werden nun als Wertschöpfungsquellen in Beschlag genommen und notfalls mit Gewalt gegen durstende Habenichtse verteidigt. Ver-Unwertung ist immer auch Triage. Wie die Güter behandelt werden, so die Menschen. Und nicht nur für natürliche Ressourcen wird Verknappung künstlich hergestellt. Digitale Daten können an sich nie knapp werden, sie sind ja endlos reproduzierbar, man kann sie teilen und zugleich behalten. Darum waren die Anfänge des Internetzeitalters von utopischem Enthusiasmus begleitet. Dort zumindest, so hoffte man, könnten Eigentum und Geld abgeschafft und die Commons verwirklicht werden. Bis Paywalls und Data-Mining die digitale Welt genauso wie die materielle verunstalteten. In dem Maße, wie sich wirtschaftliche Beziehungen in alle Bereiche des Alltags verästeln, meinte Illich, nimmt Un-Wert zu. Die Verknappung von intergenerationellen Beziehungen schafft die Nachfrage für Altenpflege, die Verknappung von öffentlichen Räumen die für Internetplattformen, die Verknappung des lokalen Lebens die für Fernreisen, usw. usf. Was Schulen oder Kliniken angeht, ist *Disvalue* besonders evident. Man lässt öffentliche, nicht rentable Institutionen verkommen, damit die privaten, gewinnbringenden Äquivalente florieren. Dass Massenproduktion Müllproduktion ist, Junk-Food, Wegwerfklamotten programmierte Obsoleszenz, weiß doch jedes Kind. Nur sind die Fluchtwege aus dem Junk-Land der zahlungskräftigen Minderheit vorbehalten. Die einzigen »Privilegien«, die diese Gesellschaft zu bieten hat, meinte Illich, sind »Schutzmittel gegen die Verletzungen, die von Un-Werten ausgehen«. Dementsprechend kann die Lösung nicht einfach sein, Müll sorgfältig zu sortieren oder Plastikverpackungen zu vermeiden. Der entscheidende Moment findet an der Quelle statt, nicht in der

Deponie. Dort allein, meinte Illich, kann das Abgefallene in vernakuläre Kreisläufe integriert werden.

82 *Mülltheorie #3* – Nichts geht verloren, nichts wird geschaffen, alles verwandelt sich, wusste schon Antoine-Laurent de Lavoisier (dem trotzdem etwas verloren ging, nämlich der eigene Kopf unter der Guillotine). Von dieser Erkenntnis ausgehend wollte der junge Physiker und Ingenieur Sadi Carnot verstehen, wieso in einem Dampfkessel eine gewisse Energiemenge verloren geht, ganz gleich, was man dagegen tut. Carnot war einer jener genialen Vorreiter, die die bis dahin empirisch entstandene Industrialisierung mit Wissenschaftstheorien systematisierten. Dazu zählt eben seine Entdeckung, die später im zweiten Hauptsatz der Thermodynamik festgehalten wird: In einem geschlossenen System geht die verfügbare Energie ständig und unwiderruflich in nicht verfügbare Zustände über. Das ist ein universales Gesetz. Ganz universal? Nein! Ein von unbeugsamen Wirtschaftswissenschaftlern bevölkertes Dorf hört nicht auf, dem Entropiesatz Widerstand zu leisten. Für die neoklassische Ökonomielehre bleibt das menschliche Wirtschaften ein Perpetuum mobile. In ihr spielt die Abnutzung der Zeit keine Rolle. Nichts ist irreversibel, häretisch ist allein schon die Idee, Rohstoffe könnten irgendwann ausgehen. Das Gedankengebäude ist schlicht metaphysisch, oder genauer paraphysisch: physikalische Tatsachen werden einfach beiseitegeschoben. Gegen diesen Irrglauben erhob sich doch ein seinerzeit prominenter Insider der Zunft: der Rumäne Nicholas Georgescu-Roegen (1906–1994). Sein Hauptwerk hätte ich unter den

Meilensteinen der Achsenjahre erwähnen können. In *The Entropy Law and the Economic Process*, 1971 veröffentlicht, fragt Georgescu-Roegen: Was ist Wirtschaft, wenn nicht die Umwandlung von Energie und Materie? Und er weist nach, dass der wirtschaftliche Prozess durch und durch entropisch ist. Seit Beginn der Industrialisierung wird verfügbare Energie in Form fossiler Brennstoffe immer rasanter und massiver in nicht verfügbare Energie umgewandelt. »Der Wirtschaftsprozess ist kein Kreislauf«, schreibt Georgescu-Roegen, »er besteht aus der kontinuierlichen Umwandlung von niedriger in hohe Entropie, also in nicht wiederverwertbaren Abfall, oder, um einen geläufigen Begriff zu verwenden, in Umweltverschmutzung.« Selbst wenn eine komplette Wende zu erneuerbaren Energien gelänge, wären wir das Müllproblem nicht los, denn, so der Bioökonom weiter, wie die Energie ist auch die verarbeitete Materie dem Entropiesatz unterworfen. Nichts wird produziert, nichts wird konsumiert, alles wird umgewandelt. Dabei wächst die nicht mehr verwendbare Materialmasse unaufhörlich, denn, führt er fort, »es ist unmöglich, Stoffe komplett zu recyceln«. Die kapitalistische Wirtschaftsweise ist beschleunigte Entropie. Das Anthropozän ist in Wirklichkeit ein Entropozän. Es erübrigt sich zu sagen, dass die Bioökonomie Georgescu-Roegens, obwohl deren Grundsätze schwer widerlegbar sind, von der neoliberalen Hegemonie völlig verdrängt wurde. Zuspruch erhält sie nur von Anhängern der Degrowth- oder Postwachstumsbewegung, vor allem in Frankreich und Südeuropa. Zugegebenermaßen ist die Perspektive nicht sonderlich hinreißend, von hoher zu niedriger Entropie zurückzukehren, also den Zerfall zu verlangsamen. So wie die Anhänger des »Entwachstums« die Gültigkeit des – begrifflich höchst fragwürdigen – Wachstums anerkennen, indem sie es minimieren oder überwinden wollen, reduziert Georgescu-Roegens Theorie die menschliche Existenz auf Energie und Materie, verlässt also nicht die mechanistische, verdinglichende Sichtweise der Ökonomie. Als Teilerkenntnis ist sie jedoch unerlässlich, zumal sie den Irrealismus des herrschenden Realismus klar und deutlich entlarvt.

83 *Die Wahl zwischen Grandeur und Mittelmaß* – William Stanley Jevons ist der Erfinder des nach ihm benannten Paradoxons, wonach eine Steigerung der Energieeffizienz nicht weniger, sondern mehr Verbrauch zur Folge hat. Das sagte er über die Zukunft der kohlebasierten Wirtschaft voraus, und er behielt recht. Je effizienter die Erzeugung, desto billiger der Preis, was zu vermehrtem Konsum anreizt. Technische Fortschritte, so grün sie auch bemalt werden, verstärken die Übernutzung, anstatt diese wie beabsichtigt zu verringern. Für »nachhaltiges Wirtschaften« sieht es also schlecht aus, und das wusste Jevons auch. »Die Aufrechterhaltung einer solchen Position ist physisch unmöglich«, schrieb er 1865 in *The Coal Question* und zog die brachiale Schlussfolgerung: »Wir müssen die folgenschwere Wahl treffen zwischen kurzfristiger Grandeur und nachhaltiger Mittelmäßigkeit.« So ausgedrückt war die Wahl natürlich keine. Wer möchte schon auf Grandeur verzichten? Freilich kam es damals wie heute darauf an, wer dieses »wir« eigentlich sei, das die Entscheidung verantworten sollte. Im Ersten-Klasse-Abteil des Orient-Express ließ sich der Vorteil von befristetem Luxus anders genießen als unten im Bergwerkstollen. Auf jeden Fall wird von Jevons' Zitat die

gewöhnliche Ausrede widerlegt, zu Beginn der Industrialisierung hätte niemand ahnen können, wohin der Pfad führte.

84 *Negentropozän* – Im Laufe des 20. Jahrhunderts entwickelte sich die Entropiefrage von profanem Dampfkesselproblem zu regelrechter Kosmologie. Das ist heute Allgemeinwissen: Seit dem Urknall dehnt sich das Universum unaufhörlich aus, was eine irreversible Dissipation der Energie zur Folge hat. Es wird im All immer kälter, leerer und chaotischer – zugegeben keine aufmunternde Erzählung. Daraus hatte bereits Claude Lévi-Strauss am Schluss seiner *Traurigen Tropen* (1955) eine absolut nihilistische Konsequenz gezogen. Die Institutionen und Gebräuche, die er als »Entropologe« erforscht habe, seien bloß »vergängliche Blüten«. Immer und überall habe der Mensch »nichts anderes getan, als unbekümmert Milliarden von Strukturen zu zerstören«, außer, räumt der Strukturalist großzügig ein, »wenn er sich fortpflanzte«. Städte wie Felder seien lauter Trägheit produzierende Maschinen. Alle »Schöpfungen des menschlichen Geistes« seien dazu bestimmt, in Chaos zu versinken. Zusammengefasst: Die Welt ist alles, was der Abfall ist. Kommt Zeit, kommt Unrat. Nur widerspricht die schiere Existenz der Biosphäre einer solch absolutistischen Konzeption (wir erinnern uns: der perfekte Recyclinghof). Auf die Frage »Was ist Leben?« antwortet Erwin Schrödinger 1943 in einem berühmten Vortrag: Das Leben ist die Negation der Entropie. Es ist die räumlich wie zeitlich beschränkte Möglichkeit, dass aus Chaos Selbstorganisation entsteht. Orga-

nismen sind organisierte, offene Systeme, die es für eine gewisse Dauer schaffen, sich zu erhalten und die dissipatorischen Effekte der Entropie wettzumachen. Für eine Weile nur. Aber der winzige Riss der Negation im thermodynamischen Zeitpfeil, Negentropie genannt, ist die Bedingung allen Lebens. Gewiss sollte man sich davor hüten, das Spiel mit wissenschaftlichen Analogien zu weit zu treiben. Das artet schnell in eleganten Unsinn aus. Aber von Entropozän zu sprechen ist weit mehr als ein Bonmot. Tatsächlich besteht heute das Desaster aus dem Zusammenspiel von physischer Entropie (Klimaerwärmung), biologischer Entropie (Artensterben) und nicht zu vergessen: geistiger Entropie, der Veräußerung der Praxis an Automaten mit entsprechender Dissipation des Denkvermögens. Die absolut neue und schwer zu bewältigende Herausforderung dieser Zeit besteht darin, mit Irreversibilität umgehen zu können. Gemeint ist nicht die persönliche Alterung – die betrifft eben nur die Alten und wird gewöhnlich mit der Zuversicht kompensiert, ohne einen gehe die Welt weiter. Nein, am schwersten trifft es die Jugend, deren nach Taten und Erfahrungen trachtende Energie von der zunehmenden Alterung der Welt gehemmt wird. Inspirierend fand ich deswegen die Formulierung des seligen Bernard Stiegler, unsere letzte Chance hieße Negentropozän. Es verspricht weniger als einen Ausweg, doch mehr als eine Verlangsamung: eine qualitative Umkehrung. Auf unbestimmt.

85 *Antiutopie* – Auch die Utopie ist eine Anti-Entropie. Sie bleibt konstant. Entzieht sich der linearen Abfolge der Geschichte. Kann immer abgerufen werden.

So wie der Traum, der ja private Utopie ist. Fantasiebilder kennen kein Verfallsdatum. Sie stehen Kind und Greis gleichmäßig zur Verfügung. Ohne diese Verlässlichkeit würde ein jeder wahnsinnig werden. Was mich jedoch an Ernst Bloch und seinen vielen Nachahmern immer störte, ist der mehr oder minder selbstverlogene Glaube an eine jederzeit mögliche Verwirklichung. Also die abstrakte Negation der Irreversibilität. Der Utopist ist der Anti-Heraklitäer: Er meint, immer wieder in denselben Fluss steigen zu können – wenn er den verdammten Fluss nur finden würde! Dafür ist Anti-Utopie das Wissen um die vertanen Chancen. Vielleicht wäre einmal diese oder jene Fantasie real möglich gewesen. Aber die Zeit ist vergangen und mit ihr die Bedingungen, die zur Verwirklichung hätten führen können. Dieser träumt seit der Kindheit davon, im Konzerthaus am Flügel zu spielen. Doch hat er eine Buchhalterkarriere verfolgt und seine Finger an einer anderen Art von Tastatur getrimmt. Nur im Schlaf feiert er seinen Erfolg. Jene wollte schon immer ein Star werden. Nachts fantasiert sie sich eine begeisterte Schar, die sie fotografiert und bejubelt. Im Wachzustand muss sie sich mit ihren hundert Facebook-Freunden begnügen, die ihre Katzenfotos liken. Immer, wenn jemand sagt, uns fehle heute eine Utopie, höre ich: »Erzähle mir bitte eine Gutenachtgeschichte.« Um für einen Moment vor den faulen Ausreden der Entsagung zu flüchten: Es war alles eine Illusion. Ich war nicht dafür gemacht. Man muss sich ja mit der Wirklichkeit abfinden. Anderen geht es noch mieser. Buchhaltung ist auch interessant. Ganz offensichtlich verstärken sich beide Haltungen gegenseitig. Die Flucht vor der Vergänglichkeit führt einen zum zermürbenden Festnageln auf Fitnesskult, Effizienzneurosen, Leistungswahn. Vermutlich ist der Grund, weshalb die Squid-Game-Generation für Utopien nicht mehr empfänglich ist, nicht so sehr ihr fehlender Glaube an die Zukunft als ihr Misstrauen der fortdauernden Gegenwart gegenüber.[67] Auch Dystopien sind Allegorien der Gegenwart, allerdings mit ätzender Wirkung. Über Marx und Engels schreibt Adorno: »Sie waren Feinde der Utopie um deren Verwirklichung willen.« Wir sind Freunde der Dystopie um deren Vermeidung willen.

86 *Das Realmärchen von der Insel Entropia* – Auf ein Korallenriff mitten im Südpazifik scheiden seit der dunkelsten Urzeit Vögel ihren Kot aus. So ist Nauru entstanden, eine winzige Insel, wofür sich jahrhundertelang keine irdische Macht interessierte, bis die Deutschen auf der Suche nach kolonialer Beute entdeckten, dass die Sedimente, die die Insel vollständig bedeckten, durchaus einen Wert hatten. In der Alchemie des Kapitals ist Vogelkot gleich Phosphat gleich Dünger gleich Geld. So wurde der unscheinbare Fleck an den Weltgeist angeschlossen. Um die mineralische Schatztruhe auszubeuten, kamen nach den Deutschen die Australier, bis schließlich die Nauruer die Unabhängigkeit errangen und sich um ihre Scheiße selbst kümmerten. Davon konnte nie genug exportiert werden, so gefräßig war die internationale Agrarindustrie. Und so geschah es, dass Nauru, kleinste Republik der Welt, im Nu auch das reichste Land der Welt wurde, zumindest was das Pro-Kopf-Einkommen anging. Ohne Sorge um die Zukunft wurde der Erlös des Rohstoffraubbaus unter den Bewohnern verteilt. Das nennt man Extraktivismus, einen pervertierten, von grenzenloser Umweltzerstörung abhängigen Lokalsozialismus.

Bloß, wohin mit dem Geld? Obschon die Insel gemäß ihrer Größe nur fünfundzwanzig Kilometer Straße anzubieten hat, besaß bald jeder Haushalt drei Autos. Die zu Müßiggang verdammten Bewohner begannen, sich zu Tode zu fressen – fast alle sind adipös geworden, ungewöhnlich viele Diabetiker. Wie es geschehen musste, obgleich es niemand hatte kommen sehen wollen, versiegte irgendwann das Vorkommen an phosphathaltigen Ausscheidungen. So plötzlich wie der Reichtum gekommen war, brachen Bankrott und Elend über das Eiland herein. Dieses glich nunmehr einer Mondlandschaft mit verrosteten Anlagen. Da blieb als einzige Option die Flucht nach vorn. Weil kein Kot mehr vorhanden war, um in Geld verwandelt zu werden, wurde Geld mit Geld gemacht. Nauru mutierte zum Steuerparadies für optimierungsbewusste Konzerne sowie zur Geldwaschanlage für Drogenkartelle und die russische Mafia. Die Ehe von Ödnis und abstraktem Wert ging eine Weile ganz gut. Dann kam die Finanzkrise und die Nauruer mussten, um die Einkommensverluste einigermaßen auszugleichen, verzweifelt nach neuen Notlösungen suchen. Der Spieß hat sich umgedreht, von Kotexporteuren sind sie zu Müllmännern der Australier geworden, die Insel zum Endlager von deren Atomabfällen und Auffanglager für abgewiesene Geflüchtete. Ob die Rechnung aufgeht, werden wir womöglich nie erfahren. Mit dem Klimawandel steigt der Meeresspiegel an. Allmählich wird die Insel vom Ozean verschlungen. Eines Tages wird Nauru nichts gewesen sein, außer eine Allegorie des ökonomischen Wahns.

VI. DIE ERDE IST EIN UNBEWOHNTER PLANET

Am Ende einer Epoche kommt ihr Prinzip zum Erliegen.
Indem das Prinzip abstirbt, kommt es zur Sprache.
Wenn der Lebensraum, der vorübergehend unser geworden war,
zerfällt und zusammenstürzt, tauchen Fragen auf,
die bis dahin nicht gestellt werden konnten:
Wenn dies das Ende ist, was könnte dann
der Ursprung gewesen sein?

Reiner Schürmann

87 *Cut-up* – Entgegen meiner eingangs erläuterten Absicht, das Chaos chaotisch darzustellen, ist der bisherige Argumentationsgang ziemlich geradlinig und deutlich verlaufen. So kann es nicht weitergehen! Das wäre der Gegenwart nicht angemessen, so wie sie allen zu schaffen macht. Wir haben es ja mit brüchigen, überraschenden Situationen zu tun, die übergangslos entstehen. Kaum hat man sich an die Gluthitze einigermaßen gewöhnt, bricht ein eisiger Sturm herein, und so ist es auch mit wirtschaftlichen Zumutungen, politischen Wechselbädern und generell mit den Verhältnissen und Geschehnissen, aus denen das eigene Leben gewoben ist. Die Verbindungsmomente sind weg. Zu denken wäre die Kollision des Alltags mit dem Ausnahmezustand, und das heißt auch: der Zusammenprall archaischer Erzählungen mit absolut neuen Phänomenen. In diesem Sinne werden jetzt Motive etwas unvermittelt aufeinanderfolgen, die um die Frage kreisen, was diese »Welt« überhaupt sein möge, die je nach Interpretation mutiert, untergeht oder gerettet wird.

88 *Who killed Skippy?* – Rein geografisch betrachtet ist der australische Kontinent eine Welt für sich. Wegen seiner isolierten Lage nahm dort die Evolution einen anderen Pfad. Darum sind Koalas und Kängurus

nirgends sonst vorzufinden. Allerdings war in der Landschaft Homo sapiens nicht vorgesehen. Seine Landung vor fünfzigtausend Jahren hatte verheerende Folgen. Binnen kurzer Zeit schaffte er es, neunzig Prozent aller großen Säugetiere gründlich auszurotten. Die Geschichte kommt einem vertraut vor. Sie hört sich an wie ein Vorspiel der Gegenwart, und deswegen wird sie auch gern erzählt. Denn sie lässt auf ein anthropologisches Schicksal schließen. Wir seien dazu veranlagt, an dem Ast zu sägen, auf dem wir sitzen. Wie sagte der Skorpion zum Frosch, auf dessen Rücken er den Fluss überquerte und ihn trotzdem stach, bevor beide ertranken? »Was kann ich dafür, das ist mein Charakter!« So gesehen wäre die zweite Kolonisierung Australiens durch die Europäer nur eine weitere Episode derselben Serie. Oder wie Bestsellerautor Yuval Noah Hariri in seiner verkürzten Geschichte der Menschheit schreibt: »Wir haben die zweifelhafte Ehre, die mörderischste Art in der Geschichte des Lebens zu sein.« Nur blendet Hariri nicht minder als fünfzigtausend Jahre aus, während derer die australischen Aborigines einen äußerst stabilen und harmonischen Bezug zu ihrer Umwelt aufrechterhalten haben. Was war den ersten Einwanderern widerfahren? Sie hatten sich nicht koevolutionär mit der heimischen Fauna entwickelt, hatten eine unbesetzte Nische vorgefunden und sich ähnlich wie die asiatische Tigermücke verhalten, die einheimische Insekten verdrängt. Warum sich nicht mit großen Tieren vollfressen, die sich ahnungs- und widerstandslos abschlachten lassen? Die Symbiose muss erst einmal geschädigt worden sein, ehe die negativen Auswirkungen zur Änderung des Verhaltens zwingen. Irgendwann haben die Menschen die Unschuld des Tigers verloren. Da musste die Kultur ran. Offenbar wussten die Aborigines nach dem großen Raubzug ihre Triebe selbst zu zähmen, und zwar durch den Logos. Ihre Erzählwelt ist so üppig, wie ihre Landschaft karg. Aborigines brauchen kein GPS, um sich über weite Strecken zu orientieren, ihr Navi ist in ihrer Rede selbst gespeichert. Sie kennen keine Natur, die man ausbeuten oder retten könne, sie bewohnen eine geistige, gemeinsam mitgestaltete Landschaft. In der Mythologie der Traumzeit sind Tiere und Pflanzen dem Menschen gleich. Ganz anders und unvergleichlich brutaler geschah der Überfall der europäischen Einwanderer. Selbst von der eigenen Gesellschaft als Abfall ausgestoßen, erklärten sie das neue Land zur Terra Nullus und die Ureinwohner für vogelfrei. Ihre Gewalt gegen Natur und Menschen war keine triebhafte, sie war ein Produkt zivilisierter Institutionen, allen voran des Privateigentums. Australien ist ein Paradebeispiel für das Kapitalozän. In seinem Kollaps-Buch führt Jared Diamond das Ausquetschen des Landes auf dessen Überkapitalisierung zurück. Die Engländer hatten unrealistische Gewinnerwartungen, die sich in überteuerten Bodenpreisen spiegelten. Das führte zu übermäßiger Tierzucht, Überweidung, Bodenerosion und schließlich Bankrott. Nur die Kohleförderung rettete die weißen Australier, weshalb dort aller Klimakatastrophe zum Trotz ein Brikett Herzstück der nationalen Identität ist. Beim Gigafeuer des Jahres zwanzigzwanzig starben nach Schätzungen eine Milliarde Tiere. Das war ein Holocaust im ursprünglichen Sinne des Wortes, eine Brandopfergabe an die Wirtschaftsgöttin. Die unfassbare Dimension konnte nur mit einem Symbol vermittelt werden: dem tausendfach reproduzierten Bild eines verkohlten Kängurus an einem Stacheldrahtzaun. Veranschaulicht wurde dadurch die doppelte menschliche Verantwortung; denn offensichtlich hatte nicht der Waldbrand das

Känguru umgebracht, sondern der Zaun. Da löst sich die anthropogene Ursache in keiner abstrakten Vergangenheit auf, Pflock und Draht stehen vor aller Augen. Plötzlich erhält Rousseaus Anklage eine neue Aktualität, schuld am ganzen Elend und Schrecken sei der Erste, der ein Stück Land mit einem Zaun umgab. Einzäunung ist das Sinnbild der auf Ungleichheit basierten Epoche. Immer wieder behaupten Berufsverharmloser, Lebewesen wüssten seit jeher, sich an Klimaveränderungen anzupassen, indem sie in günstigere Zonen abwanderten. Das stimmte bis zur Erfindung des Stacheldrahts. Wildtiere wie Menschen werden dazu angehalten, ihr Heil in der Flucht zu suchen. Am mörderischsten aber sind die rhetorischen Zäune, all die Ausreden und Sophismen, wodurch alle zu Mittätern gemacht werden, die auf der sicheren Seite des Zauns stehen.

89 *Solastalgie* – Die Angst vorm Weltuntergang ist ein Luxus für privilegierte Westler. Die Welt der anderen ist bereits untergegangen. Indigene Völker, Sklavenabkömmlinge, Geflüchtete, Vertriebene, Entrechtete, zahlenmäßig die Mehrheit der Erdenbewohner, haben ihre Welt (wie man von der »griechischen Welt« oder der »Welt der Inka« spricht) schon längst verloren. Erdbewohner ist übrigens ein falscher Ausdruck. Die Erde ist Lebensraum im biologischen Sinne, aber niemand *bewohnt* einen Planeten. Bewohnt wird ein Erfahrungsraum, der allein Sinn, Wert, Orientierung gibt. Nicht die Erde geht unter, sie wird sich von uns zu erholen wissen. Was es vorm Untergang zu retten gilt, ist eine bewohnbare Menschenwelt. Wen interessiert sonst das biologische Über-

leben der Spezies Homo sapiens? Gewiss haben selbst in Slums und auf Sklavenplantagen die Entwurzelten immer gewusst, mit selbstgebastelten Codes und Ritualen eine kreolisierte Welt zu erfinden und diese gegen die Kräfte der Auflösung zu behaupten. Nun kommt aber eine Doppelbedrohung aus Umweltkatastrophe und Kybernetik, und fraglich ist, ob das Ergebnis noch den Namen Welt verdienen wird. Der Begriff der Solastalgie wurde 2003 von einem Australier, dem Philosophen Glenn Albrecht geprägt. Anders als der Nostalgiker, der sich nach Heimkehr sehnt, leidet der Solastalgiker nicht darunter, dass er seine Heimat verlassen hat, sondern seine Heimat ihn. Er ist zu Hause geblieben, doch hat sich um ihn herum die Landschaft so schnell und brutal verändert, dass sein Denkvermögen nicht mithalten kann. Er leidet an der Kluft zwischen der wahrgenommenen Welt und der Fähigkeit, diese begrifflich zu verarbeiten. Die überlieferten Weisheiten bieten keinen Orientierungspunkt mehr, sogar die Bauernregeln gelten nicht mehr. Nicht nur April, jeder Monat macht, was er will. Da auf vergangene Erfahrungen kein Verlass mehr ist, wird die Zukunft beängstigend. Ursprünglich wurde Solastalgie bei Menschen diagnostiziert, die belästigende Veränderungen in ihrer unmittelbaren Nähe erlebt hatten, einen Tagebau im Upper Hunter Valley zum Beispiel, oder eine anhaltende Dürre in New South Wales. Heute werden solastalgische Traumata auch von fernen Ursachen ausgelöst, Nachrichten über abschmelzende Gletscher etwa. In dem Maße, wie die wirklich bewohnte Welt abnimmt, wächst die Sorge um das planetarische Überleben.

90 *Welchem Kolumbus werden wir das Vergessen eines Kontinents verdanken?* (Guillaume Apollinaire) – Die von Menschen bewohnte Welt nennen die Altgriechen *oikumene*. Oikumene ist von zwei Prinzipien bestimmt: von *techne*, der Gesamtheit der Dinge, die von Menschen hergestellt sind, und von *nomos*, dem Gesetz, der sozialen Norm. Was diesen Bereich angeht, denken die Altgriechen gut konstruktivistisch. Dafür ziehen sie eine streng bewachte Grenze zur Natur, oder wie sie bei ihnen heißt: zur *physis*. Die Physis umfasst alles, was spontan entstanden ist beziehungsweise ohne menschliches Zutun wächst. Ein Forst oder ein Kornfeld gehören also nicht dazu. Selbstverständlich wird Oikumene permanent von Physis durchkreuzt. Die gepflasterte Straße ist ein Erzeugnis von Nomos und Techne, von Planung und Bautechnik, hingegen ist die zwischen den Pflastersteinen wildwachsende Brennnessel eindeutig Physis (und unter dem Pflasterstein liegt der Strand). Die Eindeutigkeit hört aber auf, sobald von sozialen Institutionen die Rede ist. Wenn Aristoteles sagt, dass manche Menschen »von Natur her« Sklaven sind, meint er, dass die Sklaverei von niemandem beschlossen worden sei, dass es seit Menschengedenken immer Sklaven gegeben hätte. Ähnlich argumentieren heute Neoliberale, die Marktwirtschaft sei eine natürliche Ordnung im Sinne von »spontan entstanden«, im Gegensatz zum Sozialismus, der an der Komplexität der Welt scheitern müsse, da ein bewusster Entwurf (der Gaunertrick dabei: auch der Neoliberalismus ist ein bewusster Entwurf). Wie auch immer, wie ihr Name schon sagt, gehören Ökonomie sowie Ökologie zur Oikumene; ihr Geltungsbereich endet dort, wo die unbewohnte Welt beginnt, auf Altgriechisch *eremos* genannt. Zu jener Zeit und lange danach blieb Oikumene nur eine

winzige Enklave inmitten der unermesslichen Wildnis. Ob Wüste, Urwald, Berg oder Meer, Eremos ließ sich nur negativ definieren, als absolutes Gegenteil der besiedelten, gestalteten und organisierten Menschenwelt. Darum war Eremos auch Rückzugsort der Eremiten. Um sich vor der Menschengewalt zu schützen, stellten sich Mystiker und Banditen, Verstoßene und Fahnenflüchtige doch lieber der Naturgewalt. Im Übrigen verlief die Grenze zwischen Oikumene und Eremos nicht nur horizontal, sondern auch vertikal: Selbst dort, wo sich Menschen niedergelassen hatten, gingen auf Baumzipfeln sowie unterirdisch und aquatisch eigenständige Lebensformen unbeeinflusst weiter ihren Dingen nach. Die Geschichte des Anthropozäns könnte man ebenso gut als die allmähliche Verdrängung Eremos' durch Oikumene bezeichnen, die Zerstörung wilder Lebensräume durch Monokultur, Ausschachtung und Betonierung. Vielleicht begann sie mit dem stupiden Drang europäischer Männer ab dem 18. Jahrhundert, alle möglichen Berge der Erde zu erklettern, um die dort wohnenden Götter zu vertreiben. Nur: Mit der Abschaffung der Grenze zu Eremos wird der Weg für die Viren frei gemacht, die von ihren Wirten aus wilden Habitaten auf die Menschen überspringen können. Aus virenzentrischer Perspektive ist »Anthropozän« das ideale Vehikel für die eigene Vermehrung, also eher ein Virozän. Den Erregern wird übrigens nachgesagt, sie seien anders als Homo sapiens intelligent genug, um niemals eine Wirtbevölkerung komplett auszurotten und das eigene Überleben aufs Spiel zu setzen. Der scheinbare Endsieg der Oikumene hätte also die Bedingungen für eine Rache des Eremos geschaffen. Dessen waren sich die Altgriechen bewusst. Dem Mythos nach sollte im kommenden Eisernen Zeitalter das Menschengeschlecht derart verkommen, dass sich sämtliche Götter von ihm abwenden würden, mit der Ausnahme von Nemesis, Göttin der gerechten Rache gegen menschliche Selbstüberschätzung, und von Aidos, Göttin der Scham. Von Letzterer fehlt noch jede Spur.

91 *Umgedrehte Welt* – Tag und Nacht waren alle Bürgersteige hochgeklappt. Raus ging man nur, um ein Stündchen für sich allein zu haben, um seinen Körper durch die menschenleere Kulisse zu bewegen und mit ungläubigen Augen die vertrauten Straßen zu bewundern, die jetzt wie eine intakt erhaltene, verlassene antike Stadt anmuteten. Draußen, das war die private Erholungssphäre, nicht die Welt. Die Welt hatte ihre Stätte im Innenraum gefunden. Im Wohnzimmer, wo der Bildschirm stand, dieses universale Sesam-öffne-dich zur Öffentlichkeit. Überfüllt war es, im Wohnzimmer. Auf Abruf verwandelte es sich in Konferenzraum oder Feierabend-Treffpunkt, Supermarkt oder Theater, Fitnessstudio oder Arztpraxis, Kinderspielplatz oder Großraumbüro. Dennoch wäre die Formulierung falsch, der Bildschirm hätte abgeschiedenen Individuen ein Fenster zur Außenwelt geöffnet. Es gab keine Welt außerhalb des Mediums. Abermillionen saßen in derselben Position, jeder vom anderen abgeschnitten, jeder dem anderen gleich. Einsiedler im Gehäus – nur eben nicht, um der Welt zu entsagen, sondern umgekehrt, um angeschlossen zu bleiben, um, nein, nicht in der Welt, sondern *an* der Welt zu sein, wie man am Computer sitzt. Unfreiwillig zutreffend nannten die Deutschen ihren neuen Heimarbeitsplatz falschenglisch Homeoffice – Innenministerium. So wie sie andere beobachteten, wurden sie ja auch beobachtet. Jeder Mensch

ein Voyeur. Obwohl sie so gut wie keinen physischen Kontakt zueinander hatten, standen die Masseneremiten nicht deswegen außerhalb der Gesellschaft; im Gegenteil, selten war die zwingende Kraft der Gesellschaft so spürbar gewesen. Nunmehr war das Wort Präsenz anders geladen, nämlich als halblegale Ausnahme, als verdächtiger Mangel an Distanz. Verwunderlich war dennoch, wie Beratungen, Anweisungen, Sprechstunden und Unterhaltungen aller Art nach Abschaffung der leiblichen Co-Präsenz, wie Theatermenschen sagen, bruchlos weitergingen. Ganz sanft hatte die unfassbare, nie dagewesene Selbstabkapselung von drei Milliarden Menschen Einzug in die Wirklichkeit genommen. Als ob die Vorbereitung seit langer Zeit gelaufen wäre. Als ob das Virus gefällig abgewartet hätte, bis alle technisch-digitalen Bedingungen für seine (einigermaßen) geregelte Ausbreitung vorhanden seien.

92 *Klammer auf* – Damit wird allerdings nur die halbe Wirklichkeit erzählt. Denn wir wissen ja, dass das digitale Massenexil nur durch die analoge Mühsal zahlloser Menschen möglich war, die zusätzlich zur miesen Bezahlung und zu dreckigen Arbeitsbedingungen einer Ansteckung ausgesetzt waren. Für Verkäuferinnen, Kurierdienste, Krankenpflege, Müll-, Kanal- und Lagerarbeiter, für all jene Berufe, die zu Anfang der Pandemie unverschämt als systemrelevant eingestuft worden waren, für das Volk der Unterführungen und Peripherien war die Welt ganz die alte geblieben, nur mit dem noch gestiegenen Gefühl, verachtet, verdächtigt und ignoriert zu werden. Gerade weil sie »im Freien« gefangen waren, waren

sie noch unsichtbarer als sonst, ja nicht von dieser Welt. *Klammer zu.*

93 *Phantom und Matrix* – Eigentlich sind die obigen Beschreibungen des Corona-Lockdowns Paraphrasierungen eines Textes, der fünfundsechzig Jahre vor ihm erschienen war. In *Die Antiquiertheit des Menschen* (1956), genauer im Kapitel namens »Die Welt als Phantom und Matrize«, analysiert Günther Anders eine Situation, in der alle »solistische Heimarbeiter« geworden sind, die Welt »ins Haus geliefert« wird, der Bildschirm als »negativer Familientisch« thront und die »Dividuen« nicht mehr »in der Welt« sind, sondern »ausschließlich deren schlaraffenlandartige Konsumenten«. Anders schrieb keine Science-Fiction, er betonte, dass er nicht Prognostiker, sondern Diagnostiker war. Anlass seiner Beschreibung war seine urplötzliche Begegnung mit dem Fernsehen in der späten 1940er-Jahren. Wie für alle Geflüchtete aus der NS-Diktatur war für ihn die Einwanderung in die USA eine Zeitreise gewesen, ein Kopfsprung in die Zukunft, der seine Wahrnehmung von Phänomenen schärfte, die dort bereits gewöhnlich waren. Das wirft eine Frage auf, die bei Technikkritik immer wieder auftaucht. Weil wir heute alle in die TV-Welt hineingeboren sind, können wir sowohl die Faszination als auch die Abscheu nicht mehr ganz nachvollziehen, die mit der Entstehung des Mediums hochkochten. Man muss nicht einmal selbst fernsehen, um Anders' Urteil ziemlich übertrieben zu finden (im Übrigen nuancierte er es in den 1960er-Jahren angesichts der entscheidenden Rolle, die Fernsehbilder in den Anti-Vietnamkrieg-Protesten spielten). Nicht nur

ist das Fernsehen banalisiert, es wird zunehmend obsolet im Verhältnis zu den neueren Medien. Die sind es jetzt, die Faszination und Abscheu hervorrufen. Kurios ist aber dann die Reaktion: »Ach, das mit dem Fernsehen war doch harmlos, wenn nur Anders Instagram und Zoom erlebt hätte!« Als ob die Analyse heute relevant, doch damals verfrüht gewesen wäre, der Gedanke richtig, doch das Beispiel falsch. Aber vielleicht spüren die Nutzer des Apparats die ursprüngliche Unruhe deswegen nicht mehr, weil die Nutzung des Apparats sie dafür unempfindlich gemacht hat. Man hat sich gewöhnt, doch ist Gewöhnung ein zulässiges Argument? »Mit der Glotze ist jeden Abend Sperrstunde« sprühten wir auf Wände, als ich Teenager war. Wir wussten es nicht, doch rückblickend könnte die Entleerung der Straßen pünktlich zur *Tagesschau*-Stunde als erster Anlauf zum Lockdown betrachtet werden. Menschen während der Corona-Pandemie machten auch einen Kopfsprung in die Zukunft. Unvermittelt gerieten sie in eine Situation, die sie bisher für unmöglich gehalten hätten. Ein Provisorium, möchten sie noch hoffen. Aber wann wurden schon technische Innovationen rückgängig gemacht, die doch blendend funktionieren? So wie wir auf Anders' angebliche »Übertreibungen« reagieren, könnte es also gut passieren, dass Menschen bald nicht mehr nachvollziehen werden, was am Lockdown so entsetzlich gewesen sein sollte.

94 *Tollheit auf Nähe* – Wir sind »nicht mehr in der Welt«: Mit dieser Behauptung nimmt Günther Anders eine Auseinandersetzung wieder auf, die er seit drei Jahrzehnten mit seinem verachteten-bewunderten

damaligen Lehrer Martin Heidegger führt. Erstatten wir jenem Tübinger Seminarsaal einen kurzen Besuch, wo im Frühjahr 1925 der Noch-nicht-Nazi-Professor vor den drei noch studierenden Juden Hannah Ahrendt, Günther Anders und Hans Jonas seine Vorlesung hält.[68] Ausnahmsweise kreisen heute seine spekulativen Gedanken um ein aktuelles Phänomen, nämlich den Rundfunk. Mit der neuen Erfindung vollziehe sich »eine eigentümlich erweiternde Näherung der Welt«, sagt Heidegger. Für den Radiobesitzer in Berlin oder Buenos Aires ist ein Konzert in London »nah«. Die Geschwindigkeit der Übertragung macht die Distanz zunichte. Es entsteht ein Raum, in dem nichts fern, und eine Zeit, wo alles gegenwärtig ist. Die vertrauten Koordinaten sind weg, und da der Heidi für ein Wortspiel immer zu haben ist, nennt er diese Situation »un-heimlich« (will heißen: plötzlich ist das Heim weg) und ein Ent-fernen (ein »Verschwindenmachen der Ferne«). Freilich ist der Rundfunk nur ein Beispiel, führt er fort. Dasselbe finde »in allen Arten der Steigerung der Geschwindigkeit« statt, »die wir heute mehr oder minder freiwillig und gezwungen mitmachen«. Obwohl Heidegger es so nicht sagt, wir verstehen, dass Raum und Zeit *abstrakt* geworden sind. Aber abstrahiert wovon? Von der Umwelt – und die definiert er als Erfahrungssphäre. Die Umwelt heißt ja so, weil sie um uns herumliegt. Sie gibt uns Orientierung, Sinn und Wertigkeit. In der Umwelt liegt manches nah und anderes fern. Also sind Umwelt und Natur keine Äquivalente. Um die Natur der Naturwissenschaft entdecken zu können, muss man sich zunächst seiner eigenen Umwelt entziehen. Ein Städter, der plötzlich an den Amazonas katapultiert wird, erfährt die Natur als fremdes, unheimliches Gegenüber. Ein Eingeborener nicht. Man (über)lebt in der Natur und bewohnt seine Umwelt. Ausnahmsweise findet Heidegger sogar ein klares Bild dafür: »Rose als Blume ist Umweltding, Rose als Pflanze Naturding«. Technische Innovationen verändern die Welt: So formuliert wäre die Aussage banal, nicht jedoch, wenn damit gemeint ist: Das, was sich durch technische Objekte verändert, ist das Signifikat »Welt« selbst, also was Menschen unter »Welt« begreifen, schließlich ihr tatsächliches Verhältnis zur »Welt«. Um den Prozess zu benennen, infolge dessen Distanz zugunsten der Simultanität abgeschafft wird, spricht Heidegger von »Entweltlichung«. Nicht wir sind der Welt abhandengekommen, sondern die Welt uns. Ab diesem Punkt senkt sich jedoch der Nebel im Schwarzwald, und der Todtnauberger Hüttenmensch steht auf dem Schlauch seiner eigenen Terminologie. Wie verhält sich denn Entweltlichung mit seiner zentralen Kategorie des »In-der-Welt-sein«? Offenbar außerstande, zwischen Ontologie und Geschichtlichkeit zu entscheiden, kommt Heidegger mit passablen rhetorischen Pirouetten davon. Die Triebkraft der modernen Technik nennt er »Tollheit auf Nähe«, fügt dennoch gleich hinzu, dass die besagte Tollheit »im Dasein selbst ihren Seinsgrund« habe. Die moderne Obsession mit Zeitoptimierung nennt er »die Flucht der Zeit vor sich selbst«, diese Flucht wiederum »eine der Möglichkeiten der Zeit selbst«. Aber gerade weil seine jungen Zuhörer nicht auf ihre Kosten kommen, wird sie der abgezeichnete Bruch im Erfahrungskontinuum nie mehr loslassen. Sie spüren, dass etwas Wichtiges zutage kommen will, das der Meisterdenker aller spekulativen Brillanz zum Trotz nicht beleuchten kann, gefangen wie er ist in seiner reaktionären Handwerkeridylle.

95 *Return to Sender* – Freilich zeugt das Beispiel des Rundfunks von der Ambivalenz der Technikkritik. Zeitgleich mit Heidegger wettert auch Hermann Hesse gegen das neue Medium. Am Ende des *Steppenwolf* (1927) schimpft die Hauptfigur, Harry, gegen jenen »Blechtrichter«, der nichts minder als die »letzte siegreiche Waffe« im »Vernichtungskampf gegen die Kunst« sei! Das Radio, sagt Harry, schmeißt nämlich die Musik »wahllos, dumm und roh [...] in einen fremden, nicht zu ihr gehörigen Raum hinein«. Alles kann im falschen Moment am falschen Ort erschallen. Die Übertragung einer Voodoo-Zeremonie in einen Jeans-Laden etwa, oder die klangliche Verschmutzung einer Berglandschaft durch den Eurovision Song Contest. Die allgemeine Verfügbarkeit hat gesiegt – zulasten der Stille und der Sakralität. Einer ganz anderen Meinung ist allerdings Friedrich Wolf, der 1929 eines der ersten Radiohörspiele der Geschichte schreibt. Wie die neue Erzählform selbst ist der Erzählstoff von »SOS ... rao rao ... Foyn« – die Rettung einer italienischen Polarforschercrew durch einen sowjetrussischen Radioamateur – ein Lob des emanzipatorischen Potenzials der Funktechnik. Für den Kommunisten Wolf ist das neue Medium ein Vehikel der Völkerverständigung, gestattet es doch Menschen, über die Landesgrenzen hinweg ohne hierarchische Kontrolle zu kommunizieren. Heideggers oder Hesses Vorbehalte können in den Augen des linken Künstlers nur reaktionärer Unfug sein. Aber lässt sich hier nicht der Widerspruch zwischen Konservatismus und Progressivität dialektisch auflösen? In der Tat war die Umbruchphase des Amateurradios von einem ähnlichen Enthusiasmus begleitet worden wie später die Anfänge des Internets, wobei bald die Erwartungen durch Reglemente und Kontrollen erstickt worden sind (wer

macht noch Amateurradio?). Kurze Zeit nach Hesses *Steppenwolf* verwirklichte Goebbels das ubiquitär-totalitäre Potenzial des öffentlichen Rundfunks. Und doch wissen unzählige Widerständler sich die Funktechnik mit Piratensendern, Hacking, zweckentfremdeten Programmen oder klandestiner Kommunikation wiederanzueignen. Wie jede Waffe kann das Radio gegen seine Eigentümer gerichtet werden. In brüchig besetzten Zwischenzeiträumen mögen Nähe, Allgegenwart und Geschwindigkeit Verbündete sein und Entweltlichung als Auflösung der herrschenden Zustände erwünscht. Das spricht aber längst nicht für die Zeit-Raum-Konfiguration, die den Gang des erduldeten Alltags diktiert. Selbst ohne politische Diktatur bleibt das totalitäre Potenzial des Mediums intakt. Ich erinnere mich, wie ich mich zum Auftakt des ersten Golfkriegs in Frankreich befand. Auf einmal bemerkte ich, wie ubiquitär das Radio war. In Parkhäusern und Aufzügen, Boutiquen und Cafés, überall in der Stadt hallten dieselben unüberhörbaren Frontnachrichten und martialischen Reden. Nicht, dass Lautsprecher extra dafür hätten eingesetzt werden müssen. Es waren dieselben Sender wie üblich, nur wird in normalen Zeiten der Brei aus Muzak, Werbespots und Tratsch subliminal empfangen. Er ist eben dafür da, das konsumistische Schlafwandeln klanglich zu begleiten. Auch Kühe lassen sich in beschallten Ställen ertragreicher melken. Nun hatte es bloß eine Änderung im Sendeprogramm gebraucht, um die öffentlichen wie privaten Räume auf totgeglaubten Militarismus umzustimmen. Ähnliches geschah mit der Covid-Pandemie. Die stechende, monomanische Aufzählung der Inzidenzwerte, Intensivbettenbelegungen und Totenzahlen hat vermutlich mehr psychischen Schaden verursacht als die Sorge um die Ansteckung selbst. Wieder einmal zeigt sich, dass der Ausnahmezustand keinen Bruch mit der Normalität darstellt, sondern deren Entschleierung bewirkt.

96 *Was Globalisierung wirklich bedeutet* – Jahrzehnte später wird Hannah Arendt auf den Entweltlichungsbegriff ihres ehemaligen Lehrers und Lovers zurückgreifen.[69] Sie nennt es ihrerseits »Weltentfremdung«, und statt des inzwischen banal gewordenen Rundfunks bemüht sie dafür das Beispiel des Flugzeuges. »Die Verringerung von Entfernung *auf* der Erde«, schreibt sie, »kann nur um den Preis einer Entfernung *von* der Erde gewonnen werden, also um den Preis einer entscheidenden Entfremdung des Menschen von seiner unmittelbaren irdischen Behausung«. Man fliegt von einem Flughafen zum anderen, von einem abstrakten Punkt zum anderen, dazwischen ist der Raum annulliert. Bleibt nur eine Flugzeit, die mehr oder minder gleich ist, ob man nach Tokyo, Buenos Aires, Johannesburg oder New York will. Hat sich deswegen der erlebte Raum ausgedehnt? Mitnichten, er ist geschrumpft. Ist einmal die Distanz neutralisiert, bleiben äquivalente Punkte, die sich aufgrund ihrer gemeinsamen Funktionalität auch äußerlich angleichen. Als während der Corona-Pandemie Fernreisen ausgesetzt waren, wurden in mehreren Ländern Sonderdienste angeboten: Kunden konnten im Flughafen einchecken, in die Maschine steigen, abfliegen, vom Bordpersonal wie gehabt bedient werden, um nach einer Stunde am selben Ort wieder zu landen. Der Flug, erklärten die Passagiere, sei ihnen schon immer der beste Teil der Reise gewesen! Natürlich ist nicht das Fliegen an sich schuld. Es ist bloß ein Moment

in einem Prozess, der viel früher eingesetzt hatte, meinte Arendt, nämlich mit der Erschließung und der Vermessung der Erdoberfläche. »Lange bevor wir gelernt hatten, die Erde zu umkreisen, hatten wir den Globus in unsere Wohnung gebracht, um gleichsam symbolisch die Erde wie einen Ball in die Hände zu schließen oder vor den Augen kreisen zu lassen.« Der Globus in der Wohnung, ist das nicht von heute aus betrachtet ein genialer Einfall von Hannah? Was ist Globalisierung? Keine Ausdehnung und keine Universalisierung. Globalisierung ist die *Verschrumpfung* vielfältiger, unermesslicher Welten auf einen schlichten Globus. Sie begann mit dem Einzug der symbolischen Erdkugel ins Wohnzimmer und endet nun mit der phantomhaft-wirklichen Präsenz der ganzen Welt im selben Zimmer. Nur ist jetzt die Erde wieder eine Scheibe, eher gesagt ein Flachbildschirm.

97

Per Anhalter durch die Zuckerberg-Galaxis – Mit ihrer Flugzeug-Metapher wird sich Arendt vielleicht an ihren unglücklichen Freund Walter Benjamin erinnert haben, der als Erster Überfliegen mit Lesen assoziiert hatte: »Die Kraft der Landstraße ist eine andere, ob einer sie geht oder im Aeroplan darüber hinfliegt. So ist auch die Kraft eines Textes eine andere, ob einer ihn liest oder abschreibt.«[70] Welch ein antimoderner Affront gegen die Buchdruck-Revolution, die einzige Revolution, die überall einstimmig als positiv gefeiert wird! Heute zumindest. Gegen die ersten Druckereien gab es damals Aufstände, nicht nur von arbeitslos gewordenen Kopisten. Die Verleger mit ihren teuren Pressen waren doch Kapitalistenschweine, die durch die Technik das Wissen monopolisierten und Arbeiter ausbeuteten. Die vielen Fehler in den ersten Büchern gingen auf das Konto des stets besoffenen Druckerproletariats. Gutenberg war der damalige Zuckerberg! (»Aufstieg und Fall des gedruckten Wortes. Von Gutenberg bis Zuckerberg« – wäre das nicht ein schöner Buchtitel?) Keine Frage, die Erfindung des Buchdrucks war sehr wohl eine emanzipatorische Errungenschaft. Darum geht es nicht. Die Texte, die Benjamin abschrieb, waren auch gedruckte. Da muss zwischen Verfügbarkeit und Nutzung des Mediums unterschieden werden. Was hindert uns daran, Buchpassagen abzuschreiben, um »von ihrer Herrschaft« zu erfahren, wie es der geistige Flaneur tat – und übrigens auch über ihre Schwachstellen und Schlaglöcher wie auf einem unebenen Landweg zu stolpern? Wir wissen wohl, was uns daran hindert: die Faulheit, die das Medium fordert, und die verknappte Zeit, die wie der Buchdruck aus den Produktionsverhältnissen hervorgeht. Selbstredend verdienen sowieso nur die allerwenigsten Drucksachen, dass man sich in sie vertieft. Hausmitteilungen, Geschäftsbedingungen und *Spiegel*-Bestseller werden nur geschrieben, um überflogen zu werden. Übrigens war damals ein weiterer Einwand gegen das aufkeimende Druckgewerbe die zu erwartende Überschwemmung mit Schund und Papierkram. Ohnehin verlassen wir sie jetzt rasant, die Gutenberg-Galaxis. Nicht mit dem Flugzeug, mit dem Raumschiff. *Sic transit gloria mundi*: Vor fünfzehn Jahren meinte ich, eine Zeitenwende erkannt zu haben. Zum ersten Mal seit Gutenberg war nicht mehr die Bibel auflagenstärkstes Druckerzeugnis der Welt, diesen Platz hatte gerade der Ikea-Katalog übernommen. Falsch gedacht! Erst jetzt beginnt die neue Zeit, da der gedruckte Katalog eingestellt worden ist. Ob nun auch die Bibel meist online abgerufen wird, weiß ich nicht. Und da wir schon bei Ikea sind: Die letzten Spuren gedruckter Kommunikation bestehen aus schwer entzifferbaren Hieroglyphen, mithilfe derer der globale Konsument halbfertige Waren selbst zusammenmontieren muss. Selbstredend vollzieht sich die Rückentwicklung der Schrift ebenso gut online. Mit Ideogrammen sind die innigen Gefühle und Regungen interkulturell normiert, deren Beschreibung zu alphabetischen Zeiten so kompliziert war. Ludwig Wittgenstein, der eigentliche Erfinder der Emojis, versprach, dass damit »unsere Beschreibungen viel flexibler und vielgestaltiger sein [würden] als beim Gebrauch von Adjektiven«.[71] Da hat die Epoche ordentlich Wittgenstein-Kritik geleistet. Nun ist allgemein bekannt, dass die Emojisierung vielmehr zu Missverständnissen, binären Simplifizierungen, folglich zu Einfalt und Verrohung der Kommunikation führt. Für längere Mitteilungen wird das Gehirn weiterhin mittels artikulierter Sprache informiert, allerdings eher über die Ohren als die Augen: Podcasts, Hörbücher, da wären wir wieder beim Rundfunk, mit dem Unterschied, dass der Konsum jetzt privat durch die Ohrstöpsel läuft. Jeder ist in seiner eigenen Welt. Die Verwandlung hängt mit Multitasking zusammen, mit der Partition der Hirnkapazität, vielleicht auch mit Aufmerksamkeits-Defizit-Syndrom. Ohne Joggen keine Juli Zeh, kein Autofahren ohne Harald Welzer. Da wären wir wieder bei Günther Anders und dessen Behauptung, es gäbe heute keine Individuen, sondern Dividuen, so unteilbar diese sich auch behaupten mögen. Plausibel ist zumindest die Annahme, der Prozess der Entweltlichung sei von einer entsprechenden Transformation der menschlichen Sprache begleitet, die ihn so unhinterfragbar mache, wie eine Abnahme kognitiver Fähigkeiten die Wahrnehmung ebendieser Abnahme verhindert.

98 *Untact* – Wenn du das Lokal betrittst, wirst du von einem 5G-gesteuerten Empfangsroboter begrüßt, der deine Körpertemperatur misst, deinen Impfstatus kontrolliert, deine Hände mit Desinfektionsmittel einsprüht, dich ermahnt, Abstandsregeln einzuhalten und, falls nötig, eine Maske aufzusetzen. Einmal am Tisch angekommen, bringt dir ein auf Höflichkeit programmierter Bedienungsroboter dein online bestelltes, automatisch gezapftes Bier wie das von elektronischen Armen perfekt frittierte Hähnchen mit Reis. Wo bist du? In Seoul, als Teilnehmer eines Programms, in das die südkoreanische Regierung enorme Summen investiert. Es heißt offiziell *Untact* und zielt darauf ab, so viele zwischenmenschliche Interaktionen wie möglich aus der Gesellschaft zu entfernen. Obwohl die Corona-Pandemie die idealen Bedingungen für die Implementierung und die Akzeptanz des Projekts geschaffen hat, spielen Hygiene und Gesundheit eine untergeordnete Rolle. Nach amtlicher Darstellung soll mit *Untact* das Wirtschaftswachstum angekurbelt werden. Kontaktlose Dienste seien eine unausweichliche Voraussetzung für Effizienz- und Produktivitätssteigerung sowie der einzige Weg zu Bürokratieabbau. Freilich ist das Beispiel mit dem vollrobotisierten Café noch harmlos, um nicht zu sagen bereits antiquiert, im Vergleich zu der anvisierten Phase, die (zurzeit meiner Niederschrift) noch im Entwicklungsstadium ist: die Schaffung eines Metaversums, eines virtuellen Lebensraums, in dem der Nutzer nur noch mit digitalen Darstellungen von Menschen und Objekten interagiert. Mit ihm chatten KI-Call-Bots, die im Gegenzug seine Gesundheit und sein Gemüt überwachen. Wer Beschwerden hat, kann sich an freundliche Beamten-Avatare wenden, von denen allerdings noch weniger Kulanz zu erwarten ist als von analogen Büro-

kraten. Vorschriften lassen sich umgehen, Computerprogramme nicht. Die Epoche hat allerdings nicht nur die technischen Bedingungen für die kontaktlose Gesellschaft erschaffen, sondern zudem den Menschenschlag, der diese willkommen heißt. Angeblich fühlen sich viele Südkoreaner von der emotionalen Arbeit befreit, die ihnen Face-to-Face-Dienstleistungen aufbürden. Die integrale Virtualisierung emanzipiert sie von Konformitätsdruck und hierarchischen Beziehungen. Von der Anonymität der Interaktion mit Avataren fühlen sie sich geschützt, da sie weder Machtmissbrauch noch Mobbing noch sexuelle Belästigung zu fürchten haben. Bislang weiß man allerdings nicht, wie sich die vollendete Fragmentierung langfristig auf die Psyche auswirken wird. Es wird wohl damit gerechnet, dass mit der Einsamkeit die Zahl der Depressionen rasant zunehmen wird, was an sich kein Hindernis für die Fortführung des Projekts wäre, ganz im Gegenteil. Mehr als von sich wohlfühlenden Menschen wird die Wirtschaftswachstumsrate von leidenden angekurbelt. Psychische Störung heißt gesunder Markt. Parallel zu *Untact* investiert das Land in eine große digitale Behandlungsplattform. Alleinlebende Personen werden mit KI-Helfern und virtuellen Psychotherapeuten interagieren können, die realen Menschen verblüffend ähnlich sind. Jederzeit antworten sie auf Bitte um Hilfe, singen Lieder mit, spielen Quiz, hören einem voller Empathie zu und geben Ratschläge. Die Isolation wird erträglich gemacht, indem sie erweitert wird. Ob für die allerletzte marktkonforme Tat der berüchtigte »Suizid-Sarkophag« aus dem 3D-Drucker zugelassen wird, steht noch nicht fest. Mit Süd- und Nordkorea stehen sich nicht zwei politische Systeme gegenüber, sondern zwei Albträume. Nur ist letzterer bloß ein Überbleibsel der Vergangenheit mit Vogelscheuch-Funktion, während der erste aus der Logik der sich universalisierenden Unwertschöpfung herrührt. So wie kleine Bäche große Flüsse formen, die alle ins Meer fließen, bilden scheinbar belanglose technische Innovationen Systeme, die schließlich zu einem Metaversum zusammenlaufen, in dem ihr Gewaltpotenzial aktualisiert wird. Von Kollateralnutzen und Wohlstandsversprechungen entblößt, heißt die Zweckmäßigkeit nur noch krass das Ankurbeln der Wirtschaft. Die politische Ökonomie ist die vollkommene Negation des Menschen, wusste schon Marx von Trier. Vor dem Untergang *dieser* Welt muss sich wirklich niemand fürchten. Hoffen wir lieber auf einen Weltaufgang.

VII. DIE ENTFREMDUNG SCHLÄGT ZURÜCK

> Denn der Wahnsinn ist nichts anders
> als die vollendete Absonderung des Einzelnen
> von seinem Geschlecht.
>
> *G. W. F. Hegel*

99 *Teratologie** – Der Homunkulus. Der Zauberlehrling. Frankenstein. Der romantische Golem. Um die Wende zum 19. Jahrhundert, das heißt nach reformierter Zeitrechnung zum Auftakt des Anthropozäns, treten merkwürdige Zwitterwesen auf. Erzeugnisse, die gegen ihre Erzeuger rebellieren. Zu Subjekten gewordene Objekte. Artefakte, die sich selbstständig machen und drohen, alles um sich kurz und klein zu hauen. Lässt sich die künstliche Bestie zähmen? Muss man sie vernichten? Oder liegt vielleicht ihre Scheinselbstständigkeit allein im Kopf des Betrachters? Mit jenen literarischen Figuren kommt die Furcht vor der Hybris zum Vorschein, die Europäer angesichts der rasanten Industrialisierung ergreift.[72] Die Transmutation, von der die Alchemie träumte, hat die Technik vollbracht. Eine andere Welt ersetzt die herkömmliche, deren Eigendynamik sich über die Wünsche ihrer Bewohner hinwegsetzt. Es nimmt nicht wunder, dass die Allegorie bald Einzug in die Sozialkritik findet. »Die moderne Gesellschaft gleicht dem Hexenmeister, der die unterirdischen Gewalten nicht mehr zu beherrschen vermag, die er heraufbeschwor« – der visionäre Satz stammt aus dem *Kommunistischen Manifest*. Entfesselte Produktionsmittel, verkettete Produktivkräfte: Derselbe Impetus führt dazu, Automaten

---

* Lehre von Fehlbildungen.

zu vermenschlichen und Menschen zu automatisieren. Mary Shelleys Frankenstein-Figur ist an Andrew Ure angelehnt, einen schottischen Professor, der versucht hatte, durch elektrische Stimulationen die Leiche eines hingerichteten Mörders wiederzubeleben, ihm jedoch lediglich eine erschreckende Mimik entlockte. Allerdings ist Ure dank einer anderen, nicht minder monströsen Leistung in die Geschichte eingegangen, nämlich seiner *Philosophy of Manufactures* (1835), ein Pionierwerk der Managementtheorie. Sein ambitioniertes Projekt stellte er wie folgt dar: »Allein mithilfe der Wissenschaft kann es dem Kapital gelingen, den unbeugsamen Arbeiter zu zwingen, sich gefügig zu verhalten.« Wenn es dir mit künstlicher Intelligenz nicht gelingt, versuche es mit menschlicher Abstumpfung! Fortschritt und Zerstörung, Allmacht und Armut, Verwertung und Entwertung: aus dem Schmelztiegel der Widersprüche musste sich der Begriff der Entfremdung herauskristallisieren.

100 *Sollbruchstelle* – Bereits als Heranwachsender traute ich, um eine Theorie einzuschätzen, lieber meinem Instinkt als den autorisierten Autoritäten, was ich im Übrigen nur selten bereut habe. Aus diesem Grund hielt ich mich schon immer auf argwöhnische Distanz zu jenen Denkern, die gewöhnlich der *french theory* zugeordnet werden. Etwas war mir bei ihnen nicht geheuer. Indes verging viel Zeit, ehe ich herausfand, wo der Punkt genau lag. Heute ist mir vollkommen ersichtlich, dass dieser die Scheidelinie zwischen Moderne und Postmoderne markiert. Gegen Ende der 1970er-Jahre ist nämlich plötzlich ein Begriff weggezaubert worden, der in

den vorangegangenen Jahrzehnten zentral gewesen war: der Begriff der Entfremdung. In den Fußstapfen Louis Althussers schrieben Strukturalisten die Entfremdung dem »Humanismus« des jungen Marx zu, in ihrem Mund ein Schimpfwort. In den Fußstapfen Michel Foucaults diagnostizierten Poststrukturalisten gleich vier irreparable Mängel am Begriff: 1. Er hinge mit einer überholten Vorstellung von »Befreiung« zusammen, die die Macht nur als repressive Kraft ansehe. 2. Er setze eine verlorene Identität voraus, die es nicht gebe. 3. Er beziehe sich auf unsere gefangene Natur, die es ebenfalls nicht gebe. 4. Er gebe vor, eine fundamentale Wahrheit zu erläutern, wobei in Wahrheit keine Wahrheit existiere. Das waren mehr als genügend Gründe, um die alte Entfremdung im Antiquitätenmuseum abzustellen und mit ihr Adorno, Horkheimer, Castoriadis, Debord, Marcuse, Fromm, Arendt, Reich, Freud und viele andere. Ein wahrhaftiges, wenngleich symbolisches Autodafé, möchte man meinen. Nun konnte sich jeder Erstsemester einbilden, er sei zumindest an diesem Punkt all den toten weißen Männern überlegen. Sogar Axel Honneth, Leiter des Instituts für Sozialforschung, wundert sich über seine Amtsvorgänger: Hätten doch Max und Teddy wissen müssen, dass der Entfremdungsbegriff »auf Prämissen beruht, die ihren eigenen Einsichten in die Fallstricke vorschneller Verallgemeinerungen und Objektivierungen widersprechen«.[73] Aufgrund dieser verwunderlichen Einstimmigkeit könnte man fast annehmen, dass für die Sozialwissenschaften die Existenz der Entfremdung so definitiv widerlegt sei wie für die Chemie die Existenz des Phlogistons. Das lässt einen insofern aufhorchen, als Gesellschaftstheorien im Gegensatz zur Chemie nicht kumulativ sind und nur begrenzten Anspruch auf Falsifizierbarkeit haben. Wie dem auch sei, der Grund für mein jugendliches Urteil war ein anderer. Entfremdung hatte ich nicht in Büchern, sondern im realen Leben kennengelernt, nämlich in Form von entfremdeter Arbeit. Das stand gar nicht zur Diskussion! Auch wenn ich der Letzte sein sollte, der die Welt auf diese Weise wahrnimmt: Meine Entfremdung lasse ich mir von niemandem nehmen!

101 *Was ursprünglich mit der Idee gemeint war* – Mit Ludwig Feuerbach und seiner Religionskritik fängt es an. Den entsprechenden Verschwörungstheorien französischer Materialisten erwidert der bajuwarische Posthegelianer: Ja, die Religion ist buchstäblich falsch, aber sie ist anthropologisch wahr. Nicht Gott hat den Menschen erschaffen, sondern der Mensch Gott, geschenkt, doch, und das ist der springende Punkt: nach seinem Ebenbild. Gott ist eine Metapher für die menschliche Gattung. Alles, was ihm zugeschrieben wird, sind tatsächliche Attribute der Gattung. Wein und Brot sind in der Tat ein tägliches Wunder. Die Religion spiegelt die tragische Kluft zwischen der Ohnmacht des Menschen und der ungeheuerlichen Macht der Menschheit wider. Jedem Einzelnen stehen gigantische, unkontrollierbare Kräfte gegenüber, und diese Kräfte projiziert er auf ein selbstständiges Wesen, nenne er es Jahve, Allah oder Anthropos. Von der Theorie kann man halten, was man will, allerdings ist bei Feuerbach nirgends zu lesen, dass der Mensch, bevor die Entfremdung eintrat, selber Gott gewesen sei! Im Gegenteil ist für ihn die religiöse Entfremdung kein Verlust, sondern ein Fortschritt, eine Zwischenstufe im Prozess des Selbstbewusstseins und der

Selbstverwirklichung. Übertrieben enthusiastisch wähnt er sich gar an einem Wendepunkt der Weltgeschichte. Da ist der Vorwurf des Essenzialismus vollkommen absurd, umgekehrt setzt die Idee der Entfremdung auf die Perfektibilität, die Vervollkommnungsfähigkeit des Menschengeschlechts. Das »unverfälschte Leben« oder das »autonome Subjekt« werden nicht in eine mythische Vergangenheit rückprojiziert, es sind Figuren einer imaginierten Zukunft. Vermutlich stört eher diese Zukunftsvorstellung die Entfremdungsleugner. Dann kommt Marx. Da er die Kritik des Himmels (irrtümlicherweise) für erledigt hält, geht er zur Kritik der Erde über, dabei bedient er sich derselben Analogie. Das Erzeugnis, das sich von seinen Erzeugern unabhängig macht und ihnen feindlich und fremd gegenübertritt, das ist die Ware. Mit der Herrschaft des Kapitals werden nicht nur die Produkte der Arbeit zu Waren, auch die Arbeit selbst sowie die Produzenten und Konsumenten, die untereinander als Warensubjekte in Beziehung treten. Entfremdung ist die zwangsläufige Auswirkung der Entfaltung der Warenlogik auf die Subjektivität. Gerade das Aufeinandertreffen von objektiven und subjektiven Bedingungen macht den Begriff so spannungsreich. Entfremdungskritik ist Warenkritik. Auch bei Marx sucht man vergeblich nach rückwärts gerichteter Nostalgie. Sein Leben lang mokiert er sich über die Sozialromantiker, die sich nach einem verklärten Urzustand sehnen, hieße dieser das nomadische Leben im Paläolithikum, die Zünfte des Mittelalters oder die soziale Marktwirtschaft unter Ludwig Erhard. Die Frage des Ursprungs ist nicht nur unergründlich, sie ist irrelevant. Entfremdung ist kein *one off*, kein einmaliges Urereignis, sondern ein fortdauernder Prozess. In dem Maße, wie alles Denkbare und Undenkbare in Waren verwandelt wird, wird der Entfremdungsmoment immer wieder aktualisiert. Das ist insofern eine gute Nachricht, als wir nicht auf einen hypothetischen, grandiosen Befreiungsschlag warten müssen, der das Urereignis rückgängig machen würde. »Die Aufhebung der Selbstentfremdung macht denselben Weg wie die Selbstentfremdung«, notiert Marx kryptisch. Bei jedem Moment der Kommodifizierung, so winzig auch immer, spielt sich das ganze Drama ab, mithin die Möglichkeit des Kampfes.

102 *Industrie und Domestizierung* – Darüber herrscht weitgehend Konsens: Das Anthropozän begann mit der industriellen Revolution. Dass es sich dabei um eine Revolution handelte, wird als selbstverständlich hingenommen. Eine weitere Klärung scheint nicht nötig. Nach der Erfindung der Dampfmaschine hätte eine technische Innovation die andere mechanisch nach sich gezogen. Oder anders erzählt, der Mensch habe sein Schicksal in die eigenen Hände genommen. So evident sei das. Der Zweck wird ex post rücklegitimiert: Nötig sei doch die Industrialisierung gewesen, damit wir nach Mallorca fliegen können. Wie wären wir denn ohne Computer ins Internet gegangen? So wird eine bürgerliche Erzählung übernommen, die in der gewissenlosen Zerstörung der Biosphäre keine geringe Rolle spielte. Wenn die Industrierevolution notwendig war, dann war es das Anthropozän wohl auch. Und heute gebe es keine andere Wahl, als noch eine Industrierevolution durchzumachen, nur diesmal grüngemalt. Verwunderlich ist jedoch, dass in einem Diskurs, der den Anthropos ins Zentrum stellt, nicht berück-

sichtigt wird, was die Industrialisierung für die betroffenen Menschen konkret bedeutete. Der Gewaltakt gegen die Natur war zugleich ein Gewaltakt gegen die Menschen. Männer, Frauen, Kinder wurden gezwungen, in Sweatshops zu schuften, die sich von Zuchthäusern kaum unterschieden. Ohne Terror wäre damals kein Mensch in der Fabrik geblieben. Kinder wurden deswegen eingestellt, weil eine neue Generation gezüchtet werden musste, die von keinen vorindustriellen Gewohnheiten beeinflusst war. Die Industrialisierung war in erster Linie eine Domestizierung. Schuld war nicht die Technik an sich. Innovationen in der Energieerzeugung und der Mechanisierung schwerer Tätigkeiten hätten auch in einem anderen, freundlicheren Kontext angewandt werden können. Das Fabriksystem wäre keine zwingende Notwendigkeit gewesen, hätte das Ziel Bedürfnisbefriedigung geheißen. Das Ziel war aber ein anderes, nämlich so viel Geld wie nur möglich zu generieren, dafür konnte nie genug Kohle gefördert und Stahl gehärtet und Beton gegossen werden. Gleichwohl wurde rücksichtslos Raubbau an der Lebensenergie der arbeitenden Menschen getrieben. Die industrielle »Revolution« beschränkt sich nicht auf Manchester des frühen 19. Jahrhunderts. Die Urszene wiederholte sich später in jedem Land mit ähnlichen traumatischen Folgen. Überall beklagten Menschen den dreifachen Verlust der Gemeinschaft, der Zeit und der Selbstständigkeit. Die Lage der arbeitenden Bevölkerung mag sich seitdem erheblich verbessert haben (nicht zuletzt, weil die Disziplinierung verinnerlicht wurde), dennoch ist dieser Verlust nie wiedergutgemacht worden.

103 *Im Umfeld des Aliens* – Machen wir einen kurzen Abstecher nach Paris ins Jahr 1844. Da treffen wir auf Heinrich H. in seiner Wohnung im 10. Arrondissement. Gerade rastet der deutsche Exilant aus, weil seine zwei Wandnachbarinnen seit Stunden dasselbe Stück am Pianoforte üben. »Das ist nicht mehr zu ertragen!«, brüllt er. Genug Konzentration findet er gerade noch, um hastig zu kritzeln: »Dieses Überhandnehmen des Klavierspielens und gar die Triumphzüge der Klaviervirtuosen zeugen ganz eigentlich von dem Sieg des Maschinenwesens über den Geist!« Dann rast er hinaus. Ist im Café de la Régence mit seinem Landsmann Karl M. verabredet. Als er ihm seinen Ärger mitteilt, fragt sein Kumpan (er ist Philosoph, wühlt gern in Widersprüchen), wie sich die antipianistische Wut mit jenem befreundeten Komponisten verhält, von dem er so oft schwärmt. »Frédéric C.? Aber Frédéric ist doch ein Genie! Nicht dank, sondern trotz des Klaviers. Bei ihm vergisst man die Technik. Das ändert allerdings nichts daran, dass mit dem Tasteninstrument die Maschine ins Interieur des Bourgeois eingedrungen ist und dass seine gedrillten Töchter selbst zu Instrumenten werden – was freilich eine wohlverdiente Strafe wäre, würden sie uns nicht mit ihrem Geschwirr irre machen!« Zufällig läuft Frédéric C. gedankenversunken am Café vorbei. Gerade beschließt er, seine soeben komponierte Nocturne in f-Moll Fräulein Jane S. zu widmen. Die schottische Erbin ist eine talentierte Pianistin und großzügige Förderin, nur kann Frédéric ihre eindringlichen Liebesbeweise nicht erwidern. Seine innigen Gefühle gelten männlichen Geliebten, doch ist das in der Bohème wie in den Salons absolut unaussprechbar. Gegen das Sein wird der Schein gewahrt. Überdies will Lady Jane eine Englandtournee

organisieren, und obwohl ihm vor der Vorstellung graut, braucht er das verdammte Geld. Soeben hat er seine Rage in den Mittelteil der Nocturne mit einem cholerischen *più mosso* hineinkomponiert. Derweil haben Heinrich H. und Karl M. das Thema gewechselt. Die Flugschrift, die Heinrich den schlesischen Webern zu Ehren geschrieben hat, muss nämlich schnell gedruckt und an ebendiese verschickt werden. Neuerdings stürmen die tapferen Arbeiter die Lagerhallen und Privathäuser der Fabrikanten. Aus Protest gegen Preisverfall, Überproduktion, Verlust der Produktqualität und der beruflichen Selbstständigkeit. Ihr Aufstand, davon sind beide Freunde überzeugt, ist der Auftakt eines anhaltenden Kampfes für Autonomie und gegen Industriearbeit. Darauf stoßen sie an. Dann geht Karl M. nach Hause, um an seinem Manuskript weiterzuschreiben. Wo war er stehen geblieben? Ach ja: »Die Tätigkeit, welches immer ihre individuelle Erscheinungsform, und das Produkt der Tätigkeit, welches immer seine besondre Beschaffenheit, ist der Tauschwert, d. h. ein Allgemeines, worin alle Individualität, Eigenheit negiert und ausgelöscht ist.« Ausgelöscht. Mit diesem einen Wort, das weiß er, vollzieht er den Bruch mit Hegel. Noch entspricht der *Wissenschaft der Logik*, dass das Allgemeine das Einzelne negiert. Aber bei Hegel ist die Negation bloß ein notwendiges Zwischenstadium, das in einer weiteren Phase durch die Vermittlung des Besonderen aufgehoben wird. In seinem System wird nichts »ausgelöscht«, genau das erachtet Marx als seinen Schwachpunkt. Das Kapital ist kein Recyclinghof. Er greift wieder zur Feder. Der gesellschaftliche Charakter der Tätigkeit, schreibt er, »erscheint hier als den Individuen gegenüber Fremdes, Sachliches; nicht als das Verhalten ihrer gegeneinander, sondern als ihr Unterordnen unter Verhältnisse, die unabhängig von ihnen bestehn und aus dem Anstoß der gleichgültigen Individuen aufeinander entstehn«. Dann trinkt er einen letzten Schluck Wein und geht schlafen.

104 *Allgemeine Proletarisierung (1)* – Was unterschied den Industriearbeiter vom Handwerker? Nicht der Hungerlohn, nicht der fehlende Wohlstand, nicht das Abhängigkeitsverhältnis. All diese Dinge waren bereits das Los der meisten Handwerker, daher wäre eine Verklärung der vorindustriellen Zeit fehl am Platz. Nein, die wesentliche Verstümmelung, die Menschen infolge der industriellen Domestizierung erdulden mussten, war die geistige Enteignung. Genau das definiert die Proletarisierung. Die Arbeiter waren nicht mehr Herren ihrer Zeit und ihres Arbeitstempos, es wurde vom Fabriksystem diktiert. Sie mussten nicht mehr denken, die Maschine dachte für sie. Anders als das Werkzeug ist die industrielle Maschine nicht bloß Prothese, Verlängerung, Potenzierung der eigenen physischen oder mentalen Kraft, deren Anwendung vom Geist des Nutzers bestimmt wird. Das Denken ist in die Maschine entäußert worden; diese bestimmt, was der Arbeiter zu tun hat, nicht umgekehrt. Meister und Diener haben die Rollen getauscht. Die Frage ist nicht mehr, was tue ich mit dem Gerät, sondern, was tut das Gerät mit mir? Die Dinge werden vermenschlicht, die Menschen verdinglicht. Im Handwerk war noch ein Wertbegriff vorhanden, der vom Marktwert unabhängig war. Aufgrund eigener Kriterien war sich der Tischler absolut sicher, dass er nach vielen Fehlversuchen endlich den perfekten Schrank gebaut hatte. Ob ihn schließlich jemand kaufen würde oder nicht, spielte in dieser Hin-

sicht keine Rolle. Hingegen ist das kapitalistische Industrieprodukt allein dem Marktwert unterworfen. Was nicht verkauft wird, ist Schrott. Auch ein Mensch, der sich nicht zu verkaufen weiß, ist Schrott. Entäußerung war ein permanentes Motiv des proletarischen Klassenkampfes. Der Geist gehörte der Maschine, doch wem gehörte die Maschine? Das war gemeint mit der Expropriation der Expropriateure. Nur konnte das Ziel natürlich nicht sein, die Maschinen zu erobern, um sie wie gehabt zu bedienen. Es ging wohl darum, von der geistigen Komponente der Aktivität wieder Besitz zu ergreifen, die Maschine also entsprechend zu transformieren. Ziel war die Abschaffung der Proletarisierung und nicht die leninistische Diktatur des Proletariats, die natürlich nichts anderes sein konnte als eine Diktatur über das Proletariat, das bürokratische Monopol über den Geist.

105 *Kampf um K.* – An einem Frühlingstag des Jahres 1963 trafen sich bei Prag um die hundert graue Bürokraten aus dem grauen Ostblock in einem Schloss (wo sonst?), um über das weitere Schicksal des Franz K. zu konferieren. Genauer gesagt, da der Mann schon lange tot war: über das Schicksal seines im Giftschrank eingesperrten Œuvres. Mittlerweile wurde der Romancier im kapitalistischen Ausland als Jahrhundertautor gefeiert, daher die Frage, ob die ČSSR nicht ihrer nationalen Koryphäe posthum Ehrung zollen sollte. Zur Entscheidung stand nicht nur ob, sondern vielmehr *wie*, in welchem interpretativen Korsett, die Erzählungen des Franz K. zu veröffentlichen seien. Erscheinen konnte nur, was im Licht der marxistisch-leninistischen Weltanschauung beleuchtet wurde.

Den Kulturfunktionären war bewusst, wie vorsichtig sie mit einem Stoff umgehen mussten, der sich nur schwer als Zeugnis der nunmehr überwundenen bürgerlichen Epoche wegerklären ließ. Befürchtet wurde viel eher, dass *Der Process* als Vorwegnahme des realkafkaesken Sozialismus gedeutet werden könnte. Zumal das Buch von westlichen Literaturkaltkriegern als Totalitarismuskritik umgedeutet worden war (und das gegen alle Evidenz: »K. lebte doch in einem Rechtsstaat, überall herrschte Friede, alle Gesetze bestanden aufrecht, wer wagte, ihn in seiner Wohnung zu überfallen?«). Im Laufe der Konferenz tauchte immer wieder ein Begriff auf, der bei Franz K. selbst nicht vorkommt und doch die ganze Problematik zu umfassen schien: Entfremdung. Nach Stalins Tod waren Marxens Frühschriften von begeisterten »Revisionisten« wiederentdeckt worden, die so unverschämt waren, den Staatssozialismus eine »neue Form der Entfremdung« zu nennen. Vor verblüfften Tagungsteilnehmern setzte nun Eduard Goldstücker eins drauf und erklärte, in der gegenwärtigen »Übergangsperiode« könne es passieren, dass die Menschen die Entfremdung sogar »noch stärker fühlen als im Kapitalismus«! Dem widersprachen die Delegierten aus der DDR heftig. Damit sei man doch durch; defätistische Beschreibungen hätten im Sozialismus nichts zu suchen! Schließlich setzten sich die reformorientierten Tschechoslowaken doch durch. *Der Process* erschien zwei Jahre später. Über das Zerrbild des bürgerlich-dekadenten Schriftstellers hatte eine noch unwahrscheinlichere Figur gesiegt: die des positiven Helden Franz K. im »Kampf für soziale Demokratie, Initiative und Verantwortung«! Die »Kafka-Konferenz« ging als Auftakt des Prager Frühlings in die Geschichte ein. Doch um die Gespenster der Entfremdung auszuräuchern, reichte es offenbar nicht, dem sozialistischen Kobold ein menschliches Antlitz zu verleihen. 1966 fand der Essay des Philosophen Ivan Dubsky, »Heim und Heimlosigkeit«, internationale Beachtung. Zum ersten Mal war von einer »wohlwollenden Auseinandersetzung mit Heidegger in Osteuropa« die Rede.⁷⁴ Im damaligen Kontext völlig überraschend erklärte Dubsky »Heimlosigkeit« zum »Wesen des Lebensschicksals und des Daseinsbewusstseins des modernen Menschen«. Die politische Absicht war kristallklar. Zur Legitimierung des realexistierenden Sozialismus wurde der bisher als Faschist verrufene Heidegger gegen Marx ausgespielt! Entgegen der früheren Verheißung seien Ohnmachts- und Entäußerungsgefühle unumgängliche Begleiterscheinungen der technischen Ära, ganz gleich unter welchem politischen Regime. Marxens Vorstellung des befreiten Menschen, der vormittags fischt und abends kritisiert, degradierte der polnische Parteiphilosoph Adam Schaff auf einmal zum »Science-Fiction-Spiel«. Hüben wie drüben lief also die Kritik der Entfremdungskritik auf die plumpe Aufforderung hinaus, man müsse sich mit den Verhältnissen abfinden. Die schlappe Selbstaufgabe muss, um erträglich zu sein, von vorgetäuschtem Entzücken begleitet werden. Daher geriet erneut Franz K.s Werk unter Beschuss, so »voll des Unglaubens an die Möglichkeiten und das Glück des Menschen«, wie es war.⁷⁵ Um das Menschenglück wiederherzustellen, rollten kurzerhand die Sowjetpanzer ein.

106 *Retro oder vintage?* – Wer beim konstruktivistischen Hype der 1980er-Jahre stecken geblieben ist, kann dem Begriff der Entfremdung nichts abgewinnen. Ziemlich abgetragen sind aber heute billig-ironische

Floskeln wie: Wahrheit ist die Erfindung eines Lügners, und was ist denn schon authentisch, und Ursprünglichkeit ist doch eine Illusion. Um mit solch angeblichen Schlauheiten aufzuräumen, reicht eine einfache Feststellung: Am Anfang stehen weder Authentizität noch Wahrheit, sondern Fälschung und Lüge. Solange etwas nicht verfälscht worden ist, ist es nicht authentisch, es ist einfach da. Rembrandt hat keinen authentischen Rembrandt gemalt. Erst als die ersten Fakes auf dem Kunstmarkt auftauchten, mussten Experten originale Gemälde *authentifizieren*. Und so ist es mit allem. Vor nicht allzu langer Zeit wäre ein Bauer niemals auf die Idee gekommen, seinen Ziegenkäse als authentisches Regionalprodukt anzupreisen – was sonst konnte er sein? Der Anspruch auf Wahrheit oder Authentizität wird erst als Reaktion auf Schummelei und Betrug erhoben. Da greift der Essenzialismus-Vorwurf zu kurz. Ich muss nicht im Besitz einer essenziellen Definition von Schokolade sein, um zu wissen, dass eine Tafel mit zwei Prozent Kakaoinhalt eine Verarschung ist. Konfekt ist immer Konstrukt, doch sind nicht alle Konfekte gut. Ein schmachtendes Lächeln ist nun einmal ein schmachtendes Lächeln, authentisch wird es erst in Bezug auf die geheuchelte Grimasse aus der PR-Abteilung. Natürlich ist die besagte PR-Abteilung sehr darauf erpicht, die Idee des Authentischen zu diskreditieren, was im Übrigen nicht primär durch Leugnung erfolgt, sondern durch Vermarktung. Wenn der letzte Schrott als authentisch verkauft wird, ist die Vokabel endgültig entleert. Dann schlägt die Stunde des Zynikers, welcher, wie Oscar Wilde meinte, jemand ist, der von allen Dingen den Preis kennt und von keinem den Wert weiß. Dasselbe gilt für den Wahrheitsbegriff. Nicht die Philosophen fingen damit an, auf ihre Mitbürger mit der Wahrheitskeule einzudreschen. Nein, auf der Agora waren zuerst die Sophisten da, die ihre rhetorischen Künste an die Meistbietenden verkauften. Damals schon war der Wert eines Diskurses einzig eine Affäre von Angebot und Nachfrage. Erst als Reaktion dagegen machten sich die Philosophen auf die Suche nach allgemeingültigen Wahrheitskriterien. Da sich heute der Marktplatz über die ganze Welt erstreckt, haben die Sophisten die Philosophen verdrängt. Vor allem für Pfuscher, Marktschreier und Quacksalber ist die permanente Anzweiflung des Authentischen ein gefundenes Fressen. Darum sind mir in der Regel Theorien des Verdachts zunächst einmal verdächtig. Was will man mir damit verkaufen? Meistens nichts weiter als die stille Erduldung des Desasters.

107 *Allgemeine Proletarisierung (2)* – Nun sei endlich erläutert, was all die obigen Abschweifungen mit der Gegenwart zu tun haben. Wenn, wie allgemein geglaubt, das Proletariat eine in dreckigen Fabriken brutal ausgebeutete männliche Masse sei, dann wäre die Art so gut wie ausgestorben, außer vorübergehend in China und Südostasien. Wenn aber Proletarisierung die Entfremdung der geistigen Praxis bedeutet, dann sind heute so gut wie alle Menschen auf diesem Planeten proletarisiert! Dann lag Marx richtig. Das Instrumentwerden der Fabrikarbeiter war nur der Anfang. Es fand ein Durchsickern von unten nach oben statt.[76] Die Angestellten, die sich in ihrer Funktion so sicher wähnten, sind entweder von Automaten ersetzt worden, oder sie werden nur erhalten, um die Befehle eines Computerprogramms zu übermitteln. Der früher so gehasste Aufseher sowie das mittlere Management sind überflüssig geworden; die

Überwachungs- und Steuerungsfunktionen sind ins System integriert. In China wird bereits ein Konzern von einem Androiden mit KI geleitet (Vorteile: der virtuelle CEO arbeitet rund um die Uhr, verdient kein Spitzengehalt und hat keinerlei Gefühle). Der Arzt, der Apotheker, der Lehrer, der Rechtsanwalt, der Journalist sind nur Überbleibsel einer untergegangenen Epoche, automatisierte Online-Dienste machen ihren Job zwar nicht besser, doch kostengünstiger und nicht weniger effektiv. Immer und überall ist der Transformationsprozess dem Autofahren gleich gewesen. Unmerklich übernahm die Elektronik ein Steuerungselement nach dem anderen, bis der menschliche Agent ganz überflüssig wurde. Die Faszination vor autonomen Maschinen blendet den eigenen Autonomieverlust aus. Sobald Intelligenz mit Rechenkapazität, quantitativem Leistungsvolumen und Reaktionsschnelligkeit gleichgesetzt wird, zieht gegen die künstliche Intelligenz die menschliche immer den Kürzeren. Je höher die Funktion auf dem Organigramm, desto komplexer die Aufgaben, desto unabdingbarer der Proletarisierungsprozess. Die Beinahe-Lichtgeschwindigkeit des Rechners schließt jede menschliche Entscheidung kurz, wie in sogenannten Flashcrashs exemplarisch gezeigt. Zweimal geschah es bereits, dass alle Börsentrader der Welt entsetzt und machtlos zusehen mussten, wie Algorithmen Milliarden Dollar sekundenschnell vernichteten. Da saßen sie so dumm und verloren wie ein heutiger Uber-Fahrer ohne GPS. Ähnlich dem Hochfrequenzhandel funktioniert die ganze Gesellschaft: auf Autopilot. Genau das wollen Verschwörungstheoretiker nicht wahrhaben. In ihrer Fantasie üben die Mächtigen der Welt die strategische Intelligenz, die ihnen tagsüber so offensichtlich fehlt, in der geheimnisumwobenen Nacht aus. Dass dem nicht so ist, zeigt doch jede Krise. Sobald der Autopilot versagt, drückt die Crew manisch alle Knöpfe im Cockpit, nicht wissend, welcher die temporäre Rettung bringt. Selbstredend wird auch jeder Mensch vereinzelt unmündig gemacht und nicht nur bei der Arbeit. Der Technik hat er sein Gedächtnis überlassen, seine Kommunikationsfähigkeit, seinen Orientierungssinn, sein Denkvermögen, seine Aufmerksamkeit und allerlei geistige Eigenschaften, die zusätzlich zu seiner Arbeitskraft ausgebeutet werden, um Profite zu generieren. Jede heruntergeladene App ist ein Schritt weiter in die Proletarisierung.

108 *Der Name des Desasters* – »Keine Universalgeschichte führt vom Wilden zur Humanität, sehr wohl eine von der Steinschleuder zur Megabombe«, schreibt Adorno in seiner *Negativen Dialektik* (offenbar hat er von Günther Anders abgeguckt). »Sie endet in der totalen Drohung der organisierten Menschheit gegen die organisierten Menschen.« Danke, du korsischer Landsmann, die Menschheit gegen die Menschen, genau das war meine Intuition auch, obschon heute neben der Megabombe auch der Supertanker, der Gigacomputer, die Hyperschallrakete usw. erwähnt werden könnten. Weiter bohrt Adorno: Profitinteresse und Klassenverhältnisse seien der »Motor des Produktionsvorgangs, an dem das Leben aller hängt und dessen Primat seinen Fluchtpunkt hat im Tod aller«. Diese Zerrissenheit zwischen gleichzeitiger Lebenserhaltung und -vernichtung sei das »Versöhnende am Unversöhnlichen«, daher die Schlussfolgerung (die er wiederum bei Benjamin abschreibt): »Zu definieren wäre der Weltgeist als permanente Katastrophe.« Aus dem Grand Hotel

Abgrund ein vertrauter Duktus. Aber mit der anthropogenen Umweltzerstörung erhärtet sich doch die These, die Menschen seien von ihrem entfremdeten Gattungswesen existenziell bedroht. Selbst nach der schwachen Definition von Entfremdung als bloßem Kontrollverlust, entglittenem Teil der menschlichen Aktivität, Summe derer nicht intendierten und nicht antizipierten Folgen, ist der Zusammenhang mit dem laufenden Desaster evident. Nur haben wir es weder mit Akzidenzien zu tun noch mit Folgen einer angeborenen Bewusstseinsschwäche. Es handelt sich um einen historisch datierten Prozess, dessen Logik bewussten Motiven entspringt, sich jedoch verselbstständigt hat. Noch nie war das dreifache Exterioritätsverhältnis so offensichtlich, in dem die machtlosen Individuen stehen: zu ihrer Arbeit, zu ihrer Gattung und zur Natur. Und just zu diesem Zeitpunkt wird die Frage ernsthaft gestellt, ob es so etwas wie Entfremdung überhaupt gebe! Terminologie ist wichtig. Es wäre schon etwas gewonnen, wenn Nachrichten auf eine Weise formuliert wären wie: »Infolge der Entfremdung sind gestern hunderttausend Hektar abgebrannt«, oder: »Neue Studien belegen, dass die Entfremdung das Krebsrisiko erhöht.« Freilich reicht die Identifizierung des Desasters nicht, um es zu überwinden. Immerhin vermag Klarsicht die Neigung zur Selbstaufgabe erschweren.

109 *Pathemata mathemata** – »Ich sehe eine Folge von Katastrophen auf uns zukommen, die wir sorgfältig obgleich unbewusst erwirken. Falls sie gewaltig

---

* Gr.: Leiden sind Lehren.

genug sind, um die Welt aufzurütteln, ohne deshalb alles zu zerstören, dann nenne ich sie erzieherisch. Durch sie allein kann unsere Trägheit überwunden werden, sowie die unbezwingbare Neigung der Leitartikler, jede gut belegte Warnung vor einer Todesgefahr als ›apokalyptische Psychose‹ zu leugnen, solange sich die Leugnung rentiert.« So sprach im Achsenjahr 1973 der Schweizer Philosoph Denis de Rougemont in einem Fernsehinterview.[77] Zusammen mit dem Bewusstsein des Unheils wird die Unzulänglichkeit ebenjenes Bewusstseins bewusst. Nicht nur begehen Menschengesellschaften schwere Fehler, auch kommt die Aufklärung immer zu kurz, um allein die Fehler beheben zu können. Hier kann das unglückliche Bewusstsein keine Etappe auf dem Weg zur selbstbewussten Versöhnung sein, gefangen, wie es ist, in der endlosen Spirale der selbstverlogenen Rationalisierungen, dem Selbstgespräch des Alkoholikers ähnlich. Morgen höre ich auf. Eins geht noch. Und insgeheim wird der Schlaganfall ersehnt, damit die Reaktion endlich unausweichlich wird, die alle Aufklärungskampagnen der Welt auszulösen vermasselt haben. Erst nach einem Tritt in den Hintern zeigt ein Argument Wirkung – ehe über die Behauptung gespottet wird, sei an den deutschen Atomausstieg erinnert. Zur Entscheidung führten kein wissenschaftliches Gutachten und keine Anti-AKW-Demonstration, Fukushima ist sie zu verdanken! Dass im Dienst der Vernunft Katastrophen gegenüber Zwangsmaßnahmen die bessere Alternative sind, wusste selbst der ungeduldige Revolutionär Saint-Just: »Wir müssen auf ein allgemeines Übel warten, das groß genug sei, um die öffentliche Meinung fühlen zu lassen, dass geeignete Maßnahmen notwendig sind, um Gutes zu tun. Das, was das Gemeinwohl herbeiführt, ist immer schrecklich oder erscheint seltsam, wenn damit zu früh begonnen wird.«[78] Dem erzieherischen Wert von Katastrophen fügte Hegel eine wichtige Nuance hinzu: »Narren werden mit Schaden klug, die gescheiten Leute bleiben hingegen mit allem Schaden unklug.«[79] Da war Louis-Ferdinand Céline noch fatalistischer. Der Mensch, meinte er, ist »ungefähr so menschlich, wie das Huhn fliegt. Kriegt das Huhn einen Stoß in den Hintern, wird es von einem Auto in die Luft geschmissen, dann steigt es schon empor, doch um gleich wieder in den Schlamm abzustürzen und weiter Kot zu schnäbeln. Das ist seine Natur, seine Ambition. Für uns in der Gesellschaft ist es nicht anders. Allein unter dem Schock einer Katastrophe hören wir auf, absolute Miststücke zu sein, doch kaum haben sich die Dinge einigermaßen gelegt, erlangt das Naturell die Oberhand zurück.«[80]

110 *Schreckenslust* – In seinem Aufsatz *Ueber das Vergnügen am Schreckhaften* (1787) stellt Johann Karl Wezel enttäuscht fest, dass die vernünftige Argumentation allein zu schwach ist, um Menschen in Bewegung zu bringen. Angezogen werden sie vielmehr vom dargestellten Unheil; sie brauchen und genießen die Nachahmung und Vorstellung dessen, wovor sie sich fürchten. Das ist ja die Funktion von Theater, Kino und Serien. Im Widerstreit mit der Ästhetik zieht die Ethik den Kürzeren. Erbauliche Kunst, möge sie sich auch noch so »radikal«, »subversiv« und »provokant« geben, ist immer ein kitschiger Irrtum. Schreckenslust war eine Begleiterin der Aufklärung, ihr verfemter Teil, ihr dunkles Gegenstück. Selbstverständlich schreiben Feingeister wie Wezel die Anziehungskraft

der Katastrophe den niederen Instinkten des Volkes zu. Unvorstellbar ist für sie, dass die Lust am Untergang einen Protest gegen die erlittenen Zustände (wovon die Dominanz der Feingeister Teil ist) spiegeln mag, nach dem Motto: Lieber ein Ende mit Schrecken als ein Schrecken ohne Ende. Damit wären wir bei der Verwandtschaft von Katastrophe und Revolution. Das ästhetische Vergnügen an vorgestellten Erdbeben, Alien-Attacken oder Kometeneinschlägen ist eine Ersatzsehnsucht. Um einen radikalen Bruch mit der Gegenwart zu erzwingen, wird anstelle nicht vorhandener revolutionärer Gewalt auf Naturgewalt gehofft. So wäre auch die Popularität der Formel zu interpretieren, ein Ende der Welt sei heute vorstellbarer als ein Ende des Kapitalismus. Wenn Kollapsologen kommende Desaster penibel auflisten, lässt sich eine gewisse libidinöse Freude kaum verbergen, vermutlich eine Form von sublimierter Ohnmacht: Zumindest sehe ich voraus, wogegen ich nichts mehr tun kann.

111 *Die Dinos klagen an* – Es ist vermutlich kein Zufall, dass der Katastrophismus als naturgeschichtliche Theorie zur Zeit der Französischen Revolution entstand. Für den Zoologen Georges Cuvier (1769–1832) besaßen jede Pflanze, jedes Tier (und ebenso die »minderwertige schwarze Rasse«) eine feste, unabänderliche Existenzform auf Erden. Nur waren gerade Fossilien ausgestorbener Arten entdeckt worden, und es stellte sich die Frage, wie die postulierte Zeitlosigkeit der Schöpfung sich mit der Evidenz vereinen ließ, dass die Natur doch eine Geschichte hatte. Cuvier antwortete: Gelegentlich

wird die natürliche Ordnung von Kataklysmen durcheinandergebracht. Myriaden von Lebewesen werden plötzlich vernichtet, dann wird der frei gewordene Raum von neuen Arten besetzt. Paradoxerweise setzte seine konservative Naturtheorie die Hypothese der »Revolution« voraus (den Begriff verwendete Cuvier synonym für Katastrophe). Damit räumte Darwin gründlich auf. Ihm roch der Katastrophismus zu sehr nach Sintflut und Arche Noah, um wahr zu sein. Darwin hat nicht das Evolutionsgesetz während seiner Forschungsreisen zufällig entdeckt, er ist gereist, um das Evolutionsgesetz zu finden. Adam Smith und Malthus hatten ihn dazu hingeleitet, wie Marx spöttisch schrieb, unter Bestien und Pflanzen seine englische Gesellschaft wiederzuerkennen. Wie dem auch sei, mit seiner Theorie der graduellen Entwicklung durch Mutation, Variation und Selektion behielt Darwin recht. An der Lehre der göttlichen Kreation halten nur noch evangelische Obskurantisten fest. Damit war auch der Katastrophismus vom Tisch. Dachte man zumindest. So amoralisch und zwecklos das biologische Leben auch sei, immerhin verliefe es mit der Regelmäßigkeit eines ruhigen Flusses. Wenn bloß kein Asteroideneinschlag die Dinos vernichtet hätte! Davon weiß heute jedes Kind, doch ist die Erkenntnis ziemlich neu (1980) und sie traf auf heftige Widerstände. Plötzlich war Cuvier zurück! Mehr noch: Wie wir nun wissen, durchlief die irdische Geschichte fünf Massenaussterben, im Laufe derer jeweils drei Viertel bis neun Zehntel aller Lebewesen verschwanden. Jetzt stecken wir mitten im sechsten, und der Asteroid sind wir selbst. Damit wird die Evolutionstheorie keineswegs widerlegt, sondern durch eine Sicht auf die Naturgeschichte ergänzt, die der Paläoanthropologe Richard Leakey wie folgt zusammenfasst: »Ausgedehnte

Phasen der Langeweile, die mit kurzen Augenblicken des Terrors unterbrochen werden.«

112 *Nach den Grundsätzen der Dialektik* – Ende des 19. Jahrhunderts fand unter sozialistischen Intellektuellen eine Art Generationskonflikt statt. Während die Alten über Hegel beim Sozialismus angelangt waren, kamen nun die Jungen über Darwin dahin. Ihr Hintergrund war nicht mehr die Philosophie, sondern die Naturwissenschaft. Dieser intellektuelle Klimawandel wird schon eine Rolle in der Art gespielt haben, wie die beginnende Sozialdemokratie ihre politische Aufgabe definierte. Die Jungen nahmen die Begriffe nicht mehr auf, womit die Älteren die Notwendigkeit einer Revolution begründeten. Viel eher ging es ihnen darum, die Gesetze der Evolution auf die Gesellschaft wissenschaftlich anzuwenden. Da war der alte Friedrich Engels eine Art Bindeglied. Seine Laufbahn hatte doch mit dem philosophischen Widerstreit begonnen, gleichwohl rühmte er sich (manchmal übermütig), auf dem neuesten Stand der Wissenschaft zu sein. Seine *Dialektik der Natur* war ja ein Versuch, Hegel und Darwin unter einen Hut zu bringen. Das ging, meinte er, wenn beide Systeme in ihrer jeweiligen Zeitlichkeit betrachtet werden. In *Ludwig Feuerbach und der Ausgang der klassischen Philosophie* schreibt Engels: »Wir brauchen hier nicht auf die Frage einzugehen, ob [Hegels] Anschauungsweise durchaus mit dem jetzigen Stand der Naturwissenschaft stimmt, die der Existenz der Erde selbst ein mögliches, ihrer Bewohnbarkeit aber ein ziemlich sicheres Ende vorhersagt, die also auch der Menschengeschichte nicht nur einen aufsteigenden, sondern auch einen absteigenden Ast zuerkennt. Wir befinden uns jedenfalls noch ziemlich weit von dem Wendepunkt, von wo an es mit der Geschichte der Gesellschaft abwärts geht.« Was die eigene Existenz betraf, blieb Engels allerdings Hegelianer und schloss einen Abwärtstrend entschieden aus. Von Bernstein über seinen Gesundheitszustand befragt, antwortet er: »Es geht besser, aber nach den Grundsätzen der Dialektik: die positive und die negative Seite erfahren beide Steigerung.« Ein paar Tage später war er tot.

VIII. GEGEN DIE ANPASSUNG

> Um ehrlich zu sein: Ich glaube nicht,
> dass Hoffnung eine wissenschaftliche Kategorie ist.
> Und ich glaube auch nicht, dass die Menschen
> aus Hoffnung kämpfen oder durchhalten.
> Das tun sie aus Liebe und Zorn.
>
> *Mike Davis*

113 *Too much future* – In der sich abzeichnenden Epoche wird das Leitmotiv Anpassung heißen. Als herrschende Erzählung wird Anpassung das unwirksam gewordene Gegensatzpaar Fortschrittlichkeit und Konservatismus ablösen. Die Grundbedingungen wandeln sich sowieso von selbst, und zwar dramatisch. Wer nicht mitmutiert, stirbt, so zumindest die paternalistische Drohgebärde. Anpassung ist die neue Tina.* Mit ihr erübrigen sich ein für alle Mal Fragen der demokratischen Entscheidungsprozesse, der wünschenswerten Lebensweise, ja der menschlichen Freiheit überhaupt. »Man muss sich anpassen« – an was genau? Und wie? Freilich ist das Thema nicht neu, es lag ja dem Streit zwischen Linken und Liberalen zugrunde. Soll das soziale Umfeld an die Menschen angepasst werden oder muss der Mensch sich seinem Umfeld anpassen? Soll der Staat Ungleichheiten und repressive Strukturen korrigieren, oder werden alle in die gegenseitige Konkurrenz entlassen, damit sich die Märkte selbst regulieren? Mit dem Umweltdesaster ist der Irrtum beider Optionen offenkundig geworden. Die ökologische Herausforderung übersteigt die gewöhnlichen Kompetenzen demokratischer Regierungen; gleichwohl lässt sie die Mär des preismechanistischen Gleichgewichts platzen. An der Stelle kommt ein neues Projekt

---

* Akronym für *There is no alternative.*

zutage, das beide Gegensätze nicht überwindet, sondern fusionieren lässt: Sowohl Mensch als auch Umwelt sollen an eine technische, homöostatische Umwelt 3.0 angepasst werden. Government wird von Kybernetik abgelöst. Beide Begriffe haben dieselbe nautische Herkunft, das Steuerruder, nur: Richtungsgeber ist im ersten Fall der Gubernator, der Steuermann, im zweiten das Ruder selbst, das Kybernetikon. »Wir sitzen alle in einem Boot«, sagen die Anthropozäniker, bleibt die Frage, wie die Fahrt bestimmt wird. Da taucht der alte schlechte Traum einer sozialen Physik wieder auf, die das menschliche Verhalten absolut berechenbar und beeinflussbar machen würde. Das Gründungsmanifest der Kybernetik (1948) hatte Norbert Wiener mit dem Untertitel »Control and Communication in the Animal and the Machine« versehen – dieselbe Äquivalenz wird heute von »emanzipatorischen« Cyborg-Propagandisten behauptet. Leider lassen sich falsche Ideen einfacher als die richtigen verwirklichen, zumindest wenn sie geldversprechend sind. Vermutlich bestand die verborgene Arbeit der letzten Jahrzehnte darin, die Laborbedingungen zu schaffen, im Rahmen derer der Wahn der sozialen Physik bestätigt wird. Der Algorithmus ersetzt das Gesetz. Souverän ist, wer über die Daten verfügt. Für diese Machtverschiebung braucht keine Verschwörung herbeifantasiert zu werden. Sie ergibt sich von selbst aus der kommerziellen Logik. Die sogenannte Coronakrise hat erneut bestätigt, dass Katastrophenmanagement heute allein funktionieren kann, wenn es mit einem Geschäftsmodell gekoppelt wird (patentierte Impfstoffe, Tracking-Apps, Videokonferenzen-Plattformen). Dem Staat werden nur die Überzeugungsarbeit und die Repressionsmaßnahmen gegen die Sünder überlassen, wobei er selbstredend auch Kontrolldividende erhält. So fließen die Interessen von Regierungen und Tech-Giganten zusammen, von der Kommunistischen Partei Chinas und dem Silicon Valley. Zweifellos ist das Projekt eine Fiktion, zumindest, was das Versprechen der Nachhaltigkeit angeht. Die Smart City wird enorm viel Energie verbrennen und die Biodiversität weiter drosseln. Dennoch mag in der klimatisierten, aseptisierten, automatisierten Umgebung die Wohlfühlatmosphäre bis zum finalen Kollaps aufrechterhalten werden. Zumindest innerhalb der Bezahlschranke. Denn die Kontrollillusion funktioniert nur, indem sämtliche Widersprüche in unsichtbaren Peripherien abgelagert werden. Dort werden die Lebensbedingungen derart prekär, dass der Druck wächst, ans kybernetisch regulierte Netz angeschlossen werden zu können. Anpassung? Erpressung.

114 *Biologie ist eine schlechte Beraterin* – Im Grunde genommen ist Anpassung nichts als rückblickende Tautologie: Wer überlebt hat, stellt unter Beweis, dass er überlebensfähig war. Aus der amoralischen Lotterie des Lebens wird eine Tugend gemacht. Nicht Herkunft, nicht Umfeld, nicht schieres Glück, nein, die Anpassungsfähigkeit entscheide, wer Winner und wer Loser ist. Da Darwin kein vollblütiger Darwinist war, nahm er zuweilen von der eigenen Wortwahl Abstand: »Man kann auch sagen, eine Pflanze kämpfe am Rande der Wüste um ihr Dasein gegen die Trockenheit«, schreibt er, »obwohl es angemessener wäre zu sagen, sie hänge von der Feuchtigkeit ab.« Angemessener in der Tat. Leider entschied er sich »der Bequemlichkeit halber« dafür, Herbert Spencers *Struggle for Life* doch zu übernehmen. Nur war die Redewendung von Spencer gar nicht metaphorisch gemeint.

»Würde der Kampf ums Dasein aufhören und jeder eine Existenzsicherung bekommen, dann würde die Rasse notwendigerweise untergehen«, behauptet der Vordenker des autoritären Liberalismus. Hier ist Anpassung keine im Rückblick geprägte Tautologie mehr, sondern politisches Programm. Eine säkularisierte Prädestinationslehre, die den Auserwählten beibringt, leichten Herzens über Leichen zu gehen. Nicht nur im metaphorischen Sinne. Weiter schreibt Spencer: »Übertriebene Sympathie und Barmherzigkeit würden das Leiden der kommenden Generationen nicht lindern, sondern vergrößern.« So kommt Selektion vom Biologieunterricht auf die Auschwitzrampe.

115 *Doch eine Vision* – Möglicherweise ist ein neuer Menschentypus im Begriff zu entstehen, der aus Sicherheitsbedürfnis und Bequemlichkeit die Albträume von einst als Segen begrüßt. Der gläserne Mensch will er sein, permanent überwacht, ferngesteuert und für sein korrektes Benehmen belohnt. Darin kann er beim besten Willen keinen Faschismus erkennen. Im Gegenteil, von Befehlen und Obrigkeit fühlt er sich nun endlich befreit. Fast ohne es zu merken, wird er stattdessen von smarten Einrichtungen genudged und mit Gratis-Diensten belohnt. Freilich ist Kultur unter der Käseglocke Schnee von gestern (oder wie Kunstschnee täuschend echt aus der Kanone ausgespuckt). Immerhin ist für unverbesserliche Nostalgiker die ganze Vergangenheit in der Online-Mediathek abrufbar. Die Technik des adaptiven Verhaltens verfolgt nur gute Zwecke: Umweltschutz, Katastrophenschutz, Gesundheitsschutz, Kinderschutz, Schutz vor Verbrechen und Terrorismus, vor

Missbrauch und Diskriminierung. Dagegen können nur böse Menschen sein und es geschieht ihnen recht, wenn sie gecancelt und ihre Inhalte gelöscht werden. Außerdem wird niemand zur Nutzung gezwungen, es steht jedem frei, sich abzumelden. Auf eigene Gefahr natürlich, und zum Nachteil der sozialen Interaktionen, die Freiheit hat doch ihren Preis. Die Freiheit, eben. Auf der anderen Seite, *the wild side*, mehren sich weltweit Krawalle und Aufstände. Sie werden von keinen geheimen Anführern ausgelöst, entzünden sich spontan in der stürmischen Luft. So verschieden die Umstände sein mögen, so ähnlich die Bilder von besetzten Plätzen, Kämpfen mit der Polizei, geplünderten Supermärkten, brennenden Autos. Hinter dem jeweils zufälligen Anlass gleichen sich auch die Motive: Die Unsichtbaren machen sich sichtbar. Die Unangepassten nehmen Rache. Als Motiv ist sich die Rache selbst genug. Sie wird das Verschwinden aller Strategien und Zukunftsvisionen überleben. Sind die Dinge einmal im Gang, wird ihr Hauptgrund bloß die Fortsetzung der wundersamen Störung. Wer nie die Chance hatte, bei einem Ereignis dieser Art zugegen zu sein, wird sich auf Elias Canettis Zeugnis verlassen müssen. In seiner Autobiografie *Die Fackel im Ohr* erinnert er sich an den Wiener Arbeiteraufstand von 1927: »Ich hatte erlebt, dass die Masse zerfallen muss und wie sie diesen Zerfall fürchtet; dass sie alles daransetzt, nicht zu zerfallen; dass sie sich selbst im Feuer entzündet, und um ihren Zerfall herumkommt, solange dieses Feuer besteht.« Es hat wenig Sinn, solche Eruptionen zu beklagen oder zu glorifizieren. Bald wird das Feuer gelöscht und der Alltag kehrt überraschend zurück. Bis zur nächsten Gelegenheit. So ergibt sich möglicherweise ein triftiges Epochenbild: fortschreitende Anpassung, von Aufständen abgemildert.

116 *Dark heritage* – Die Idee der Erbschaft war schon immer ein zentraler Topos ökologischen Denkens. Freilich eine Erbschaft, die auf Besitz und nicht auf Eigentum basiert, das Individuum als Glied mit beschränkter Handlungsfreiheit in die generationelle Kette einbindet und zur kollektiven Verantwortung verpflichtet, gemäß dem kategorischen Imperativ: Hinterlasse diese Welt in dem Zustand, in dem du sie vorfinden möchtest; du hast sie ja von den nächsten Generationen geliehen. Andererseits war diese Einschärfung gerade deswegen nötig, weil seit geraumer Zeit die Welt auf die schiefe Ebene geraten war. Bewahrung heißt Wiederherstellung. Das Erbe, das wahrgenommen werden soll, es sind die Commons, die durch Einzäunungen konfisziert worden waren. Nur kann die bukolische Träumerei schnell in Eskapismus ausarten. Genau an dieser Stelle erhält der Müllbegriff seine Unbedingtheit, seine praktische Tragweite. Denn die Hinterlassenschaft ist im Wesentlichen ein Müllhaufen, das Terrestrische der Latouristen eine Ruinenlandschaft. Als Erbteil haben alle Lebenden, so der Philosoph Alexandre Monnin, *negative commons* mitbekommen.[81] Abfälle. Belästigungen. Zeitbomben. Vergiftete Institutionen und Beziehungen. Dieses Erbe kann niemand ausschlagen. Und es nutzt nichts, sich eine rosa Brille auf die Nase zu setzen und Utopien aus vergangenen Zeiten heraufzubeschwören. Das Ausgestorbene ist für immer weg, der Abfall noch lange da. Dem muss eine Politik der emanzipatorischen Konservierung Rechnung tragen. Wer in diesem Buch politische Anschlussfähigkeit vermisst, dem seien mindestens diese Prolegomena zum Notprogramm zugeflüstert: Müllsortierung ist negentropische Pflicht. Eher früher als später werden manche Dinge entsorgt werden müssen, und das heißt: Man wird lernen müssen,

ohne sie zu leben (ohne Billigflüge zum Beispiel, was für viele bereits eine Herausforderung sein wird). Mit anderen Relikten muss man notgedrungen leben (nicht abbaubare Abfälle zum Beispiel), und es stellt sich die Frage, wie man sich vor ihnen schützt. Schließlich gibt es Relikte, die upcyclebar sind, in eine neue Qualität umgestaltet werden können. Das setzt eine Erfindungsgabe voraus, die nach Jahrzehnten des Wegwerfkonsums wieder erlernt werden muss. Anstatt auf dem Produzieren (von angeblich klimafreundlichen und energetisch sauberen Waren) liegt hier der Akzent auf dem Trennen und Sich-trennen, nicht nur von materiellen Abfällen, sondern auch von überkommenen Institutionen und toxischen Verhältnissen (übrigens zeugt die modische Übernutzung des Adjektivs »toxisch« von diesem Wunsch). Bereits lassen sich ungeduldige Stimmen vernehmen, die rufen: »Genug Öffnungen, es ist Zeit zu schließen; genug Innovationen, es ist Zeit zu zerschlagen; genug Institutionen, es ist Zeit zu destituieren; genug Gründungen, es ist Zeit zu entgründen; genug Sorgen, es ist Zeit zu entsorgen.« Auf sie muss man achten, sie werden in der nächsten Zeit gebraucht, falls es wirklich zum Versuch kommt, die Welt bewohnbar zu machen. Freilich birgt die Sehnsucht nach Läuterung auch eigene Gefahren. Heute bereits werden kollektive Debatten von Reinheitsfanatikern sabotiert, die gegen allerlei Ambivalenzen allergisch sind. Möglicherweise ist die größte Unbekannte der Zukunft, wie viel von den Scherben des aufklärerischen Denkens noch weiterverwendbar sein wird.

117 *Perkolation* – In der Originalfassung des Liedes, vom Communarden Eugène Pottier geschrieben, heißt es nicht »die Internationale erkämpft das Menschenrecht«, sondern, kleiner Unterschied, »die Internationale wird zum Menschengeschlecht«. Mit ungenauen Übersetzungen fing es schon an schiefzugehen mit der Internationale. Das sozialrevolutionäre Ideal ist per Definition universalistisch, genau darin unterscheidet es sich vom nationalistischen oder identitären Gebaren. Freiheit, Gleichheit, Schwesterlichkeit kennen weder geografische noch soziale Grenzen. Entweder gelten sie für alle Menschen oder für keinen, wobei »alle Menschen« als Kollektiv für sich nicht vorhanden sind. Das Menschengeschlecht muss sich selbst erschaffen, bis dahin bleibt es ein Abstraktum. Oft und zu Recht wurde dem Universalismus des Christentums wie dem der Aufklärung vorgeworfen, nur Feigenblatt von Partikularinteressen zu sein. Der europäische (später US-amerikanische) wohlhabende, weiße, heterosexuelle Mann maßt sich an, die Werte der ganzen Menschheit zu vertreten. Nur wird leider der abstrakte Universalismus meistens vom Standpunkt des konkreten Partikularismus aus angegriffen, also für gleichbleibende Anmaßung, bloß ohne Feigenblatt. Offen bleibt die Frage, ob und durch welchen Prozess der Universalismus konkretisiert werden kann. Eine passendere Metapher wäre hier vielleicht die Perkolation: In einem gegebenen System verbinden sich getrennte Punkte in zufallsbedingten Zusammenhängen untereinander, welche sich wiederum mit anderen Zusammenhängen vernetzen. Die Perkolation bewirkt zum Beispiel, dass in einer Kaffeemaschine das Wasser durch das ganze Kaffeepulver durchsickert, anstatt bloß von oben nach unten zu tröpfeln – auf Englisch nennt sich auch die Kaffeemaschine *percolator*. Ganz

gleich, wo der Eingangspunkt lag, unzählige Wege entstehen, die ohne Unterbrechung durch das gesamte System führen. Zieht sich der Prozess weiter durch, dann wird eine »Perkolationsschwelle« erreicht: Das System kippt von seinem ursprünglichen Zustand in einen neuen Zustand um (zum Beispiel wird der Kaffeesatz komplett durchnässt). Die Metapher verdeutlicht, dass es bei sozialrevolutionären Bewegungen hauptsächlich um die Verbindung von Kommunikationswegen geht – man erinnere sich an die Dynamik der Platzbesetzungen vom Arabischen Frühling zu Occupy im Jahr 2011 oder an die Welle von Aufständen 2019. Im Grunde ist die Aufgabe der Repression, das Erreichen der Perkolationsschwelle zu verhindern. Freilich war die Vorstellung eines weltweiten Kipppunktes immer eine wilde Spekulation. Sie bleibt es, obschon unter anderen historischen Bedingungen. Denn zum ersten Mal ist die Menschheit an sich kein Abstraktum. Tendenziell sind alle Lebenden vernetzt, über Waren und Viren verbunden, von Klima und Kapital existenziell bedroht. Die sogenannte Globalisierung kennzeichnete eine merkwürdige Koinzidenz. Just als sich die praktische Homogenisierung der Welt vollzog, zersplitterte die Kategorie der Totalität in ebenso viele Fragmente. Nun aber mehren sich disruptive Prozesse, Pannen und Systemversagen, die das vereinheitlichte Weltgerüst ins Wanken bringen. Das bedeutet nicht, dass im Umkehrschluss mehr Gelegenheiten für perkolative Verbindungen entstehen werden. Es ist gut möglich, dass in kommender Zeit das Beste und das Schlimmste in wackeliger Koexistenz stehen werden, wie heute in einem *failed state* wie Mexiko der Fall. Nichtsdestotrotz werden sich die kleinen Wassertropfen unbemerkt ihren Weg durch den Kaffeesatz bahnen.

118 *Noch einmal zur erzieherischen Katastrophe* – Zwei Geschichten. Lisa erzählt von ihren Erlebnissen, als einmal ein Hochwasser ihre Heimatstadt zu überfluten drohte. Die ganze Bevölkerung ist draußen, um Sandsäcke zu entladen und aufzustapeln. Alle reden miteinander. Die Haustüren sind offen. Wer von der Flut unmittelbar gefährdet ist, dessen Hab und Gut wird in Sicherheit gebracht. Es gibt weder meins noch deins, Lebensmittel werden gemeinsam verteilt und verbraucht. Der Furcht vor Naturgewalt zum Trotz kommt gute Laune und ein Gefühl der kollektiven Stärke auf. Aus bisher stumpfen und traurigen Gesichtern strahlt eine empathische Wärme. Kurzum, es herrschen die altbewährten katastrophenkommunistischen Zustände. Die optimistische Ansicht Rousseaus und Kropotkins über die menschliche Natur scheint sich zu bestätigen. Ist einmal die Kruste des repressiven Alltags aufgebrochen, kommen Solidarität und gegenseitige Hilfe spontan wieder zum Vorschein. Freilich wird nach ein paar Tagen die Gefahr gebannt und ein jeder in Wohnung und Gewohnheit zurückgekehrt sein. Fortan werden sich dennoch alle sehnsüchtig an jenen außerordentlichen Moment erinnern, als sie dem Unheil gemeinsam die Stirn boten. Eine ganz andere Geschichte erzählt Sophia. In der brasilianischen Großstadt, wo sie wohnt, geht eines Sommers das Wasser aus. Es hat ewig nicht geregnet; Flüsse, Bäche und Staudämme sind so trocken wie noch nie. Der Verbrauch wird drastisch rationiert, und allmählich wird die Gemütslage immer hässlicher. Lastwagen, die Wasser verteilen sollen, werden von einer panischen Menge gestürmt. Männer prügeln sich um eine Flasche. Hundebesitzern wird eine Ration für ihr Haustier verweigert. Streitereien entstehen um die Frage, welche Altersgruppe als erste bedient wird und ob nicht die Älteren notfalls geopfert

werden sollten. Ein Mann wird ertappt und geschlagen, als er nachts Wasser von seinem Nachbarn stiehlt, um den Durst seines Kindes zu stillen. Da waltet nicht Rousseaus edle Gegenseitigkeit, sondern Hobbes' Krieg aller gegen alle. Zum Glück geht Sophias Geschichte glimpflich aus, schließlich kommt der ersehnte Regen in Strömen. Doch nunmehr sitzt die Angst tief, die Situation könnte sich im nächsten Sommer wiederholen und diesmal schlimmer ausgehen. Hüben Sintflut und Altruismus, drüben Dürre und Egoismus. Was sagt uns diese Doppelerzählung? Natürlich nicht, dass in Lisas Stadt bessere Menschen wohnen als in Sophias. Sondern dass diametral entgegengesetzte Reaktionen entstehen können, je nachdem ob Menschengruppen mit einem plötzlichen katastrophalen Ereignis oder mit anhaltender, bohrender Knappheit konfrontiert sind. Derselbe Überlebensinstinkt führt im ersten Fall zur Kooperation, im zweiten zum Gesetz des Stärkeren. Über den erzieherischen Wert beider Erfahrungen lässt sich jedoch kein eindeutiger Schluss ziehen. Möglicherweise werden Lisas Mitbürger von ihrem Erlebnis nichts weiter behalten als eine vage Nostalgie, bestenfalls einen Sinn für die flüchtige Möglichkeit der Utopie. Dafür mag die Enttäuschung überwiegen, die Normalität sei so schnell und lückenlos zurückgekehrt. Für die Brasilianer hingegen mag die traumatische Erfahrung eine Mahnung vor panischer Gewalt sein und ein Ansporn, alles zu tun, um den Albtraum zu verhindern.

119 *Ataraxie* – Nicht jede Philosophie eignet sich für jede Epoche. Man ist nie ganz frei, Ideen anzunehmen oder zu verwerfen. Vier Jahrzehnte nach Platos

Tod ist seine Republikutopie nicht falscher geworden, nur unzeitgemäß. Die Zeit für den großen politischen Wurf ist vorüber. An Reformen glaubt niemand mehr. Die Welt – das heißt hier Athen – ist nämlich im Auflösungsprozess, die Stadt von Geldgier, Korruption und Inkompetenz beherrscht. »In dem Maße, wie sich der Kreditkapitalismus entwickelt«, schreibt Paul Nizan, »prunken die Neureichen mit ihrem Vermögen, indes der Mittelstand entschwindet, jene Handwerker, Kleinbesitzer und Händler, die das Fundament der Demokratie bildeten.«[82] Das kommt einem nicht ganz unbekannt vor. Das athenische Volk verarmt, die öffentlichen Werke sind geschlossen, der Frauenhandel floriert, chronische Aufstände werden blutig niedergeschlagen. Und wie alle Siedler, die nach dem verlorenen Krieg gegen Mazedonien aus Samos vertrieben worden sind, kommt Epikur als Geflüchteter nach Athen. In der Geschichte der Philosophie hat Epikur keinen besonders guten Stand. Erwähnung findet er vor allem wegen seiner Atomlehre – nicht alle Tage wird eine philosophische Intuition zwei Jahrtausende später wissenschaftlich bestätigt. Doch Naturforschung betreibt er, notiert Marx, »mit einer grenzenlosen Nonchalance«. Das interessiert ihn nur, um Mitmenschen zu beruhigen, die sich mit dem Sein und dem Nichtsein quälen. Ansonsten wird ihm die antipolitische Maxime angekreidet: Lebe im Verborgenen. Übersehen wird dabei das ganz besondere Merkmal der epikureischen Schule. Im Garten des Philosophen versammeln sich nicht nur männliche Bürger, sondern – unerhört! – gleichberechtigt Ehefrauen, Prostituierte, Sklaven und Kinder. Auf diese soziale Heterogenität lässt sich vermutlich der scheinbare Widerspruch der Lehre zurückführen, in der Genuss und Frugalität gleichermaßen gepriesen werden. Ein solidarischer Hedonismus schließt aus, dass manche mehr Luxus genießen als andere.[83] Mehr als eine Schule noch bilden die Epikureer eine Gemeinschaft, die, obschon von ihr kaum Werke überliefert sind, ein halbes Jahrtausend fortdauern wird. In Zeiten des Chaos hat die Philosophie eine vordergründig therapeutische Funktion. Gut ist eine Lehre, die Menschen die Furcht nimmt. Dafür ist nicht viel mehr nötig als das *Tetrapharmakon*: 1. Die Götter scheren sich nicht um dich. 2. Der Tod geht dich nichts an. 3. Dein Schmerz geht schnell vorbei. 4. Auf unnötige Begierden kannst du verzichten. Wer diese Arznei täglich eingenommen und verinnerlicht hat, dem steht der Ataraxie, der Seelenruhe, nichts mehr im Weg. Im Grunde ist der Epikureismus nichts anderes als die Erkenntnis der Endlichkeit als Bedingung des Glücks und der Freiheit. Politisch kann diese Selbstgenügsamkeitslehre deswegen nicht mehr sein, weil zur Zeit ihrer Entstehung die Polis definitiv der Chrematistik verfallen ist, der endlosen Geldvermehrung. Auch von religiösen Strömungen trennen sich die Epikureer, weil sie die Frage für irrelevant halten, ob es Götter gibt oder nicht. Der Lehrpunkt, bezüglich dessen sie die Jesussekte hartnäckig bekämpfen wird, ist die Sterblichkeit der Seele. Wie das endlose Ringen nach Gütern sind Ewigkeitsgedanken unnötige Quellen der Angst, der Schuldgefühle und der Unterwürfigkeit. Mehrmals in der Geschichte wäre die Philosophie Epikurs beinah vollständig vernichtet worden. Überraschend trat sie jedoch wieder zutage, wenn die Zeiten nach ihr verlangten.

120 *Das Prinzip Entwöhnung* – Als die Pandemie zur Endemie wurde und der Ausnahmezustand zur Postnormalität, sind überall in der Welt merkwürdige

Phänomene beobachtet worden. Angefangen mit der Kultur. Anstatt in die wiedergeöffneten Kinos, Opernhäuser, Theater, Clubs und zu Festivals zu strömen, blieben ihnen die meisten Menschen fern. Für den Besucherschwund ließ sich keine rationale Erklärung finden, allenfalls eine ominöse Kulturmüdigkeit. Seit Jahren war doch Müdigkeit ein beliebtes Thema der Kulturproduzenten gewesen, nun wurden sie eben selbst davon eingeholt. Nach der lockdownbedingten Entwöhnungskur fanden die Besucher keinen zwingenden Grund, den üblichen Konsum wiederaufzunehmen. Zu normalen Zeiten war das öffentliche Kulturangebot dazu da gewesen, um die Alltagsroutine zu unterbrechen (und im optimalen Fall als Illusion zu entlarven). Da nun der Alltag von Unterbrechungen, Schocks und Zuspitzungen geprägt war, erschien umgekehrt das öffentliche Kulturangebot als unzeitgemäße, erwartbare Routine. Sie konnte mit der Kalamitätenkaskade der Morgennachrichten nicht mithalten. Die Kulturmüdigkeit korreliert mit einem viel breiteren Phänomen. Auch an Flughäfen, in Hotels oder Handwerksbetrieben hatten während der Pandemie unzählige Leute ihren Job verlassen. Danach kamen sie nicht wieder. Schamvoll nannten Wirtschaftsexperten »Arbeitskräftemangel« die Tatsache, dass immer weniger Menschen bereit waren, sich in schlechten Jobs zu verdingen. Aufrichtiger hieß in den USA die größte Kündigungswelle, die das Land jemals erfahren hatte: *The Big Quit*. Monat für Monat verabschiedeten sich Millionen Beschäftigte von ihrer Arbeitsstelle. Das war umso rätselhafter, als sich Menschen in der Regel in wirtschaftlich unsicheren Zeiten an ihre Bürosessel klammern. Offenbar war eben manch eine Regel außer Kraft gesetzt. Da für diese ungewöhnliche Art von Generalstreik keine der üblichen Erklärungen auszureichen schien, vermuteten Psychologen eine »Corona-Erleuchtung«. Im Lockdown habe man plötzlich Zeit gehabt, über Werte und Sinn der eigenen Existenz zu reflektieren und welche Rolle die Arbeit dabei spielte. Damals hatte Hartmut Rosa sehr treffend beobachtet: »Wir sehen jetzt, wie sehr wir das Irritierende, das Überraschende, die erfreuliche oder unerfreuliche soziale Interaktion brauchen, um aus unseren Routinen, auch den gedanklichen, herauskommen zu können. Dieser digitale Austausch, den wir jetzt machen, ist gut, um schnell Informationen auszutauschen. Aber Kultur, sagt Hans Blumenberg, entsteht durch das Gehen von Umwegen – und diese Umwege fehlen jetzt.« Demnach sei der Lockdown kein Bruch mit der Routine gewesen, sondern deren Offenbarung. Sobald es wieder möglich war, sei also nach Umwegen gesucht worden. Erstaunlicher noch: Zeitgleich dazu wurde aus China ein ähnlicher Trend gemeldet. Unter dem Begriff *Tang Ping*, »Flachliegen«, verbündeten sich junge Menschen, um still gegen Leistungsdruck, Burnout und Perspektivlosigkeit zu protestieren. Soweit sie konnten, ließen sie ihre Arbeit ruhen und taten nichts. Ein dort weitverbreitetes Manifest behauptete: »Nur wenn der Mensch sich hinlegt, kann er zum Maß aller Dinge werden.«[84] Die Tang-Ping-Bewegung griff so sehr um sich, dass die Chinesische Kommunistische Partei eine Gegenkampagne steuern musste. Ganz gleich ob kurzlebig oder anhaltend, faszinierend an solchen Phänomenen ist, dass sie spontan entstehen und von niemandem gesteuert werden. Angesichts der Dringlichkeit der Lage entscheiden Einzelne für sich allein und doch en masse, den toten Ballast der eigenen Existenz über Bord zu werfen. Der Weltgeist streckt sich, gähnt und dreht sich um. Das Phänomen an sich ist kein Grund für übertriebene Erwartungen. Zu hoffen ist dennoch, dass das temporäre Verlassen der entropischen Involution Platz für Neues schafft. Jeder Entwöhnung wohnt ein Zauber inne.

121 »*Dieses Ende der Welt ist nicht das unsere*« (André Breton) – Für die Surrealisten war der Geist etwas absolut evidentes und unhinterfragbares. Jedes Vergehen gegen den Geist musste tunlichst seine gerechte Strafe erhalten. Einmal marschierte die Gruppe in eine gentrifizierte Bar ein und schlug sie kurz und klein, weil die Betreiber auf die schlechte Idee gekommen waren, das Lokal nach Lautréamonts Gedichtband »Maldoror« zu benennen. Nicht minder als ihre Kunst hat mir schon immer diese Unnachgiebigkeit imponiert. Eines Winterabends stören die Surrealisten eine Konferenz des »Vaters der Atombombe« Robert Oppenheimer an der Pariser Sorbonne. Mitten ins Handgemenge wird ein Flugblatt geworfen mit dem Titel: »Entlarvt die Physiker, räumt die Labore leer!« Aufbegehrt wird gegen die sowohl friedliche als auch militärische Nutzung der Kernenergie, genauer gegen »die Abfälle, die mit unvorhersehbaren Folgen die atmosphärischen und biologischen Bedingungen der Spezies verunreinigen«. Wir schreiben wohlgemerkt das Jahr 1958. Die Surrealisten waren Seher! Weiter geht es im Text: »Für das revolutionäre Denken werden die Grundbedingungen des Handelns an solch enge Ränder verdrängt, dass es in die Quelle der Revolte erneut eintauchen muss, um, diesseits einer Welt, die nur noch ihr eigenes Krebsgeschwür zu nähren weiß, die ungeahnten Chancen des Zorns wiederzuentdecken.« Denkwürdig finde ich hier vor allem den Ausdruck: *diesseits* einer Welt.

122 *Radikalisiert euch!* – Selbstredend ist Klimaaktivismus lächerlich. Sich an einer Autobahn festzukleben, um die Welt vorm Untergang abzuhalten, ist in der Disproportion zwischen Mittel und Zweck eine kaum zu übertreffende Absurdität. Nur darf man nicht verkennen, dass es eine edle Form der Lächerlichkeit gibt. Nämlich die, die gerade die Unermesslichkeit der Aufgabe und die entsetzliche Beschränktheit der zur Verfügung stehenden Lösungsansätze aufzeigt. Albern müssen Aktionen sein, die eine alberne Lage an den Tag bringen. Im Übrigen ist mir wohl bewusst, dass das vorliegende Buch, gegen die Abgründe des Geistes gerichtet, nicht minder lächerlich ist als das Werfen von Kartoffelbrei auf Spitzenleistungen des Geistes. Nichts ist menschlicher, als gegen das menschliche Schicksal zu revoltieren, dieses also zu leugnen, selbst und gerade, wenn die Revolte aussichtslos zu sein scheint. Lächerlich heißt nicht unbedingt vergeblich. In ihrem Versuch, eine Kommunikation mit Mitmenschen herzustellen, sind militante Aktionen in dem Maße lächerlich, wie SOS-Rufe es sind, solange sie auf keinen Empfänger treffen. Zumindest bringen sie die Willfährigkeit der Massen ans Licht. Und vor allem die Würdelosigkeit der Würdenträger. Denn natürlich gibt es auch eine verachtenswerte Form der Lächerlichkeit. Nicht einmal Kabarettisten halten es heute noch für angebracht, Witze über die Grünen zu machen. Wie einst der fränkische König Chlodwig bei seiner Bekehrung wird die Regierungsteilnahme mit der Unterwerfung unter den Befehl bezahlt: »Bete an, was du bisher verbrannt hast, und verbrenne, was du bisher angebetet hast!« Heuchlerisch-lächerlich sind die Vorwürfe, Klimaaktivisten »missbrauchen den Begriff ziviler Ungehorsam« (welche Autorität soll denn über den richtigen Gebrauch von

Ungehorsam richten?). Oder dass Aktionen »wenig hilfreich« seien, die gegen das wenig hilfreiche Regierungshandeln gerichtet sind. Insbesondere in Deutschland sind Proteste so lange erwünscht, wie sie nichts stören und nichts bringen – daher die quasi-amtliche Pflicht damals, an *Fridays for Future* teilzunehmen. Man erinnere sich, wie die Gewerkschaften zur Teilnahme an einem »Klimastreik« aufriefen, aber bitte nur während der Mittagspause oder nach Feierabend, da im freiheitlichen Deutschland politische Streiks verboten sind. Dazu wurde auch noch mit der begeisternden Parole getrommelt: »Auf einem toten Planeten kann es keine Arbeitsplätze geben.« Keine Arbeitsplätze – für einen Gewerkschaftsfunktionär eine erschreckendere Vorstellung als sämtliche Höllenvisionen Dantes! Nun geht aber die Zeit für Protestsimulakren zu Ende. Die einen Demonstranten sind politische Karrieristen geworden, die anderen haben resigniert, und weitere versuchen, konsequenter zu handeln. Ihretwegen schreitet die für repressive Lächerlichkeit zuständige Instanz ein: das Bundesamt für Verfassungsschutz. Wahrlich kann keine subversive Gruppe das Vertrauen in die freiheitlich-demokratische Ordnung effektiver sprengen als die Hüter der freiheitlich-demokratischen Ordnung. Dieselben Beamten, die so gefasst zuschauen, wenn Ausländer von Neonazis abgeknallt werden, wurden plötzlich hellhörig, als unter jungen Aktivisten die Parole zu kursieren begann: *system change, not climate change*. Das sei doch unzweideutig extremistisch! Nach geheimdienstlicher Kodifikation gelten als verfassungsfeindlich Menschen, die »die heutige Form des Kapitalismus als Ursache der Klimazerstörung bezeichnen und dafür plädieren, nicht bloß Reformpakete zu schnüren, sondern an die Wurzel dieses – aus ihrer Sicht – Problems zu gehen.«[85] An die

Wurzel gehen heißt doch per definitionem: radikal sein. Und wie wir wissen, wird Radikalisierung heute wie eine psychische Erkrankung gehandhabt. Lieber tot als radikal, meinen die Extremisten des Mittelwegs, die vor lauter Anpassungsfähigkeit die Welt in den Abgrund führen. Heute sollte jeder anständige Mensch verlangen, in die Radikalenkartei der Verfassungsschützer aufgenommen zu werden. Freilich braucht niemand noch mehr Verbalradikalismus, symbolische Aktionen oder Online-Petitionen an den Gesetzgeber. Aber überall, wo Industrieanlagen das knappe Grundwasser in Beschlag nehmen, überall, wo Naturreservate von Betonierungsprojekten gefährdet sind, überall, wo die kapitalistische Entropie wütet, ist aktive Negentropie in Form von Störungen und Blockaden erwünscht. Aus Liebe und Zorn.

123 *Fake news, true story* – Eines Samstagmorgens wurde Jake B. von einer SMS-Nachricht aus dem Halbschlaf geholt: BEDROHUNG DURCH BALLISTISCHE RAKETEN IM ANFLUG AUF HAWAII. SUCHEN SIE SOFORT SCHUTZ. DIES IST KEINE ÜBUNG. Tatsächlich hielt er sich auf Hawaii auf, machte dort Urlaub, und nachdem er sich ein zweites Mal versichert hatte, dass der Absender, eine »Hawaii Emergency Management Agency«, offenbar existierte, entschied er sich doch, aufzustehen und sich in der Hotellobby kundig zu machen. Dort standen und schrien und telefonierten Dutzende aufgeregte Urlauber. Die Warnmeldung schien dadurch authentifiziert zu sein, dass sie auf lokalen Fernsehsendern in Dauerschleife lief, von offenbar überforderten Moderatoren kommentiert. Die Nordkoreaner hät-

ten einen Atomsprengkopf auf die Inselkette geschossen. Wann er genau eintreffen würde, war der Gegenstand hitziger Spekulationen. Plötzlich kollabierte das Funknetz, und es war keine Freude mitanzusehen, wie Artgenossen in Hawaii-Shirts, Flip-Flops und Badeanzügen sich Ameisen gleich im eingetretenen Haufen verhielten. »Den Weltuntergang hatte ich mir anders vorgestellt«, dachte Jake B. Er erinnerte sich an die oft gespielte Fragerunde am Kneipentisch früher, was jede und jeder tun würde, wenn sie wüssten, es bliebe nur noch eine halbe Stunde Leben übrig. Ein letztes Mal Sex, war natürlich die häufigste Antwort. Aber Jake B. war allein eingereist und es sah gerade nicht so aus, als dass jemand für das unvermittelte Angebot empfänglich sein würde. Seine Zweitlieblingsantwort war, etwas zu tun, dessen Absurdität dem Menschendasein entsprechen würde: Ein Gedicht schreiben. Wohl wissend, dass es niemand lesen werde, ja dass es in der Sekunde nach dem letzten Wort zusammen mit dem Verfasser in den blinden Kosmos pulverisiert würde. Das wäre der perfekte Ausdruck der Freiheit. Dem Schicksal einen letzten Stinkefinger ausstrecken. Bis zum letzten Atemzug souverän bleiben. Wenn schon untergehen, dann mit Stil. Also ging Jake B. in sein Zimmer zurück, band sich feierlich eine Krawatte um, klappte seinen Laptop auf. Und blieb vor der Tastatur stecken. Ihm fiel wirklich nichts ein. Sei's drum, dachte er, wichtig war doch die Idee. Ob sie verwirklicht wird oder nicht, hat nicht einmal für mich eine Bedeutung. Also kaufte er sich eine Flasche Whisky und ging an den Strand.

Anmerkungen

Zitate, die in deutschen Veröffentlichungen nicht vorliegen, wurden vom Autor übersetzt.

1 Tausende verendete Vögel liegen auf den Straßen von Athen und in anderen Teilen Griechenlands. Der Ornithologen-Verband appellierte an die Bürger, sich vorsichtig zu bewegen, damit sie nicht noch lebende Vögel versehentlich tottreten. Wie in der ganzen Welt sind aber auch in Griechenland wegen Ausgangsbeschränkungen in der Coronakrise derzeit ohnehin deutlich weniger Menschen auf den Straßen unterwegs als zu normalen Zeiten. (Die Zeitungen vom 10.4.2020) Fliegenschnäpper, Schwalben und Grasmücken gehören zu den Arten, die in New Mexico, Colorado, Texas, Arizona und weiter nördlich in Nebraska ›vom Himmel fallen‹, wobei die Befürchtung wächst, dass es bereits Hunderttausende von toten Vögeln geben könnte. (Die Zeitungen vom 16.9.2020)
2 Den Begriff »postnormal« hatte der Philosoph Jerome Ravetz geprägt, um eine Lage zu charakterisieren, in der »Fakten ungewiss sind, Werte umstritten, der Einsatz hoch und die Entscheidungen dringend«. Höhö, spotteten damals die Leugner des Klimawandels, nicht mehr normal sind sie in der Tat, die Öko-Apokalyptiker! Nun dürfte ihnen das Lachen im Hals stecken geblieben sein. Eine Rückkehr zum Status quo ante wird es nicht geben, ebenso wenig eine *new normal*.
3 Siehe dazu Jason Hickel, »The Limits of Clean Energy«, in: *Foreign Policy* vom 6.9.2019.
4 Um die Idee des »ökologischen Fußabdrucks« zu propagieren, hatte British Petroleum 2005 über 100 Millionen Dollar

für eine Medienkampagne ausgegeben. Die Botschaft war klar: Nicht wir, ihr seid an der Kohlenstoffverschmutzung schuld. Eine methodologische Kritik des Fußabdrucks findet sich in einer Studie des französischen Forschungsteams Carbone 4 unter der Leitung von César Dugast und Alexia Soyeux: *Faire sa part? Pouvoir et responsabilité des individus, des entreprises et de l'État face à l'urgence climatique*, 2019. Online auf der Seite Carbone4.com abrufbar.

5   Die »friedlichen Revolutionen« in Osteuropa zielten nicht darauf ab, eine neue Welt zu schaffen, sondern die westliche nachzuahmen. Siehe dazu: Ivan Krastev und Stephen Holmes, *Das Licht, das erlosch*, Berlin 2021.

6   »Der chinesische Begriff für Involution, *neijuan*, aus den Schriftzeichen für ›innen‹ und ›rollen‹ zusammengesetzt, deutet auf einen Prozess hin, der sich nach innen windet und seine Teilnehmer in einem ›endlosen Kreislauf der Selbstgeißelung‹ gefangen hält, so der Anthropologe Xiang Biao. Involution ist ›die Erfahrung, in einen Wettbewerb verwickelt zu sein, von dem man letztlich weiß, dass er sinnlos ist‹, sagte mir Biao. […] Das Problem mit der Involution ist, dass der Begriff allgegenwärtig geworden ist. Es war eines der am häufigsten verwendeten chinesischen Wörter des Jahres 2020 und wurde zur Beschreibung von allerlei Dingen verwendet. Ich habe über die Involution von Blockchain, Teambuilding-Events, der Logistikbranche und MBA-Bewerbungen gelesen. Ich bin auf eine marxistische, eine Weber'sche und sogar eine konfuzianische Lesart der Involution gestoßen.« (Yi-Ling Liu, »Chinas ›involuted‹ Generation – A new word has entered the popular lexicon to describe feelings of burnout, ennui and despair«, in: *The New Yorker* vom 14.5.2021)

7   Die besondere, linke Form des Verschwörungsglaubens hängt zum einen damit zusammen, dass Revolutionäre immer das privilegierte Ziel von tatsächlichen Geheimdienstmanipulationen, False-Flag-Aktionen und Staatsterrorismus waren. Die Geschichte lehrt jedoch, dass weder die Ochrana 1917 noch das KGB 1989 es vermochten, den Lauf der Geschichte zu beeinflussen. Zum anderen steckt diese

Neigung tendenziell in linken Diskursen, wenn diese wortwörtlich genommen werden (der Kapitalismus will, fordert, hindert usw.). Der überstrapazierte Begriff der Biopolitik impliziert doch eine verborgene Intentionalität hinter den offiziellen Gründen des Regierungshandelns. Vermutlich gab ihn Foucault deswegen schnell auf, das passte nicht zu seinem Verständnis von Macht. Dafür war Biopolitik ein fruchtbarer Boden für Agambens Nonsens.

8 »Seine Abwehr gegen neue Befehle wird dann zu einer Lebensfrage. Er versucht sie nicht zu hören, um sie nicht annehmen zu müssen. Muß er sie hören, so versteht er sie nicht. Wenn er sie verstehen muß, weicht er ihnen auf frappante Weise aus, indem er das Gegenteil von dem tut, was sie ihn heißen. Sagt man ihm, er soll vortreten, so tritt er zurück. Sagt man ihm, er soll zurücktreten, so tritt er vor. Man kann nicht behaupten, daß er so vom Befehl frei ist. Es ist eine ungeschickte, man möchte sagen ohnmächtige Reaktion, denn auf ihre Weise wird sie doch vom Inhalt des Befehls bestimmt.« (Elias Canetti, *Masse und Macht*, München 1994)

9 Paul Valéry, »Bilanz der Intelligenz«, in: ders., *Werke*, Bd. 7: *Zur Zeitgeschichte und Politik*, Frankfurt/Leipzig 1995.

10 Guillaume Paoli »Wir sind die Verbrecher«, in: *Frankfurter Allgemeine Zeitung* vom 22.11.2006. Noch im Konjunktiv schrieb ich damals: »Fast vertraut ist uns bereits das surreale Bild eines Europas, wo Italien und Spanien nur noch Sahara-Anhängsel wären, die Alpen schneefrei, alle Küstenstädte versunken, die übrigen Gebiete von Überflutungen, Orkanen und Dürren heimgesucht, einen Großteil der Tierarten ausgelöscht, und das alles womöglich noch zu unseren Lebzeiten.« Da ergötzte sich der Berufsleugner eines rechten publizistischen Netzwerks prächtig an mir. Die einzige Sturmflut sei doch die Sturmflut des Alarmismus, konnte er damals noch behaupten.

11 Luke Kemp, Chi Xu, Joanna Depledge u. a., »Climate endgame: Exploring catastrophic climate change scenarios«, Proceedings of the National Academy of Sciences of the

United States of America (PNAS) 2022. Von diesem Bericht sind meine Behauptungen in diesem Paragrafen hergeleitet.

12 Unvorhersehbar ist etwa, wann und in welchem Ausmaß aufgetaute Permafrostböden die riesigen Methanmengen freilassen werden, die 25-mal klimaschädlicher sind als CO_2.

13 Hans Jonas, *Das Prinzip Verantwortung, Versuch einer Ethik für die technologische Zivilisation*. Frankfurt/M. 1979.

14 Totenkopf und Sanduhr waren zeitgleich mit der Barockmalerei berüchtigte Piratenembleme. Neben der Intensität der erlebten Gegenwart gehört zum Piratenmythos die Entheiligung des Geldwertes: Entweder wurde der erbeutete Schatz tief begraben oder umgehend in prächtigen Gelagen verpulvert, in beiden Fällen dem endlosen Zirkulationsprozess des Kapitals entzogen.

15 »Wir machen weiter bis zum letzten Mann, jedes Molekül Kohlenwasserstoff wird herausgeholt«, erklärt der saudische Energieminister Abdulaziz bin Salman. »Wir werden es ausbeuten, wir werden es fördern, wir werden es verkaufen, wir werden es zu Geld machen«, sagt Didier Budimbu, Kohlenwasserstoffminister der Demokratischen Republik Kongo. In *Das Klima der Geschichte im planetarischen Zeitalter* (Berlin 2022) kritisiert Dipesh Chakrabarty die Regierungen Chinas und Indiens dafür, dass sie auf fossilen Energieträgern basiert Industrien im Namen der Armutsbekämpfung fördern. Auch der globale Süden habe eine klimapolitische Verantwortung, schreibt der postkoloniale Historiker. Das darf er als Inder aussprechen, ohne den Zorn seiner linken Kollegen zu entzünden, doch wohnt und wirkt er in Chicago und wird wahrscheinlich in seinem Heimatland eher als Vertreter des globalen Nordens angesehen.

16 Um ein Beispiel zu nennen: Wer durch südeuropäische oder islamische Altstädte spazieren geht, stellt fest, dass der Mensch schon immer seine Behausung vor der Hitze zu schützen wusste. Durch geeignete Baumaterialien, natürliche Lüftung, Orientierung, Begrünung und Brunnen wird eine angenehme Frische erzeugt. Im 20. Jahrhundert und insbesondere seit den 1970er-Jahren wurde diese Baukunst

aufgegeben. Klimaanlagen sorgten allein für die Kühlung billiger und widersinnig gebauter Betongebäude – und für die Erhitzung der Städte. Möglich und wünschenswert wäre, die alte, nachhaltige Baukunst wiedereinzuführen. Bis die entsprechenden Planer und Architekten ausgebildet werden und tätig sein können, mag leider zu viel Zeit verstreichen.

17 Jonathan Franzen, *Wann hören wir auf, uns etwas vorzumachen? Gestehen wir uns ein, dass wir die Klimakatastrophe nicht verhindern können*, Hamburg 2020.
18 Anekdote gefunden in Matthias Riedl: *Joachim von Fiore. Denker der vollendeten Menschheit*, Würzburg 2004. Nach Bruno Latour, von dem noch die Rede sein wird, hätte der fatale Abweg der Menschheitsgeschichte mit Joachims Dreizeitenlehre begonnen. Seitdem werde versucht, anstatt auf das Himmelsreich zu warten, das Paradies auf Erden zu verwirklichen, was zwangsläufig zum »Terror« geführt habe. (in: *Kampf um Gaia*, Berlin 2017)
19 Nicht die Russen, nicht die Chinesen, sondern die Hüter der »freien Welt« haben die aktuell geltende Nukleardoktrin erarbeitet: »Der Einsatz von Kernwaffen kann den Verlauf eines Feldzugs radikal verändern oder beschleunigen. Eine Nuklearwaffe könnte in einen Feldzug eingebracht werden: wenn der konventionelle Feldzug als gescheitert wahrgenommen wird, wenn ein Kontroll- bzw. Regimeverlust droht, oder um den Konflikt mit dem Ziel eskalieren zu lassen, einen Frieden zu günstigeren Bedingungen erreichen zu können.« (Joint Chiefs of Staff of the United States, Nuclear Operations, Joint publication 3–72 vom 11.06.2019.) Selbstverständlich haben die Gegner der »freien Welt« die Doktrin mimetisch übernommen, und aufgrund ihrer militärischen Unterlegenheit ist die Wahrscheinlichkeit größer, dass sie als Erste die nukleare Eskalation auslösen. Herman Kahn, der US-Nuklearstratege, Kybernetiker und Vorbild für Kubricks *Dr. Seltsam*, hatte prognostiziert, dass Atomwaffen noch in diesem Jahrhundert zum lokalen, eingeschränkten Einsatz gebracht werden. Leider haben Prophezeiungen des Militärs große Chancen, *self fulfilling* zu werden.

20 Dessen ungeachtet sollte sich jeder liberal denkende Mensch konsequent für das uneingeschränkte persönliche Recht auf Kriegsverweigerung und Desertion einsetzen.
21 F. Nietzsche, *Morgenröthe*, § 429, in: ders., *Werke*, München/New York 1986.
22 *Günther Anders antwortet. Interviews & Erklärungen*, Berlin (West) 1987.
23 Leseempfehlung für den Einstieg: Günther Anders, *Die atomare Drohung. Radikale Überlegungen*, München 1981. Diesem Buch sind die nachfolgenden Zitate entnommen. An dieser Stelle sei auf die Arbeit der Internationalen Günther Anders Gesellschaft hingewiesen, auf deren Webpräsenz viele Ressourcen verfügbar sind: guenther-anders-gesellschaft.org.
24 Es ist bezeichnend, dass der sonst so frankophile deutsche Büchermarkt die Kollapsologie-Welle verpasst hat, ausgenommen: Paolo Servigne, Raphael Stevens, *Wie alles zusammenbrechen kann. Handbuch der Kollapsologie*. Wien/Berlin, 2022. Als Wegbereiter gelten der US-Anthropologe Joseph Tainter, *The collapse of complex societies* (Cambridge 1990) und Jared Diamond, *Kollaps. Warum Gesellschaften überleben oder untergehen* (Frankfurt 2005). Eine Übersicht der Bücher, die dieser Strömung zugerechnet werden, sowie der Verarbeitungen in Kunst, Musik und Kino sowie der Kritiken, die zur Rezeption des Themas gehören, findet sich auf dem französischen Wikipedia-Eintrag zu *Collapsologie*.
25 Um die Behauptung Christopher Clarks oder Florian Illies' zu widerlegen, die Menschen seien 1914 ahnungslos in den Krieg hineingeschlittert, hatte ich seinerzeit das Hörspiel »Nervositäten« gemacht: https://www.deutschlandfunkkultur.de/erster-weltkrieg-die-herbeigesehnte-katastrophe-100.html.
26 Jean-Pierre Dupuy, *Pour un catastrophisme éclairé*, Paris 2002.
27 Das autobiografische Element ist auch der Grund dafür, dass im folgenden Abschnitt überwiegend französische Autoren und Quellen besprochen werden.
28 »Les 30 dernières années de la terre«, in: *Le Nouvel Observateur* vom 11.10.1971. Im vorangegangenen Mai hatten 2200

renommierte Wissenschaftler das »Menton Statement« veröffentlicht, eine »Botschaft an unsere 3,5 Milliarden Nachbarn«, in der zum ersten Mal zu lesen war: »Die Gefahr, deren Art und Ausmaß die Menschheit noch nie zuvor erlebt hat, ergibt sich aus dem Zusammentreffen mehrerer Phänomene. Allein jedes dieser Phänomene würde uns vor fast unlösbare Probleme stellen; zusammengenommen bedeuten sie nicht nur die Wahrscheinlichkeit einer enormen Zunahme des menschlichen Leids in unmittelbarer Zukunft, sondern auch die Möglichkeit der Auslöschung oder der faktischen Auslöschung des menschlichen Lebens auf der Erde.« (*The Unesco Courier*, Juli 1971) Früher noch schrieb *Der Spiegel* 41/1970: »Fast schon verzweifelt fragen sich auch in der Bundesrepublik die wirklich Sachkundigen, wie wohl den Nichteingeweihten – Politikern und Wählern etwa – das wahre Ausmaß der Bedrohung ins Bewußtsein gerückt werden könne. Denn zum großen Teil sind die Gefahren unsichtbar, unmerklich, schleichend – wie der Gattenmord mit der täglichen Arsen-Dosis im Morgenkaffee.«

29 John Brunner, *Schafe blicken auf*, München 1978. Aufmerksam auf das Buch wurde ich in: Renaud Garcia, *Collapsologie ou l'écologie mutilée*, Paris 2020.

30 Jean Raspail, *Das Heerlager der Heiligen*, auf Deutsch erschienen, wen wundert's, in Schnellroda 2015. Der Titel bezieht sich auf die Offenbarung des Johannes, Kapitel 20: Nach Vollendung der tausend Jahre holt der Satan die Völker an den vier Ecken der Erde für den Kampf zusammen. Sie sind »so zahlreich wie die Sandkörner am Meer«, schwärmen aus über die Erde und »umzingeln das Lager der Heiligen und Gottes geliebte Stadt«. Die perfekte Folie für die rechte Apokalypse.

31 Offenbar war 1972 das Jahr der mathematischen Sinnbilder. Zeitgleich zur Seerosen-Metapher hält der Meteorologe und Mathematiker Edward N. Lorenz einen legendär gewordenen Vortrag mit dem Titel: »Kann der Flügelschlag eines Schmetterlings in Brasilien einen Tornado in Texas auslösen?«. Damit beginnt die Erkundung des determinis-

tischen Chaos, eine Theorie, die auf den ersten Blick die Möglichkeit von zuverlässigen Prognosen zu ruinieren scheint und somit die Zukunftsprojektionen des Club of Rome. Andererseits wird die neugewonnene Erkenntnis, dass winzige Veränderungen nichtlineare Dynamiken auslösen können, fortan den Blick auf menschenverursachte Katastrophen prägen.

32 Jean-Pierre Voyer, *Untersuchung über die Natur und die Ursachen des Elends der Menschen*, Paris/Düsseldorf 1976.

33 Situationistische Internationale, *Die wirkliche Spaltung in der Internationale*, Paris 1972; Düsseldorf 1973.

34 Das Standardbuch zum Thema ist: Jean-Louis Loubet del Bayle, *Les non-conformistes des années trente*, Paris 1969. Von der Seite der großartigen Online-Bibliothek der Universität von Chicoutimi herunterladbar: http://classiques.uqac.ca/.

35 Elluls Hauptwerk, *La technique ou l'enjeu du siècle*, 1954 erstveröffentlicht, erschien in den USA auf Initiative Aldous Huxleys. Dort hatte *The Technological Society* eine anhaltende Resonanz, wobei nicht sicher ist, ob Ellul all seine enthusiastischen Deuter gutgeheißen hätte, darunter »Unabomber« Ted Kaczynski sowie Vordenker des Primitivismus. In Frankreich ist Elluls Einfluss auf ökologische und technikkritische Strömungen nach seinem Tod 1994 gewachsen. In Deutschland hingegen ist er allenfalls als Theologe bekannt. Bis dato wurde keines seiner sozialkritischen Bücher übersetzt außer: *Propaganda. Wie die öffentliche Meinung entsteht*, Frankfurt 2021. Die beste Online-Einführung in sein Werk bietet auf Englisch (und ein bisschen auf Deutsch) die Webseite der International Jacques Ellul Society: https://ellul.org/.

36 Julius Dickmann schreibt 1932: »Der Sozialismus wird aber nicht aus einer weiteren Entfaltung der Produktivkräfte hervorgehen, deren Wachstum angeblich durch das kapitalistische Eigentum gehemmt wird; er wird sich notwendig aus dem Schrumpfen der heutigen Produktionsgrundlagen ergeben, dem die kapitalistische Gesellschaft um so rascher entgegentreibt, je hemmungsloser sie tatsächlich ihre Pro-

duktionsmittel verschwendet.« In Frankreich erschienen Texte von Dickmann in der Zeitschrift *La critique sociale*, an der so unterschiedliche Häretiker wie Boris Souvarine, Georges Bataille, Simone Weil und Karl Korsch mitwirkten. Biografie und ausgewählte Schriften in Peter Haumer, *Julius Dickmann »…dass die Masse sich selbst begreifen lernt«*, Wien 2016.

37 Die einzige theoretische Auseinandersetzung mit dem Bericht des Club of Rome im Osten (aber im Westen veröffentlicht) war Wolfgang Harich, *Kommunismus ohne Wachstum. Babeuf und der »Club of Rome«, sechs Interviews mit Freimut Duve und Briefe an ihn*, Hamburg 1975. Der DDR-Oppositionelle gilt als erster konsequenter Verfechter einer Öko-Diktatur.

38 Pierre Charbonnier, *Überfluss und Freiheit. Eine ökologische Geschichte der politischen Ideen*, Frankfurt/M. 2022.

39 Obschon sich seine Wirkungszeit von den 1950er-Jahren bis zu seinem Tod 2002 erstreckt, sind die einflussreichsten Bücher Ivan Illichs in den Achsenjahren entstanden, darunter: *Klarstellungen, Pamphlete und Polemiken* 1970; *Almosen und Folter. Verfehlter Fortschritt in Lateinamerika* 1970; *Entschulung der Gesellschaft* 1971; *Selbstbegrenzung* 1973; *Die sogenannte Energiekrise* 1974; *Die Nemesis der Medizin* 1975. Sehr zu wünschen wäre eine deutschsprachige Gesamtausgabe, wie sie auf Französisch vorliegt.

40 Pierre Fournier, *Y'en a plus pour longtemps*, Paris 1975.

41 Zu den Gründern von Bourbaki zählen André Weil, Bruder der (überaus nonkonformistischen) Philosophin Simone Weil, die die Anfänge der Gruppe auch begleitete, sowie Claude Chevalley, ein Jugendfreund und Mitstreiter Jacques Elluls. Zeitgleich mit Bourbaki hatte Chevalley die Zeitschrift *L'Ordre Nouveau* (1933–1939) mitbegründet, mit ihrer Produktivismus-Kritik und ihrem Radikalföderalismus eine Vorreiterin der politischen Ökologie. Alexandre Grothendieck, der in einer späteren Phase die Bourbaki-Gruppe maßgeblich prägte, war der Sohn eines russisch-jüdischen Anarchisten. Bis zur letzten Konsequenz blieb er seiner

antimilitaristischen und antikapitalistischen Haltung treu; er schickte seine Fields-Medaille zurück, kündigte all seine Forschungsposten und lebte bis zu seinem Tod als Einsiedler.

42 Alexandre Grothendieck, *Allons-nous continuer la recherche scientifique?*, Paris 2022.

43 Man lese dazu die ausgezeichnete Recherche von Grégoire Chamayou, *Die unregierbare Gesellschaft. Eine Genealogie des autoritären Liberalismus*, Frankfurt 2019.

44 1980 prophezeit der desillusionierte Nonkonformist Bernard Charbonneau: »Eines Tages wird die Macht nicht anders können, als ökologisch zu handeln. Sofern keine Katastrophe eintritt, wird die ökologische Wende von keiner Minderheitsopposition vollzogen, die Mittel dafür hat sie nicht, sondern von der herrschenden Bourgeoisie. All diejenigen, die für die Zerstörung der Erde verantwortlich sind, werden die Rettung des Wenigen organisieren, das noch übrig ist. So wie früher den Überfluss werden sie den Mangel und das Überleben verwalten. Sie sind ja vorurteilsfrei, glauben so wenig an Entwicklung wie an Ökologie; sie glauben nur an die Macht. Die Macht, das zu tun, was nicht anders getan werden kann.« (*Le feu vert. Autocritique du mouvement écologique*, Paris 2022)

45 Eine gute Bestandsaufnahme der Debatte in Hannes Bajohr (Hg.), *Der Anthropos im Anthropozän. Die Wiederkehr des Menschen im Moment seiner vermeintlich endgültigen Verabschiedung*, Berlin/Boston 2020.

46 Helmuth Plessner, *Die Stufen des Organischen und der Mensch*, Berlin/New York 1975.

47 Und das gleich am Anfang eines Buchs namens *Eine neue Soziologie für eine neue Gesellschaft*, Frankfurt/M. 2007.

48 Um voraussehbaren Unterstellungen zuvorzukommen, sei hier die Fachliteratur aufgelistet, die ich zur Begründung meines Urteils zurate zog. Alle Beiträge lassen sich ohne große Mühe im Netz wiederfinden. Es sind solide argumentierte Texte, entgegen üblichen akademischen Standards jedoch überraschend scharf formuliert und zuweilen unterhaltsam. Die Texte erstrecken sich über Latours ganze

Wirkungszeit. Selbstverständlich hatte er diese zur Kenntnis genommen, wobei er sich niemals herabließ, auf nur eine Kritik zu antworten: Olga Amsterdamska, »Surely you are joking, Monsieur Latour!«, in: *Science, Technology, & Human Values*, 15 (1990); Simon Schaffer, »The eighteenth Brumaire of Bruno Latour«, in: *Studies in History and Philosophy of Science* 22 (1991); Yves Gingras, »Un air de radicalisme. Sur quelques tendances récentes en sociologie de la science et de la technologie«, in: *Actes de la recherche en sciences sociales* 108 (1995); Nathalie Heinich, »Une sociologie très catholique?«, in: *Esprit* 334 (2007); Jérôme Lamy, »Des disciples bien disciplinés: à qui Latour?«, in: *Zilsel* 2014; Philippe Stamenkovic, »The contradictions and dangers of Bruno Latour's conception of climate science«, in: *Disputatio. Philosophical Research Bulletin* 9 (2020); schließlich, in deutscher Übersetzung: Andreas Malm, *Der Fortschritt dieses Sturms. Natur und Gesellschaft in einer sich erwärmenden Welt*, Berlin 2021.

49 Bruno Latour, *Changer de société. Refaire de la sociologie*, Paris 2007.

50 Bruno Latour, »The politics of explanation«, in: Steve Woolgar (Hg.), *Knowledge and Reflexivity. New Frontiers in the Sociology of Knowledge*, London 1988.

51 Bruno Latour, »L'alternative compositionniste. Pour en finir avec l'indiscutable«, in: *Ecologie & Politique* 2/2010.

52 Pierre Teilhard de Chardin, »Quelques réflexions sur le retentissement spirituel de la bombe atomique«, in: *Études* (9/1946).

53 So der Titel eines von Jean Charbonneau 1963 veröffentlichten Pamphlets. Im selben Jahr schrieb der belgische Schriftsteller Robert Dehoux eine Broschüre mit dem noch eindeutigeren Titel *Teilhard est un con* (Teilhard ist ein Schwachkopf).

54 Bruno Latour, »Si tu viens à perdre la Terre, à quoi te sert de sauver ton âme?«, in: Jacques-Noël Pérès (Hg.), *L'avenir de la Terre, un défi pour les Églises*, Paris 2010. Soweit ich weiß, gibt es keine deutsche Fassung dieser Rede. Auf die Verwandtschaft der Theorien Latours mit der Metaphysik Teilhard

de Chardins bin ich durch diese hervorragende Abhandlung aufmerksam geworden: Daniel Cérézuelle, »Une nouvelle théodicée? Remarques sur la sociologie des techniques de Bruno Latour«, in: *Journal du Mauss* (6/2019).

55 Hilfreich in dieser Diskussion wäre der Rückgriff auf die Verdinglichung, wie sie Lukács (nach Marx) definierte. Verdinglicht wird kein Wesen, sondern ein Verhältnis. Wenn Tierfleisch zu Massenware wird, werden die Tiere zu Objekten *sowie ihre Produzenten auch*. Es wäre wohl ein schlechter Witz, Arbeiter, die in Fleischfabriken Schweine tonnenweise schlachten, als herrschende Subjekte zu charakterisieren. Die Innerlichkeit der Schlächter wird ebenso negiert wie die der Geschlachteten. In der Warenwelt ist das einzige Subjekt das automatische Subjekt des Kapitals.

56 Für diesen Ausdruck ist nicht Latour verantwortlich. *Politique du vivant* hieß bereits ein Buch des rechtsextremen Sozialdarwinisten Henry de Lesquen, 1979 geschrieben.

57 Die Zitate sind aus dem Interview mit Mancuso entnommen: »Wir müssen nicht die Natur retten, sondern uns«, in: *Fluter* vom 25.3.2021.

58 Der Medientheoretiker Douglas Rushkoff, der eine Gruppe von Superreichen persönlich kennenlernen durfte, schreibt über sie: »Einst überhäuften diese Leute die Welt mit wahnsinnig optimistischen Businessvisionen, wie die Technologie der Gesellschaft zugutekommen würde. Jetzt haben sie den technologischen Fortschritt auf ein Videospiel geschrumpft, in dem nur der eine gewinnt, der die Fluchtluke findet. […] In ihrer Mentalität bedeutet ›gewinnen‹ genug Geld zu verdienen, um sich vor dem Schaden zu schützen, den sie durch ihre Art des Geldverdienens verursacht haben. […] Noch nie waren die mächtigsten Akteure der Gesellschaft davon ausgegangen, dass die Hauptauswirkung ihrer eigenen Leistungen darin besteht, die Welt für alle anderen unbewohnbar zu machen.« (»The super-rich ›preppers‹ planning to save themselves from the apocalypse«, in: *The Observer* vom 4.9.2022)

59 Das schreibt Lynn Margulis im Vorwort der englischen Ausgabe von *Biosfera*: Vladimir I. Vernadsky, *The Biosphere*, New

York 1998. Alle weiteren Zitate Wernadskis sind aus dieser Ausgabe übersetzt.
60 Paul Valéry, »Die Freiheit des Geistes«, in: ders., *Werke*, Bd. 7: *Zur Zeitgeschichte und Politik*, Frankfurt/Leipzig 1995.
61 Vermutlich weiß Valéry nicht, dass er sich einer Tradition anschließt, die ausgehend von Marx (der die Logik als das »Geld des Geistes« charakterisiert) über Alfred Sohn-Rethel bis hin zu Rudolf Wolfgang Müllers Studie läuft: *Geld und Geist – zur Entstehungsgeschichte von Identitätsbewusstsein und Rationalität seit der Antike*, Frankfurt/M. 1981.
62 Emily Elhacham u. a., »Global human-made mass exceeds all living biomass«, in: *Nature* vom 9.12.2020. Der Erysichthon-Mythos wird in Ovids *Metamorphosen* VIII erzählt und von Anselm Jappe als Ausgangspunkt seines Buches verwendet: *La société autophage. Capitalisme, démesure et autodestruction*, Paris 2017.
63 Michael Thompson, *Mülltheorie. Über die Schaffung und Vernichtung von Werten*, Essen 2003.
64 Wobei es nach Günther Anders' Meinung in *Die atomare Drohung* dem hegelschen System nicht zu entnehmen sei, ob der Weltgeist, nachdem er uns zur Selbstverwirklichung verwendet hat, uns nicht »achtlos auf den Abfallhaufen des Kontingenten wirft«.
65 Ivan Illich, »Die Entstehung des Un-Wertes als Grundlage von Knappheit und von Ökonomie«, in: *Ex und hopp – Das Prinzip Wegwerf, Ausstellungskatalog des Deutschen Werkbundes*, Frankfurt/M. 1989. Siehe auch die Vorträge »Alternatives to economics: Towards a history of waste« und »Disvalue« in: Ivan Illich, *In the Mirror of the Past. Lectures and Addresses 1978–90*, New York 1992.
66 Jean Baudrillard, *Die Konsumgesellschaft*, Wiesbaden 2014.
67 Auffällig ist übrigens, wie oft dystopische Erzählungen der Gegenwart auf Spielen basieren (*The Hunger Games*, *Squid Game*). Der Spieltrieb des *homo ludens*, einst als Fundament der Kultur betrachtet, wird nur noch als Werkzeug von deren Zerstörung dargestellt.
68 Martin Heidegger, »Die Räumlichkeit der Welt«, § 21 in:

ders., *Prolegomena zur Geschichte des Zeitbegriffs*, Band 20 der Gesamtausgabe, Frankfurt/M. 1979. Hinweise und Deutungen bin ich Franck Fischbach schuldig: *La privation de monde. Temps, espace et capital*, Paris 2011.
69 Hannah Arendt, *Vita activa oder Vom tätigen Leben*, Zürich 1981.
70 Walter Benjamin, »Chinawaren«, in: ders., *Einbahnstraße*, Berlin 1928.
71 Wittgensteins Emojis in: *Vorlesungen über Ästhetik*, I-10, Göttingen 1968.
72 Selbstverständlich hat Bruno Latour wieder eine ganz eigene Interpretation der Geschichte: »Dr. Frankensteins Verbrechen bestand nicht darin, dass er durch eine Kombination aus Hybris und Hochtechnologie eine Kreatur erfand, sondern vielmehr darin, dass er die Kreatur sich selbst überließ. [...] Unsere Sünde besteht nicht darin, dass wir Technologien geschaffen haben, sondern dass wir sie nicht geliebt und gepflegt haben.« (»Love your monsters«, in: *Breakthrough Journal* 2012)
73 In seinem Vorwort von Rahel Jaeggi, *Entfremdung. Zur Rekonstruktion eines sozialphilosophischen Begriffs*, Frankfurt/M. 2004.
74 »Freiheit in Prag«, in: *Der Spiegel* vom 5.3.1967.
75 Eduard Goldstücker, »Kampf um Kafka«, in: *Die Zeit* vom 31.8.1973.
76 Die neuen Formen der Proletarisierung hatte Bernard Stiegler in seinen letzten Büchern analysiert, unter anderem in *Pour une nouvelle critique de l'économie politique* (Paris 2009). Vergeblich versuchten Stiegler und seine Gruppe Ars Industrialis, die gesellschaftlichen Eliten für den Entproletarisierungskampf zu gewinnen.
77 In den 1930er-Jahren war Denis de Rougemont, Autor des schönen Essays *Die Liebe und das Abendland*, eine prägende Figur der Nonkonformisten gewesen. Sein Leben lang engagierte sich der Schweizer für ein föderalistisches Europa. Nach dem Krieg reihte er sich in die liberale intellektuelle Elite ein (er präsidierte den berüchtigten, von der CIA

finanzierten Kongress für Kulturelle Freiheit), bis ihn der Bericht des Club of Rome zur Ökologie brachte. In der von ihm gegründeten Vereinigung Ecoropa fand er seine nonkonformen Jugendgefährten Ellul und Charbonneau wieder. Die Idee des erzieherischen Wertes von Katastrophen nimmt Denis de Rougemont 1977 in seinem letzten Buch *L'avenir est notre affaire* wieder auf, das 1980 unter dem Titel *Die Zukunft ist unsere Sache* erscheint.

78 Saint-Just, *Œuvres complètes*, Paris 2004.
79 Hegel führt fort: »Sei keine Schlafmütze, sondern immer wach! Denn wenn du eine Schlafmütze bist, so bist du blind und stumm.« (*Aphorismen aus Hegels Wastebook, 1803–1806*)
80 Das schreibt Céline 1936 unter dem enttäuschten Eindruck einer Reise in die UdSSR in seinem Pamphlet *Mea Culpa*. Er führt fort: »Darum muss man auch im Fall einer Revolution zwanzig Jahre abwarten, um zu urteilen.« Wenig später wird Célines schöpferische Menschenfeindlichkeit in antisemitischen Wahn ausarten.
81 Emmanuel Bonnet, Diego Landivar, Alexandre Monnin, *Héritage et fermeture. Une écologie du démantèlement*, Paris 2022.
82 Paul Nizan, *Les matérialistes de l'antiquité*, Paris 1938.
83 »Aber um Himmels willen, seid nicht so großzügig mit den Beiträgen, die ihr uns ständig schickt. Denn ich will nicht, dass ihr etwas entbehren müsst, damit ich mehr als genug habe; ich möchte lieber etwas entbehren, damit ihr es nicht müsst, obwohl ich in Wirklichkeit in allen Dingen im Überfluss lebe.« (Aus der in Stein gemeißelten Inschrift des Epikureers Diogenes von Oinoanda)
84 »»Die Umwege fehlen jetzt«. Interview mit Hartmut Rosa«, in: *taz* vom 24.4.2021. Zur Kulturmüdigkeit: Mark Siemons, »Woher kommt nur diese Kulturmüdigkeit?«, in: *Frankfurter Allgemeine Zeitung* vom 22.8.2022. Zu Tang Ping: Lea Sahay, »Die Flachlieger«, in: *Süddeutsche Zeitung* vom 7.6.2021.
85 Ronen Steinke, »Klimaaktivisten im Visier des Geheimdienstes«, in: *Süddeutsche Zeitung* vom 22.11.2022.

Mottos:

S. 7: René Char, *Feuillets d'Hypnos*, Gallimard, Paris 1946. Übersetzt von G. P.
S. 11: Peter Sloterdijk, »Das drohende Zu-spät«, in: *Die Zeit* vom 05.01.2011. Mit freundlicher Genehmigung des Autors.
S. 45: Jean-Pierre Dupuy, *Petite métaphysique des tsunamis*, Éditions Seuil, Paris 2005. Übersetzt von G. P.
S. 79: G. K. Chesterton, *Was unrecht ist an der Welt*, übers. Clarisse Meitner, Musarion Verlag, München 1924.
S. 119: Annie Le Brun, *Du trop de réalité*, Ed. Stock, Paris 2000. Übersetzt von G. P.
S. 149: Michael Thompson, *Mülltheorie. Über die Schaffung und Vernichtung von Werten*, übers. Michael Fehr, transcript, Bielefeld 2021, S. 137 f. Wiederverwendung mit Genehmigung durch den transcript Verlag.
S. 183: Reiner Schürmann, *Le principe d'anarchie. Heidegger ou la question de l'agir*, Le Seuil, Paris 1982. Übersetzt von G. P.
S. 207: G. W. F. Hegel, *Über die Reichsverfassung*, Felix Meiner, Hamburg 2004.
S. 233: Mike Davis, »Mike Davis is still a damn good storyteller«, in: *Los Angeles Times* vom 25.07.2022. Übersetzt von G. P.

Zweite Auflage 2023
Copyright © 2023
MSB Matthes & Seitz Berlin Verlagsgesellschaft mbH
Großbeerenstraße 57A, 10965 Berlin
info@matthes-seitz-berlin.de

Umschlaggestaltung: Dirk Lebahn, Berlin
Layout und Satz: psb, Berlin
Druck und Bindung: Pustet, Regensburg
Printed in Germany

ISBN 978-3-7518-0355-7
www.matthes-seitz-berlin.de